Verena Carl & Anne Otto

Ich bin dann mal bei mir

VERENA CARL & ANNE OTTO

Ich bin dann mal bei mir

12 Auszeiten für die Seele
Ein Selbstversuch

BELTZ

Dieses Buch ist erhältlich als:
ISBN 978-3-407-86663-9 Print
ISBN 978-3-407-86685-1 E-Book (EPUB)

2. Auflage 2022

© 2021 im Beltz Verlag
in der Verlagsgruppe Beltz • Weinheim Basel
Werderstraße 10, 69469 Weinheim
Alle Rechte vorbehalten

© 2021 Verena Carl
© 2021 Anne Otto

Lektorat: Bettina Brinkmann
Umschlaggestaltung: anjagrimmgestaltung.de
Bildnachweis: © Nadia Grapes/Shutterstock.com
Layout: anjagrimmgestaltung.de
Abb. Innenteil: © New Line/Shutterstock.com
Herstellung: Sarah Veith
Satz: Publikations Atelier, Dreieich
Druck und Bindung: Beltz Grafische Betriebe, Bad Langensalza
Beltz Grafische Betriebe ist ein klimaneutrales Unternehmen (ID 15985-2104-100).
Printed in Germany

Weitere Informationen zu unseren Autor_innen und Titeln
finden Sie unter: www.beltz.de

Inhalt

Liebe Leserinnen und Leser,

wann haben Sie zuletzt einen richtigen Brief bekommen? Auf Papier, über mehrere Seiten, mit Anrede am Anfang und lieben Grüßen am Schluss? Für uns beide, Anne Otto und Verena Carl, ist das jedenfalls ein seltenes Vergnügen. Mit Ausnahme der letzten zwölf Monate, denn da hat sich unsere Freundschaft zu einer veritablen Brieffreundschaft weiterentwickelt. Und weil uns das so viel Vergnügen und Inspiration bereitet hat, möchten wir dies auch Ihnen nicht vorenthalten: Dieser erste Brief geht nämlich an Sie. Er enthält eine Gebrauchsanweisung für die kommenden zwölf Kapitel.

Das Buch, das Sie hier in den Händen halten, ist sozusagen zwei Bücher in einem. Erstens ist es eine Einladung zum Selbermachen und Ausprobieren: Verteilt auf die Monate eines Jahres bekommen Sie von mir, der Psychologin und Autorin Anne, sehr unterschiedliche Anregungen, wie Sie auf spielerische Art und mit einfachen Methoden mehr Nähe zu sich selbst aufbauen, sich selbst freundlicher und mitfühlender behandeln können. Zweitens ist es eine Art Tagebuch, in dem meine Freundin Verena, Journalistin und Schriftstellerin, beschreibt, wie es ihr mit meinen Vorschlägen ging, warum manches besser funktioniert hat und manches nicht so gut.

Vielleicht möchten Sie gern wissen, wie es überhaupt zu diesem Selbstversuch kam. Ich beginne mal mit einem wuchtigen Statement: Ich bin davon überzeugt, dass Selbstfürsorge etwas Wesentliches ist und jeder und jedem von uns zusteht. Diese Haltung hat sich bei mir allerdings erst nach und nach entwickelt. Vor einigen Jahren, als ich bei Recherchen zu Artikeln, auf Seminaren und in Gesprächen im Hausflur und auf Partys vermehrt über den

Begriff stolperte, mochte ich ihn zunächst gar nicht: »Fürsorge« klang für mich nach Erziehungsmethoden in einer altmodischen staatlichen Institution, »selbst« war für mich ziemlich nah an »egozentrisch« oder »selbstgerecht«. Darüber hinaus hatte ich den Verdacht, dass »Selbstfürsorge« wieder eines dieser Buzzwords sein könnte, das plötzlich das Heilmittel für alles sein soll.

Doch schon bald bekam ich den Eindruck, dass hinter dem sperrigen Wort etwas stecken könnte, was mich und auch viele Menschen in meinem Umfeld etwas angeht. Eine Art Anker in sich selbst, der es ermöglicht, sich weniger von äußeren Gegebenheiten unter Druck setzen zu lassen; der hilft, tiefer zu spüren, was eigentlich im Augenblick mit einem los ist. Ein alter Schulfreund, der nach einem Burn-out aus einer Rehaklinik kam, erzählte mir beispielsweise, dass er früher nie darauf geachtet hatte, was Seele und Körper brauchen könnten. Jetzt nähme er sich die Zeit, auf sich zu achten, und es ginge ihm tatsächlich besser. Die Professorin Kristin Neff, eine der führenden Forscherinnen auf dem Gebiet, beschrieb in einem Interview, dass Selbstmitgefühl auch die Verbindung zu anderen stärkt. Die Beziehung zu ihrem autistischen Sohn sei intensiver und friedvoller, seit sie sich und andere mit Mitgefühl betrachte und behandle.

Mich selbst fasziniert die Idee von Selbstfürsorge als alltägliche Erinnerungshilfe, die es ermöglicht, sich selbst wenigstens nicht schlechter zu behandeln als andere. Denn meiner Beobachtung nach ist ein gesundes »Ich bin auch wichtig«-Denken nicht gerade verbreitet. Bei Kolleginnen, Freunden und auch bei mir selbst gibt es immer wieder Phasen, in denen man sich vollkommen verliert, weit über die eigenen Grenzen hinausgeht und sich erschöpft und verausgabt.

In so einem selbstentfremdeten Zustand saßen meine Freundin Verena und ich an einem Herbsttag in einer Bar in unserem

Hamburger Viertel zusammen. Obwohl es ein lauer, fast noch sommerlicher Abend war, hockten wir beide ziemlich abgekämpft und ratlos vor unseren Weingläsern: Gefühlte fünfundzwanzig Mal hatten wir bereits unsere Verabredung verschoben, weil immer etwas dazwischenkam. Aufträge und Abgabetermine, ein Kind mit Mathe-Nachholbedarf, runder Geburtstag der Eltern, Lesereise, Seminare. Kurz: Wir waren ständig mit Verpflichtungen beschäftigt, mit allem, was man halt so tun »muss«. An diesem Abend sprachen wir viel darüber, wie wir unser Leben so drehen könnten, dass wir mehr durchatmen können, mehr Zeit fürs Alleinsein haben oder für gute Freunde, wenn uns gerade danach ist. Verena erzählte mir, sie habe manchmal den Eindruck, unter einer Decke zu liegen, die an allen Ecken und Enden zu kurz ist. Auch, weil da, bildlich gesprochen, so viele andere einen Zipfel abhaben wollen – die Kinder, der Mann, die Auftraggeber. Auch deshalb brachte ich an diesem Abend irgendwann das Thema Selbstfürsorge ins Spiel. Für Verena. Aber auch für mich selbst. Denn: Wäre es nicht hilfreich, etwas konsequenter bei sich selbst zu sein, statt sich permanent aus dem Blick zu verlieren?

An diesem Abend beschlossen wir: Schluss mit Konjunktiv, wir wollen da jetzt hin, und zwar ernsthaft. Nicht immer nur davon träumen wie von einer Weltreise, die man dann doch nie macht, sondern uns auf den Weg begeben. Wir wollten einen Selbstversuch starten, hin zu mehr Selbstfürsorge. Und da ich auch als Coach arbeite und Verena Neues am liebsten einfach ausprobiert, waren die Rollen für unser Langzeitprojekt schnell verteilt. Mit Beginn des nächsten Jahres würde Verena zwölf verschiedene Reiserouten zu sich selbst testen und überprüfen, ob sie ans Ziel führen oder wenigstens auf einen Kurs, der sich richtig anfühlt. Ich würde sie unterstützen, erklären, worauf es ankommt, wie sie bestimmte Übungen für sich nutzen kann und welche wissenschaftlichen Erkenntnisse es zu den einzelnen Ansätzen gibt. Denn ganz gleich, ob es um Mikroabenteuer, um die Beschäftigung mit Träumen, um achtsames Zeitmanagement oder um Großzügigkeit geht, zu allen hier gemachten Vorschlägen für Auszeiten gibt es wissenschaftliche Erkenntnisse oder gute Erfahrungen aus der psychologischen Praxis.

Sie bekommen bei der Lektüre wahrscheinlich schnell einen Eindruck, welche der Auszeiten für Sie hilfreich sein könnten, welche Ihren eigenen Vorlieben oder Bedürfnissen entgegenkommen – und welche gar nichts für Sie sind. Denn auch das ist uns bei all den hier angebotenen Anregungen wichtig: Es gibt keine Garantien. Für jeden Menschen passen andere Wege zu sich selbst, jeder profitiert von anderen Ideen und Aktivitäten. Damit Sie gleich herausfinden, welche der zwölf Auszeiten für Sie geeignet sein könnten, stelle ich am Ende jedes Kapitels eine kleine Übung vor, die Sie sofort selbst ausprobieren können. So schlagen Sie die Brücke vom Lesen zum Machen – und dieser Schritt ist entscheidend.

Wenn Sie sich erst einmal umfassend informieren lassen wollen, können Sie gern alle Kapitel hintereinander lesen und sich dann die Aufgaben oder Übungen herausgreifen, die Ihnen spannend erscheinen. Wenn Sie sehr enthusiastisch sind, können Sie die Auszeiten auch hintereinander, Monat für Monat, wie eine achtsame Reise durch das Jahr gestalten. Falls Sie ungeduldig sind, ist es aber genauso passend, bereits beim Durchblättern des Buches gezielt in die Themen zu springen, die Ihnen auf Anhieb zusagen. Die zwölf Selbstversuche sind als Inspiration gedacht und keinesfalls als striktes Trainingsprogramm. Die Rückbesinnung auf Sie selbst sollte sich nie nach Arbeit anfühlen, sondern Ihnen vor allem Freude machen. Denn auch darum geht es bei der Selbstfürsorge: Sie entsteht oft allein dadurch, dass man eine Haltung von Verbissenheit, Pflichterfüllung und Unerbittlichkeit beiseitelässt und sich schlicht fragt, was einem eigentlich als nächstes Freude bereiten könnte.

Vielleicht haben Sie jetzt Lust bekommen, sofort anzufangen. Vielleicht sind Sie aber auch noch skeptisch und haben Zweifel, ob Ihnen solche Auszeiten, wie wir sie vorschlagen und vormachen, überhaupt in Ihrem Alltag helfen können. Sehr häufig hört man in dem Zusammenhang auch, dass es sich bei der Suche nach Selbstfürsorge, Achtsamkeit oder Selbstmitgefühl, was ja in den letzten Jahren für viele Menschen wichtiger geworden ist, um ein Luxusproblem handelt, um eine Art Egotrip für wohlhabende und beinah schon ignorante Zeitgenossen. Doch so ganz stimmt das nicht. Studien von Kristin Neff und Natasha Beretvas von der University of Texas belegen, dass Menschen, die Mitgefühl mit sich selbst entwickeln, nicht egoistischer werden, sondern – im Gegenteil – auch mehr Mitgefühl, Verständnis und Geduld für ihre Partner und ihr Umfeld aufbringen. Dass es einen Zusammenhang zwischen einer wohlwollenden Haltung sich selbst und anderen gegenüber gibt, weiß jeder, der sich selbst in alltäglichen Situationen ein bisschen beobachtet. Dann findet man nach dem erholsamen Urlaub die nervige Chefin gar nicht mehr so übel. Oder kann sich nach einer morgendlichen Yoga-Stunde ruhiger und gelassener von Forderungen der Kinder, Kollegen oder Kunden abgrenzen. Auch fürs Zusammenleben mit anderen lohnt es also, sich immer mal wieder gut um sich selbst zu kümmern.

Was die Reise in zwölf Auszeiten zu sich selbst bei Verena (und auch bei mir) verändert hat, können Sie in einem abschließenden Kapitel lesen. Eins sei schon mal verraten: Auch Verena glaubt heute nicht mehr, dass Selbstfürsorge ein Luxusproblem ist. Und sie ist keine Frau, die sich leicht überzeugen lässt: Bei aller Neugier auf neue Erfahrungen ist sie auch misstrauisch gegenüber schnelllebigen Trends, hat eine handfeste Allergie gegen substanzloses Wohlfühl-Wellnessgesäusel und simple Glücksversprechen.

Und nun wünsche ich Ihnen viel Freude beim Lesen und hilfreiche Inspirationen für den Weg zu sich selbst.

Herzliche Grüße
Anne Otto

Januar

METTA-MEDITATION
ODER:
EIN FREUND, EIN GUTER FREUND!

ANNES AUFGABE

———

Wer sich selbst fürsorglich begegnen will, dem helfen Meditationen, bei denen man mit sich selbst in Kontakt kommt. Zunächst einmal gebe ich dir die klassische Metta-Meditation an die Hand. Sie wird auch Liebende-Güte-Meditation genannt und stammt aus dem Buddhismus. Hier geht es darum, innezuhalten, sich selbst alles Gute zu wünschen und Mitgefühl mit sich selbst aufzubauen – aber auch mit anderen Menschen, die einem nah sind, mit solchen, die einem fremd sind oder sogar mit Menschen, die man gar nicht mag.

Von dieser Grundmeditation gibt es viele unterschiedliche Ausführungen. Zum einen klassische Ansätze, zum anderen haben Psychologen wie zum Beispiel die Autorin und Psychotherapeutin Christine Brähler moderne, zeitgemäße Variationen von Selbstgefühlsmeditationen zusammengestellt. Probiere die unterschiedlichen Varianten aus, und beobachte, wie du dich fühlst, welche dir zusagt und ob sich etwas verändert in deinem Gefühl zu dir selbst. Wirst du ruhiger? Spürst du eher, was für dich wichtig ist? Ach so, eins noch: Probiere möglichst jeden Tag eine der Meditationen aus. Möge es dir Freude machen!

Liebe Anne,

kennst du das: den Panikmoment ganz am Anfang einer längeren Reise? Wenn man zwischen zwei Autobahnausfahrten plötzlich überzeugt ist, dass man etwas Wichtiges vergessen hat, wie Ladekabel, EC-Karte oder Socken? Auch wenn das gar nicht stimmt? Auf der ersten Station meiner Reise zu mir ist mir das auch passiert. Und zwar nach drei Minuten und dreiundzwanzig Sekunden, in der ersten Sitzung mit dieser Meditations-App, die du mir geschickt hast.

Stell dir Folgendes vor: Ich hatte mich bequem hingesetzt, und eine freundliche Frauenstimme aus dem Lautsprecher meines Smartphones forderte mich auf, einen Satz zu wiederholen: »Möge ich friedvoll, glücklich und leicht in Körper und Geist sein.« Sofort schaltete etwas in mir auf Protestmodus um: Wie, ich soll hier mitarbeiten? Und kann ich das überhaupt? Hast du vielleicht irgendwo eine versteckte Kamera installiert und lachst dir ins Fäustchen? Während meine Stimme bei den ersten Worten krächzte und quietschte wie ein schlecht geöltes Türschloss, war ich schon nicht mehr bei der Sache und fragte mich stattdessen: Was mache ich hier – und wenn ja, wozu ist das gut?

Ich verstehe schon: aktiviere ich durch Meditation mein zwischenmenschliches Verbindungssystem, soll ich in der Lage sein, im Alltag gelassener auf Misstöne, schlechte Stimmung und Konflikte zu reagieren. Also keine Einbahnstraße, auch kein simpler Highway to Heaven, sondern ein Licht im Herzen, das immer an ist und sich stufenlos nach oben regeln lässt. Kann ich sicher gut gebrauchen, wenn mir der Alltag als Freiberuflerin mit unplanbaren Arbeitszeiten mal wieder über den Kopf wächst, meine Kinder altersgemäß muffelig sind oder ich auf der nächsten To-do-Liste wieder einmal mich selbst vergesse.

Gedankenspiele auf der Metta-Ebene

Dass ich zuerst nicht »Metta-«, sondern »Meta-Meditation« verstanden habe, ist zwar Zufall, passt aber: Tatsächlich bildet diese Übung sozusagen die Metaebene für alle folgenden. Weil es so zentral ist, diesen Kontakt zu mir und anderen zu stärken, soll ich diese Erfahrung auch während der nächsten zwölf Stationen immer wieder Revue passieren lassen und wiederholen. Zum Üben hast du mir eine Reihe von empfehlenswerten Audiodateien geschickt und mich vor anderen gewarnt. Ich soll mich fernhalten von Lifestyle-Varianten, die Glück auf Knopfdruck versprechen oder einem erklären, man bräuchte es nur beim Universum zu bestellen. So wie einen Putzroboter im Internetversand.

Das neue Jahr bricht an, und ich bin dann mal reisefertig für den Trip zu mir selbst. Umso besser, dass die Zeit zwischen Weihnachtsfeiertagen und Schulbeginn die einzige des Jahres ist, in der es ernsthaft still wird in mir und um mich. Weil alle mit Gänsebraten oder Festtags-Tofu so beschäftigt sind, dass wirklich niemand etwas von mir will, wenigstens beruflich. Zeit also, mir eine gemütliche Ecke für mich allein zu suchen und reinzuhören.

Wenn der Aber-Teufel aus der Schachtel springt

Und nun sitze ich also hier und soll diese Worte wiederholen: »Möge ich friedvoll, glücklich und leicht ...« – ich breche den ersten Versuch ab. Erst mal will ich verstehen, warum es mich so irritiert, dass ich diese Formel nachsprechen soll. Warum es mir so schwerfällt, mir laut und deutlich etwas für mich selbst zu wünschen. Es gibt eigentlich keinen Grund: Keiner stört mich, keiner hört mich. Und ich habe auch kein Problem damit, an Weihnachten in der Kirche mitzusingen oder beim Refrain aus dem Autoradio. Also warum hier und jetzt?

An diesem verpatzten ersten Metta-Nachmittag werden mir zwei Dinge klar. Erkenntnis Nummer eins: Offenbar hat sich mein kleiner »Aber!«-Schachtelteufel wieder gemeldet, der grundsätzlich aus der Box hüpft, wenn mir jemand etwas vorschlägt. Und sei es noch so sinnvoll und gut gemeint. Du machst ja seit Jahren Scherze darüber, wie viel Geld zusammenkäme, wenn ich für jedes »Aber« einen Euro in ein Sparschwein einzahlen würde. Wohl so eine Art antiautoritärer Reflex aus meiner linksliberalen Siebziger-Jahre-Kindheit: Alles erst mal prüfen, kritisieren, analysieren, nicht ungefragt hinnehmen. Aber den bekomme ich noch in den Griff, wenn ich mir selbst geduldig erkläre, dass ich das hier freiwillig tue.

Erkenntnis Nummer zwei bringt mich ins Grübeln. Denn die hat mit dem Intro der Meditation zu tun: »Setz dich aufrecht hin, und nimm dir Zeit, deinen Atem zu beobachten. Erinnere dich an einen Menschen, der dich geliebt hat. Oder stelle dir einen Menschen vor, von dem du dich genau so geliebt fühlst, wie du bist.« Während ich liebevoll vor mich hinschnaufe, lasse ich mir verschiedene Möglichkeiten durch den Kopf gehen. Partner, Kinder, Mutter. So weit, so schön.

»Nimm wahr, wo du dieses Feld der Liebe wahrnimmst und wo du das in deinem Körper spüren kannst. Stell dir vor, zugleich die Quelle und das Objekt von Liebe zu sein. Spüre dein Herz und wie du langsam dieses Feld der Liebe vergrößerst.« In diesem Moment funkt plötzlich ein kleiner Störsender dazwischen, eine innere Stimme mit unangenehmen Fragen. »Ernsthaft? Jemand, der dich liebt, *genau so,* wie du bist? Mit allen Macken? Ist nicht jede Liebe an Bedingungen geknüpft, irgendwie?« Ich fand, die

Stimme hatte nicht ganz unrecht. Würde mein Sohn mich nicht noch ein bisschen mehr lieben, wenn ich nicht manchmal so ungeduldig wäre? Und ich ihn, wenn er nicht alle zwei Monate sein Spanischbuch und seine Fußballstutzen verlieren würde? Geht das überhaupt, bedingungslose Liebe? Oder ist das ein rosaroter Hollywoodtraum? Damit bin ich raus aus dem Herzen und drin im Kopf. Und gebe auf.

Bedingungslose Liebe – im Kern

Möglicherweise zeigt sich an diesem Punkt schon eines der Hindernisse, die es mir oft schwer machen, liebevoll mit mir umzugehen. Ich bin ehrgeizig und anspruchsvoll, mir selbst gegenüber noch mehr als anderen. Und deshalb mir selbst oft nicht gut genug.

Wahrscheinlich, denke ich weiter, geht es in der Meditation aber weniger um ein makelloses Gefühl, wie es Frischverliebte oder Eltern beim Anblick ihres neugeborenen Babys empfinden. Sondern vielmehr um eine bestimmte Haltung. Eine Bereitschaft, sich und andere anzunehmen, auch wenn die Realität immer wieder dazwischenfunken wird. Eine Art Kernverbindung, die ja nicht davon beeinträchtigt wird, dass man gelegentlich sauer auf sich selbst und andere ist, enttäuscht, unzufrieden. So, wie man zu seinen Kindern sagt: »Auch wenn Mama mal wütend ist, sie hat dich immer lieb, egal, was du tust.«

Was mich auf den ersten Blick auch noch irritiert hat, mir beim zweiten aber immer besser gefällt: die Formulierung der Sätze. Es hat ja seinen Grund, dass sie nicht lauten: »Ich *will* glücklich sein« oder »Ab sofort werde ich um zweiundneunzig Prozent glücklicher sein als im letzten Quartalsdurchschnitt«. Stattdessen lauten sie ganz bescheiden: »*Möge* ich glücklich sein«. So viel Demut bin ich nicht gewohnt in einer Welt, die mir rundum Erfolgsprogramme verspricht, für eine noch bessere Ehe, für noch gesündere Ernährung, noch mehr Erfolg im Job. Die Annahme, dass wir nicht alles selbst in der Hand haben und es nicht unser persönliches Versagen ist, wenn wir einmal nicht glücklich sind, empfinde ich als entlastend.

Und mir gefällt, dass zwischen den Zeilen noch etwas anderes durchschimmert: die Möglichkeit von Transzendenz, von einer höheren Macht, etwas Göttlichem, wie auch immer man es nennt. An wen ich diese »Möge ich«-Wünsche richte, steht mir frei – an das Leben, das Schicksal, eine spirituelle Gestalt, mit der ich mich verbunden fühle, oder einen christlichen Gott. Mit dieser Überlegung beginne ich die Meditation am nächsten Tag noch mal von vorn. Diesmal bin ich besser vorbereitet und willens, die Formeln nachzusprechen und in mir nachhallen zu lassen.

Jetzt, da ich mir die zwanzigminütige Anleitung von vorn bis hinten anhöre, verstehe ich auch das Prinzip dahinter: Die bescheiden formulierte Wunschliste (etwa: »Möge ich friedvoll, glücklich und leicht in Körper und Geist sein«; »Möge ich sicher und beschützt sein«; »Möge ich frei von Ärger, Kummer, Furcht und Angst sein«; »Möge ich lernen, mich selbst mit Augen des Verstehens und der Liebe anzuschauen«) wird mehrere Male wiederholt, auf verschiedenen Schwierigkeitsstufen. Wenn die Segensrunde für mich selbst abgeschlossen ist, werde ich aufgefordert, dieselben Formeln noch einmal zu sprechen und dabei ganz konkret an verschiedene Menschen zu denken: an jemanden, der mir nah und lieb ist (einfach), an jemanden, dem ich neutral gegenüberstehe (mittelschwer), und an jemanden, mit dem ich Schwierigkeiten habe (fortgeschritten). Diese Übung leuchtet mir sofort ein, und ich habe von Tag zu Tag zunehmend Spaß daran. Schließlich habe ich genügend Kandidat*innen auch für die zweite und dritte Kategorie: etwa mein Kundenberater bei der Sparkasse oder die Auftraggeberin, mit der ich immer wieder in Streit gerate.

Besonders berührt es mich, als ich mich an dritter Stelle einem Verstorbenen zuwende. Im vergangenen Jahr haben wir meinen Vater beerdigt, und wir hatten keine einfache Beziehung. Als ich die Segensworte spreche, spüre ich zum ersten Mal echtes Bedauern darüber, dass wir keine Zeit mehr hatten für einen wirklichen Abschied und klärende Gespräche. Eine Weile bin ich ganz bei meinem Schmerz. Danach werde ich ruhiger.

Wie einst auf dem Eiffelturm

Aber ändert das etwas Grundsätzliches – für mein Alltagsleben, für meinen Blick auf meine Mitmenschen, auf mich selbst? Meine erste Zwischenbilanz nach zwei Wochen fällt gemischt aus. Auf der Positivseite: Die im wahrsten Sinne des Wortes gebetsmühlenartige Wiederholung bringt ein Bewusstsein von eigener Kleinheit und gleichzeitig eigener Größe mit sich. Das habe ich lange nicht mehr so intensiv gespürt. Genauer: seit 1986. Da hatte ich auch so einen Moment der Klarheit. Ich stand als Teenager auf einer Paris-Reise auf dem Eiffelturm, schaute auf das Häusermeer und dachte plötzlich: Wow, ich bin so ein kleines Licht, die Welt würde sich ganz selbstverständlich ohne mich weiterdrehen – und gleichzeitig bin ich der einzige von Milliarden Menschen genau an diesem Ort in diesem Moment mit diesem einzigartigen Blick.

Seitdem bin ich gedanklich immer wieder mal dorthin zurückgekehrt, wenn ich das Gefühl hatte: Niemand nimmt mich richtig wahr, niemand beachtet mich. So ähnlich geht es mir auch jetzt, während ich Wünsche ans Leben nachspreche. Weil mich diese Sätze mit allen anderen verbinden, mich zum Teil einer Gemeinschaft machen und gleichzeitig mein Ichbewusstsein schärfen: Du selbst, deine Träume und Wünsche sind wichtig. Es tut auch gut, bei alltäglichen Begegnungen innezuhalten und mir zu sagen: Von der Lehrerin meiner Tochter bis zum Busfahrer der Linie 15, jeder von euch hat seine eigenen Herausforderungen, Enttäuschungen, Glücksmomente. Ihr seid mehr als Funktionsträger in meinem Leben und ich mehr als Funktionsträgerin in eurem.

Jetzt zur Negativseite: Je häufiger ich Sätze nachspreche (»Möge ich fähig sein, die Samen des Glücks und der Freude zu erkennen und zu berühren«) und dabei an Freund und Feind denke, desto häufiger finde ich das auch ein bisschen banal, oder zumindest durchsichtig. Dass auch andere Menschen selten aus Boshaftigkeit so sind, wie sie sind, sondern weil sie in eigenen Mustern verstrickt sind, ja, manchmal völlig unabsichtlich unsere Triggerpunkte berühren, ist ja keine Überraschung.

Zu viel Verständnis bringt auch Probleme

Das gilt nicht nur für eine Chefin, die uns das Leben zur Hölle macht, sondern genauso für Menschen, die uns eigentlich nahestehen und gerade deshalb zur Weißglut bringen können. Partner*innen, Eltern, Söhne, Töchter. Deshalb habe ich mich auch vorher im Leben schon bemüht, mich eher in andere hineinzuversetzen, die Perspektive zu wechseln, statt auf Konfrontationskurs zu setzen. Aber jetzt, mit meiner täglichen Meditationserinnerung, habe ich an manchen Tagen auch das Gefühl, das geht nach hinten los. Gerade mit zweien, die mir besonders am Herzen liegen und mich zielsicher auf die Palme bringen: meinen Kindern.

Seitdem ich den beiden nämlich regelmäßig lauthals Gelassenheit und Glück wünsche und mein Gütefeld mit jedem Atemzug erweitere, kann ich mich in manchen Situationen noch weniger durchsetzen als vorher. Anstatt auch mal einen Grenzzaun hochzuziehen, spätestens, wenn wieder eine halbe Stunde diskutiert wird, was es zu essen geben soll, mache ich erst recht solche Dinge wie: zwei Gerichte kochen, damit beide glücklich sind, obwohl mir keines davon schmeckt. Und das führt mich nicht zu mir hin, sondern eher noch weiter weg.

Es gibt noch einen weiteren, einen gesellschaftlichen Aspekt, den ich richtiggehend bedenklich finde. Denn Metta-Meditieren ist wie Muskeltraining: Man sucht sich irgendwann größere Herausforderungen, legt ein weiteres Gewicht obendrauf, versucht, es gegen wachsenden Widerstand zu stemmen. Also werde ich immer waghalsiger bei der Auswahl derer, für die ich Glück und Gesundheit erbitte, auf der Yogamatte in meinem Wohnzimmer.

Aber wenn ich, zum Beispiel, dem Mitglied einer rechtsextremen Partei oder einem autoritären Staatschef wünsche, er möge »frisch, gefestigt und frei« leben – legitimiere ich dann nicht eine Position, die ich für menschenverachtend halte? Vor allem: Lebt er nicht ohnehin schon frisch, frei und vor allem gefestigt, aber aus seiner Perspektive heraus? Mag sein, dass er (oder sie) Gründe hat für das martialische Auftreten und im Inneren auch nur ein verängstigtes Kind ist. Aber es gibt Leute, gegen die ich mich lieber wehren möchte, als ständig ihre Menschlichkeit anzuerkennen.

Der letzte Punkt auf der Negativliste ist kein moralischer, sondern hat mit meiner Persönlichkeit zu tun. Denn je häufiger ich mich zur Meditation niederlasse, desto häufiger besucht mich nun mein alter Freund, die Ungeduld, und raunt mir ins Ohr: »Möge, möge, möge – geht's jetzt mal weiter? Gibt's nicht so was wie eine praktische Anleitung? Etwas wie: Frisch, gefestigt und frei in zehn einfachen Schritten zum Selbermachen?«

»Coole Mamas tun so was einfach«

Schließlich erbarmt sich das Schicksal, das Leben oder das Göttliche und schickt mir meine Freundin Susanne vorbei. Mein Role Model in Sachen Selbstfürsorge: eine Frau, die genau weiß, was gut für sie ist. Sie erzählt mir von einer Motorradtour, die sie im letzten Herbst allein unternommen hat. Wie ihre jüngere Tochter anschließend anerkennend zu ihr gesagt hat: »Cool, Mama, dass du solche Dinge einfach so tust, für dich!« Innerlich flüstere ich meinem alten Freund, der Ungeduld, zu: Siehste! Es gibt eben keine zehn easy Steps, um sich ein Scheibchen von Frauen wie Susanne abzuschneiden. Aber wenn du dir täglich deine Wünsche bewusst machst, ihre Berechtigung und Wichtigkeit, dann kannst du damit eine Haltung stärken, die dem näher kommt.

Dennoch: Vielleicht gibt es noch eine Metta-Variante, die besser zu mir passt als die klassische. Denn du hast mir ja mehrere Varianten geschickt, liebe Anne. Christine Brähler, so erfahre ich, ist Psychotherapeutin und Ausbilderin in der Methode »Mindful Self Compassion«, kurz MSC – so lautet der Fachbegriff für eine säkuläre Trainingsversion des buddhistischen Klassikers. Das Kurskonzept hilft Teilnehmern, explizit Selbstmitgefühl zu üben; Hauptzielgruppe sind laut Brähler Menschen aus helfenden Berufen – und berufstätige Mütter wie wir. Und auch auf ihrer Website befinden sich angeleitete Sitzungen. Ihre Anleitung ist weniger formelhaft, es geht nicht ums Nachsprechen universeller Weisheiten, sondern eher um angeleitete Fantasiereisen zu den eigenen Bedürfnissen.

»That's my cup of tea«, sagt man in England, wenn man meint, genau das Richtige für sich gefunden zu haben. Als ich zum ersten Mal der warmen Stimme lausche, denke ich sofort: *Das* ist meine Tasse Yogi-Tee. MSC nach ihrer Anleitung fühlt sich weniger nach geistigem Muskeltraining an, weniger nach Gottesdienst, sondern eher wie das Gespräch mit einer Freundin, die genau die richtigen Fragen stellt. Etwa: Welche Bedürfnisse sind in meinem Leben gerade unerfüllt? Was brauche ich gerade wirklich, was mir fehlt? Das Bedürfnis nach Verbundenheit, nach Sicherheit oder Frieden. Oder: Was sehne ich mich, von anderen zu hören? Darüber nachzudenken ist wie ein Nachmittag mit einem Ausmalbild, für das ich meine eigenen Farben benutzen kann. Besonders gut gefällt mir eine Übung mit dem Titel »Mitfühlender Freund«.

Keine Romanzen mit imaginären Freunden!

Der Zweck ist klar: sich selbst einen imaginären Gefährten – oder eine Gefährtin – an die Seite stellen, der oder die tröstet, zuhört, versteht, wenn man sich alleingelassen, überfordert, aggressiv fühlt. Nicht, um reale Kontakte zu ersetzen, sondern als psychischen Joker, jederzeit abrufbar. In schwierigen Momenten, beim Streit mit dem Partner, Konflikten am Arbeitsplatz oder einfach einer unerklärlich düsteren Stimmung. Christine Brähler nutzt damit einen psychischen Mechanismus, der mir sofort einleuchtet. Ich soll die Anteile meines eigenen Ich aktivieren, die mir wohltun. Anteile, die ich – so wie glücklicherweise die meisten Menschen – in ausreichender Menge in mir habe. Weil ich als Kind die Erfahrung von Liebe und Geborgenheit gemacht habe. Als erwachsene Frau versetzt mich das in die Lage, mir selbst zur Seite zu stehen.

Bei einer angeleiteten Meditation geht das so: Ich soll mir erst einen Ort vorstellen, an dem ich mich wohlfühle, und zwar mit allen Sinnen – sehen, riechen, hören, schmecken. Dann einen Menschen oder ein anderes unendlich einfühlsames, weises und liebevolles Wesen, der oder das bei mir ist. Dem kann ich erzählen, was ich mir wünsche, und derjenige gibt mir dafür ein Geschenk, eine Art Talisman. Das Prinzip der gesprochenen Anleitungen ist »alles kann, nichts muss« – ich kann mir genauso gut vorstellen, gemeinsam mit meinem imaginären Freund zu schweigen.

Ich erwarte keine bahnbrechende Selbsterkenntnis, freue mich aber auf eine Ruhepause mit Halbwach-Bildern. Umso entspannter, weil jede Körperhaltung erlaubt ist. Aber dann passiert etwas Überraschendes: Als ich gemütlich auf meinem roten Plüschsofa liege und mich mitnehmen lasse auf Fantasiereise, beginnt oscarreifes Kopfkino! Dabei ist mein erster Tagtraum noch eher konventionell: Ich sitze in einer rustikalen Hütte vor dem Kamin. Ein junger Mann gesellt sich zu mir und hört sich geduldig an, was ich ihm zu sagen habe, denn da fällt mir einiges ein: Ich möchte gesehen werden! Ich möchte geliebt werden! Ich möchte gewürdigt werden! Achtung, Spoiler-Alarm: Das ist nicht der Beginn einer Romanze, der junge Mann in meinem Tagtraum ist wirklich nur ein guter Freund. Oder ein jüngerer Bruder, den ich nicht habe. Ein Teil meiner Seele ist also offensichtlich ein tatkräftiger, kerniger Typ, der mich unterstützen kann. Nur bei der Frage nach einem Gegenstand bin ich ratlos. Offenbar ist er mit leeren Taschen gekommen.

Erhellend, aber am nächsten Tag wird es noch viel besser. Woher nimmt mein Unterbewusstsein diese Bilder? Ich sitze in einem Zimmer mit einem großen runden Fenster, das auf eine Mittelmeerbucht zeigt, und mache mich von dort auf den Weg in einen mystischen Zypressenhain. Dort begegnet mir eine Art

Priesterin, die aussieht, als sei sie einer Tarotkarte entstiegen, und setzt sich auf einen Thron. Ich habe plötzlich das dringende Bedürfnis, mich wie ein Haustier zu ihren Füßen zusammenzurollen, während sie mir eine segnende Hand zwischen die Schulterblätter legt und sagt: »Du musst nichts tun. Nur sein.«

Zum Abschluss schenkt sie mir einen roten weichen Ball, der sich in meinen Händen warm anfühlt wie ein lebendiges Wesen. Als die Meditation diesmal endet, fühlt es sich an, als wäre ich aus einem Traum aufgetaucht: Diese Gestalten und Bilder scheinen direkt vom Grund meiner Seele zu kommen, kraftvoll und wohltuend. Sagte ich, das sei kein Hexenwerk? Oh, doch: Auf mich hat es eine magische Wirkung, wirkt belebend und beruhigend zugleich.

Es ist nicht der Alm-Öhi, es ist der Fels!

Derart begeistert, probiere ich es am nächsten Tag noch ein drittes Mal, muss diesmal aber etwas länger suchen, bis ich einem Gefährten begegne. Ich befinde mich diesmal intuitiv in einer atemberaubenden Alpenlandschaft, über mir schreien die Dohlen, ein sonnenwarmer und mit Moos bewachsener Fels wärmt meinen Rücken. Schön hier, aber kein mitfühlender Freund weit und breit. Ich versuche, einen herbeizulocken, und denke dabei: Der junge Held war schon da, die Priesterin auch, eigentlich fehlt noch eine Märchenfigur vom Typ Merlin. Ein alter, weiser Zauberer. Schließlich gelingt mir ein Bild, aber das sieht aus wie die Karikatur eines Alm-Öhis, mit Lederhose und Zauselbart. Kein alter, weiser Zauberer, sondern einfach ein alter weißer Mann. Den schicke ich gleich wieder weg! Das passiert, wenn man den Kopf einschaltet, statt die Bilder einfach kommen zu lassen.

Ich sitze also noch ein wenig allein in meiner inneren Alpenlandschaft, bis ich schließlich verstehe: Mein Freund ist längst da – es ist der Fels, an dem ich lehne. Hart und schwer, aber auch warm und unerschütterlich, unzerstörbar. Der erste Teil meines Meditationsmonats kommt mir wieder in den Sinn, und ich denke: Vielleicht ist dieser Fels ein Symbol für die bedingungslose Liebe. Ein ewiger, uralter, stabiler Kern in mir, dem nichts etwas anhaben kann. Eine schöne Vorstellung, dass ich von ein paar Menschen auf dieser Welt so geliebt werde und sie wiederliebe. Egal, was kommt.

Ich stelle mir beides vor – den harten, tragenden Fels in meinem Rücken und den flauschigen, fast organischen Ball in meinen Händen, den mir die Priesterin gegeben hat – und fühle mich gut ausgestattet für die weitere Reise zu mir selbst. Die magischen Gegenstände geben mir das Gefühl, in meinem Leben auf sicherem Grund zu stehen und dabei warm und lebendig zu sein.

Zum Abschluss meines Meditationsmonats erprobe ich noch eine weitere Variante von Christine Brähler, und wie es der Zufall will, kann ich sie auch umgehend anwenden. Die Übung heißt »Weicher werden – umsorgen – zulassen«, und sie bereitet vor auf belastende Situationen, wie sie im Alltag immer wieder vorkommen. Also den Streit mit der besten Freundin, den unangenehmen Arzttermin, das komplizierte Mitarbeitergespräch. Dazu stelle ich mir eine solche Situation vor, während Christine Brählers Stimme Fragen stellt: Was für Gefühle kommen da hoch, wo spüre ich sie in meinem Körper, wie gebe ich ihnen Platz?

Gefühle nicht wegschieben, sondern zulassen

Wie passend: Gerade gestern hatte ich eine Auseinandersetzung mit meiner vierzehnjährigen Tochter, die in vieler Hinsicht ganz anders ist als ich, andere Dinge mag, andere Träume hat. Oft sind es Kleinigkeiten: Ich habe mir immer vorgestellt, was für einen Spaß wir haben könnten, wenn sie in diesem Alter ist – Nachmittage in der Umkleidekabine verbringen, ihr zeigen, wie man Mascara richtig aufträgt, die kleinen weiblichen Schönheitsrituale, die mir helfen, mich gut zu fühlen. Aber sie schminkt sich nie, und sie zerrt lieber zielstrebig zwei schwarze Jeans und ein Männer-T-Shirt vom Stapel, als modische Kleidung auszuprobieren. Ich sollte mich eigentlich freuen, dass sie einen eigenen Kopf hat, aber ein Teil von mir ist eben doch enttäuscht, dass nichts wird aus diesem gemeinsamen Spaß an einer bestimmten Art von Weiblichkeit.

Bisher bin ich bei solchen Gelegenheiten oft hart mit mir ins Gericht gegangen und habe mich angeraunzt: Was willst du, ein Abziehbild von dir selbst? Sei doch froh, dass sie weiß, was sie will und so konsumkritisch ist! Jetzt, bei der letzten Übung, denke ich noch einmal darüber nach und fühle anders in mich hinein. In meine Herzgegend, die plötzlich wie zugeschnürt ist, wie taub. Und stelle mir einen meiner imaginären Begleiter vor, der zu mir sagt: Es tut mir leid, dass du und sie nicht die Art von Nähe habt, die du dir gewünscht hast! Es ist ja auch traurig, wenn man sich das Leben mit einem Kind auf eine bestimmte Weise vorgestellt hat und dann merkt: Was mich begeistert, lässt sie kalt, und umgekehrt!

Tut doch gar nicht weh – oder doch?

Sofort löst sich ein Knoten. Wie in dem Moment, in dem der Atem ganz von allein wieder in die Lunge strömt, nachdem man lang die Luft angehalten hat. Und mir fällt ein: Was mir da gerade so gut tut, ist das Gleiche, das meinen Kindern schon immer gutgetan hat, wenn sie gerade zu kämpfen hatten. Ärger mit dem besten Freund, Knie aufgeschlagen, unangenehme Spritze beim Kinderarzt. Nicht kleinreden (»Tut doch gar nicht weh!«), sondern den Schmerz aushalten, auch den alltäglichen. Begleiten, trösten, statt fieberhaft nach einem Ausgleich suchen, der das alles zudeckt. Genau so kann ich meinem eigenen inneren Kind eine gute Mutter sein. Und damit auch die Verantwortung für meine Gefühle übernehmen, statt den Frust bei meiner Tochter abzuladen.

Die beiden Meditationsanleitungen von Christine Brähler erweisen sich noch mehrfach als alltagstauglich. Wie das fehlende Bindeglied zwischen den buddhistischen Wunschsätzen und dem, was ich mir von ihnen versprochen habe. Das Puzzleteil, dass mein Bild rund macht. Es geht eben nicht darum, negative Gefühle mit einem Lächeln wegzumeditieren, sondern um das Eingeständnis: Auch die Angst, die Wut, die Unsicherheit haben ihren Raum, dürfen ihn einnehmen und müssen nicht zugeschüttet werden. Öffnen wir ihnen die Tür, statt sie auszusperren, öffnen wir auch die Tür für das Positive, das in uns schlummert. Und das uns hilft, sie immer wieder hinter uns zu lassen.

Als ich an einem Nachmittag kurz darauf auf einmal in ein Stimmungsloch falle, scheinbar grundlos, weise ich mich nicht zur Ordnung wie ein strenger Schiedsrichter, sondern führe ein mitfühlendes Selbstgespräch: Ist es nur das Ferienende, der kleine seelische Kater, der auf die festliche Zeit um die Jahreswende folgt? Oder zeigt vielleicht die stärkere Beschäftigung mit mir selbst in den letzten Wochen deutlicher, wo's wehtut – so wie wenn man ein Pflaster wechselt und nachsieht, ob noch was da ist von alten Wunden?

Und tatsächlich geht es mir bald besser. Als könnte ich mich wie der legendäre Baron Münchhausen auf diese Weise am eigenen Schopf aus dem Sumpf ziehen. Aber in netter Form. Weil ich meine Gefühle jetzt nicht mehr einfach beiseite wische, wie sonst so oft, sondern sie ernster nehme und nicht kleinrede. Und dadurch auch besser spüre, was ich will. Nicht, dass ich es dadurch immer bekomme – aber es tut gut, sich bewusst etwas zu wünschen und loszulassen, wenn es nicht zu haben ist, als in einem diffusen Ungerechtigkeitsempfinden zu verharren.

Damit geht der erste Monat meiner Ich-Reise zu Ende. Aber nicht meine Erfahrung mit Selbstmitgefühls-Meditationen. Ich werde sie weiter in meinen Alltag integrieren. Nicht mehr täglich, aber gerade in turbulenten Zeiten, als Erdung für zwischendrin. Und um meine neuen Freunde wiederzutreffen: den jungen Helden, die Priesterin, den Felsen – und mich selbst.

Viele Grüße
Verena

Liebe Verena,

im Alltag, das wissen wir beide, kommt die Seele oft zu kurz: Viele Menschen sind darauf gepolt, zu funktionieren, ihre Arbeit zu machen, effizient zu sein und sich für Familienmitglieder, Arbeitgeber oder den eigenen Zeitplan ins Zeug zu legen. Im Schleudergang verliert man leicht den Bezug zu sich selbst. So sehr, dass man fast schon nicht mehr weiß, wie man mit sich selbst, den eigenen Stimmungen und Bedürfnissen in Kontakt kommen kann.

Wenn zwei Freundinnen wie wir beide uns überlegen, dass es schön wäre, mehr auf sich selbst zu achten – und zu leben, statt von den Umständen gelebt zu werden –, dann wundert sich sicher kaum jemand, dass es uns schwerfällt, diesen Wunsch aus dem Stand mit Leben zu füllen. Denn Rastlosigkeit und Entfremdung sind nicht nur unser persönliches Lebensgefühl, es betrifft sehr viele Menschen. In den letzten zehn bis fünfzehn Jahren hat es deshalb einen Trend hin zu Techniken gegeben, die Menschen helfen, Ruhe, Gelassenheit und Aufmerksamkeit für den Augenblick in ihr Leben zu bekommen. Besonders bekannt geworden ist ein achtwöchiges Achtsamkeitstraining mit dem Namen MBSR, also Mindfulness-Based Stress Reduction, das der Molekularbiologe Jon Kabat-Zinn von der University of Massachusetts Medical School konzipiert hat.

Dass in diesem weltlichen und klinisch evaluierten Training zahlreiche Atemübungen gemacht werden und man aufmerksam eine Rosine zerkaut, wissen heute viele. Dass ein Teil dieses Kurses aber auch das Üben und Trainieren von Selbstmitgefühl beinhaltet, ist weniger bekannt. Doch diese Komponente ist besonders wichtig. Achtsamkeitslehrer, Wissenschaftlerinnen und Psychologen weisen immer wieder darauf hin, dass Freundlichkeit und Sanftheit sich selbst gegenüber eine Art Grundvoraussetzung

31

dafür ist, dass die Wirkung von Atemtechniken und ähnlichen Übungen sich überhaupt entfalten können. Man kann sich das leicht vorstellen: Wer sich selbst ruppig oder fahrig behandelt, wird bei einem Achtsamkeitskursabend leicht in eine selbstkritische oder herrische Stimmung geraten. Es ist kein Zufall, dass einige Achtsamkeitstrainer auch Kurse für Selbstmitgefühl anbieten, die oft auf die eigentlichen Achtsamkeitskurse aufbauen.

Die Psychologieprofessorin und Meditationslehrerin Kristin Neff von der University of Texas hat zusammen mit ihrem Kollegen Chris Germer ein Programm entwickelt und evaluiert, in dem man mithilfe von leichten Übungen in mehreren Schritten Selbstmitgefühl lernt. In diesem Programm kann man, wie einige Trainer sagen, nicht nur Mindfulness lernen, sondern auch Heartfulness. In den Übungen, die du im Monat Januar gemacht hast und die zum Teil angelehnt an die Trainingseinheiten der beiden US-Psychologen sind, wird also nicht nur der Kopf wach und aufmerksam, sondern auch das Herz. Man lernt dort letztlich, eine emotionale Verbindung zu sich selbst herzustellen.

In den oben genannten MSC-Trainings, eine Abkürzung für »Mindful Self Compassion«, werden drei verschiedene Komponenten geschult und angesprochen: An erster Stelle steht die sogenannte Freundlichkeit mit sich selbst. Man lernt, sich selbst in der Haltung eines guten Freundes zu begegnen, sich selbst bewusst zu fragen, wie es einem geht, sich nicht zu kritisieren, sich ein wenig zu umsorgen und auf sich achtzugeben. Auch selbstkritische Zeitgenossen – wie du, liebe Verena – können hier schnell feststellen, wie sehr diese Freundlichkeit dazu führt, dass man sich selbst mehr Freiraum lässt und sich weicher behandelt. Eine Studie von Tobias Krieger von der Universität Bern zeigt zum Beispiel, dass Grübeleien und Selbstvorwürfe bei depressiven Patienten sofort weniger werden, wenn sie sich in Freundlichkeit sich selbst gegenüber üben. Als eine zweite Komponente wird im MSC-Training auch Achtsamkeit trainiert: Nur wer sich darüber gewahr und klar ist, wie er sich gerade fühlt, ob er gerade ausgelaugt oder froh, eingeschränkt oder gelassen ist, kann mit sich selbst in einen angemessenen Dialog treten.

An deinem ersten Versuchsmonat kann man deutlich sehen: Deine Aufmerksamkeit für dich selbst und für die eigenen Gefühle und Gedanken nimmt durch die Übungen immer mehr zu – und damit auch die Nähe zu dir selbst. Als dritten Aspekt schult das Selbstmitgefühl Teilnehmer*innen von Kursen auch darin, Mitgefühl mit anderen zu haben und zu sehen, dass jeder Mensch im Leben gelegentlich leidet. Diese Ebene wird das »gemeinsame Menschsein« genannt. Sie verweltlicht und vereinfacht einen buddhistischen Gedanken, nämlich die Idee, dass es wichtig ist anzuerkennen, dass Schmerz zum Leben gehört und Menschen in dieser gemeinsamen Konstante des Leids auch verbunden sind. In deinem Übungsmonat kann man auch diesen Aspekt in Aktion sehen: Aus einem Mitgefühl zu dir selbst erwächst eben auch ein Mitgefühl mit anderen, zum Beispiel mit deiner Tochter, die du im Laufe des Januars mit anderen Augen sehen konntest. (Für die Auseinandersetzungen mit meinem pubertären Sohn kann ich diese Erkenntnis ebenfalls gut brauchen ...)

Die Psychotherapeutin und Dozentin Christine Brähler hat in einem Übersichtsartikel aussagekräftige Studien zusammengefasst, die zeigen, dass Menschen, die sich in Selbstmitgefühl üben, auf Dauer gelassener sind, weniger Ängste haben, weniger depressive Symptome zeigen, sich mehr zutrauen, in Stresssituationen robuster sind. Immer wieder zeigt sich die stabilisierende Wirkung des Selbstmitgefühls. Herausgehoben sei hier ein Forschungsergebnis des Psychologen Ramazan Abaci. Er untersuchte Arbeitnehmer*innen verschiedener Firmen in Istanbul und stellte fest: Diejenigen, die in Fragebögen ein höheres Selbstmitgefühl zeigten, waren häufig auch mit ihrer Arbeit zufriedener als andere. Die Fähigkeit zu Selbstmitgefühl scheint also eine Art Schutzfaktor vor Frust, Stress und Hektik zu sein – Faktoren, die einen wiederum weiter weg von sich selbst und hinein in die Unzufriedenheit treiben. Sicher scheint zu sein, dass eine Verbindung zu sich selbst ein Schutzfaktor ist, etwas, was wie ein Puffer im Alltag und bei der Arbeit wirken kann.

Ich freue mich, dass die Techniken wenigstens zum Teil dazu geführt haben, dass du dich verbundener mit dir und deinem Leben fühlst. Bis zum nächsten Mal (und vielleicht vorher auf einen Winterspaziergang in unserem Viertel).

Viele Grüße
Anne

Metta-Meditation für Ihren Alltag

Wenn Sie hier von allen diesen positiven Wirkungen des Selbstmit-gefühls lesen, fragen Sie sich wahrscheinlich, warum wir nicht alle einfach konsequenter den Kontakt zu uns selbst suchen und hal-ten. Das hat mehrere Gründe: Zum einen sind viele Menschen auch heute noch mit einer großen Härte erzogen worden und haben deshalb ausgeprägte kritische Stimmen in sich oder das Gefühl, dass es albern und sinnlos sei, sich selbst freundlich gegenüber zu sein. Es regt sich Widerstand, man hat schnell das Gefühl, es nicht verdient zu haben, sich gut zu behandeln oder gut behandelt zu werden. Die inneren kritischen Stimmen können Sie natürlich mit-hilfe von kleinen Meditationen und anderen Techniken nach und nach besänftigen, doch dazu ist eben etwas Übung nötig. Der zwei-te Grund ist allerdings auch nicht von der Hand zu weisen. Wenn Sie sich ständig achtsam und gefühlvoll um sich selbst kümmern, hat das eine unerwünschte Nebenwirkung: Man spürt auch negati-ve und unangenehme Gefühle sehr viel deutlicher.

Nicht nur Liebe, Verbundenheit, Freude und Zufriedenheit, sondern auch Schmerz, Einsamkeit, Langeweile, Ratlosigkeit und Wut werden stärker. Das Paradoxe daran: Es lohnt sich – auch laut psychologischer Studien aus der Trauerforschung – so gut wie im-mer, in schwierigen Phasen nah an den aufkommenden Gefühlen zu bleiben und Schmerz und Traurigkeit auch zuzulassen. Nur so kann man unangenehme Prozesse durchleben, der Schmerz klingt von selbst ab. Doch im Alltag drücken wir uns gern davor, möch-ten lieber ohne die fiesen und miesen Gefühle durchkommen. Der Psychotherapeut Andreas Knuf, der ein lesenswertes Buch über unsere Schwierigkeiten mit dem Thema Akzeptanz geschrieben hat, weist auf diese Vermeidungshaltung immer wieder hin. Viel-leicht haben Sie selbst auch schon die Erfahrung gemacht, dass es letztlich gut ist, wenn man sich traut, einen bestimmten Schmerz auszuhalten. Einfach ist es dennoch nicht, in diese Richtung zu gehen.

Die Risiken und Nebenwirkungen zeigen Ihnen natürlich auch schon, wann für Sie Selbstmitgefühls-Meditationen oder Übungen aus dem MSC nicht besonders gut geeignet sind: Wenn Sie sich im Moment sehr instabil fühlen oder akut in einer Krise sind, sollten Sie sich lieber erst einmal ein wenig ablenken oder mit Vorschlägen aus anderen Monaten anfangen, statt mithilfe der Meditationen noch mehr tiefe Gefühle wahrzunehmen und zuzulassen. Nach und nach, während man einen Trauerprozess, eine Trennung oder eine schwierige Lebensphase verarbeitet, kann die Fähigkeit zum Selbstmitgefühl dann aber wieder stabilisierend und schützend wirken. Sie können lernen, selbst auf die Dosis zu achten.

Fazit: Wenn Sie auf der Suche nach mehr Verbindung zu sich selbst sind, dann sind Selbstmitgefühl und Freundlichkeit mit sich selbst eine fantastische Basis für alle weiteren Schritte. Sie können sich einige Umwege sparen, wenn Sie diese kleine freundliche Abkürzung zu sich selbst üben und sich immer wieder daran erinnern, wie gut es tut, bei sich selbst zu sein.

Übung: Sich selbst ein guter Freund sein

Man sagt es immer so leicht, doch ganz ohne Anleitung und einen Plan ist es für viele Menschen gar nicht einfach, sich selbst wie einen guten Freund oder eine gute Freundin zu behandeln. Deshalb kann eine Stuhlübung helfen, sich mit mehr Klarheit und Eindeutigkeit in die Rolle eines Freundes zu begeben: Stellen Sie zwei Stühle nebeneinander auf. Setzen Sie sich auf den einen, und erzählen Sie sich selbst von einer Sache, die Ihnen Sorgen macht oder die Ihnen zumindest Kopfzerbrechen bereitet. Lassen Sie das Gefühl noch ein wenig wirken. Stehen Sie dann auf, setzen Sie sich auf den anderen Stuhl und begeben sich nun ganz bewusst in die Rolle einer Freundin, eines Freundes oder einer freundlichen und weisen Person. Schauen Sie auf den leeren Stuhl (wo Sie vorher saßen), und fangen Sie nun an, Ihrem sorgenvollen Selbst ein paar tröstende, freundliche, aufmunternde Dinge zu sagen, wie es ein Freund oder eine Freundin tun würde. Versuchen Sie, nicht zu bewerten oder Rat zu geben, sondern nur da zu sein. Zum Schluss können Sie sich noch einmal auf den ersten Stuhl setzen und sich wieder die Worte und Sätze vorstellen, die Sie sich selbst eben gesagt haben. Merken Sie, wie sich Ihre Stimmung verändert und Sie Trost bei sich selbst finden?

Sie können diese Übung auch schriftlich machen, als eine Art Dialog, wenn Ihnen das leichter fällt als der Wechsel zwischen zwei Stühlen. Schreiben Sie zunächst aus Ihrer eigenen Perspektive eine Sorge auf – und dann aus der Perspektive eines weisen Freundes, einer weisen Freundin tröstende oder hilfreiche Worte. Lassen Sie den Dialog ruhig ein paar Mal hin und her gehen, und schauen Sie, ob die Sorgen beim Schreiben weniger werden.

Reflexionsfragen

» Wenn Sie sich selbst freundlich begegnen, was verändert sich dann in Ihrem Alltag?
» Wie reagieren Sie, wenn etwas schiefläuft oder Sie einen Fehler gemacht haben? Könnten Sie auch anders reagieren?
» Wie gehen Sie mit anderen Menschen, zum Beispiel Kindern oder Partner*innen, um? Wie wäre es, auch mit sich selbst auf diese Weise umzugehen?

Welche Alternativen gibt es?

Selbstmitgefühl üben, das kann man auf unterschiedliche Art tun. Hier stellen wir Ihnen verschiedene Angebote und Kurse vor.

» **MSC, Mindful Self Compassion.** Kurse nach dem Prinzip von Kristin Neff und Chris Germer. Diese sind evaluiert und finden sich überall in Deutschland, zum Beispiel über Arbor-Seminare etc. Die Kurse sind geeignet für Menschen, die sich ausführlich mit dem Thema beschäftigen wollen und eventuell vorher schon einen Achtsamkeitskurs gemacht haben. Im deutschsprachigen Raum bietet die hier schon erwähnte Psychotherapeutin Christine Brähler immer wieder Kurse für Laien und Trainer*innen an. Auf ihrer Webseite bietet sie mittlerweile neben kurzen Meditationen auch mehrere Audiokurse an, mit denen Teilnehmer*innen über einen längeren Zeitraum Selbstmitgefühl mit verschiedenen Schwerpunkten üben können, beispielsweise »Umgang mit Einsamkeit« oder »Glaube an sich selbst«. Infos unter www.christinebraehler.com.

» **MBCL, Mindfulness-Based Compassionate Living.** Diese achtwöchigen Kurse sind von Frits Koster und Erik van den Brink entwickelt und eigenen sich ebenfalls für alle, die Schwierigkeiten haben, die Härte sich selbst gegenüber aufzugeben. Ein Buch dieser beiden Autoren zu ihren Kursen ist etwa *Mitfühlend leben: Mit Selbst-Mitgefühl und Achtsamkeit die seelische Gesundheit stärken* (Kösel).

» **MBSR, Mindfulness-Based Stress Reduction.** Achtsamkeitskurs über acht Wochen nach Jon Kabat-Zinn. Hier geht es um die Grundlagen der Meditation und Aufmerksamkeit für sich selbst. Eher für Anfänger und wenn der Wunsch nach Gelassenheit und Stressreduktion im Vordergrund steht.

Februar

SLOW ART
ODER:
WAS WÄRE,
WENN DU EIN KUNSTWERK WÄRST?

ANNES AUFGABE

———

Geh in diesem Monat wenigstens zwei Mal in ein Museum deiner Wahl. Betrachte dort die Bilder auf eine etwas andere Weise als normalerweise üblich: Schlendere durch die Räume und suche dir intuitiv ein Kunstwerk aus, das dich anspricht. Verharre dann vor diesem Bild oder der Skulptur 20 Minuten lang – und lass das Kunstwerk einfach auf dich wirken. Nach 20 Minuten löst du dich von dem Bild und suchst dir noch zwei weitere Bilder, vor denen du jeweils 20 Minuten verharrst.

Das Besondere dabei: Es geht nicht um Wissen oder Einordnung des Bildes in Epochen. Schau deshalb nicht auf das Informationsschild, lass das Kunstwerk einfach für sich sprechen und lass es auf dich wirken. Frag dich zum Beispiel, was du siehst, was dich emotional anspricht und was nicht, was sich verändert, je länger du schaust, und auch, was das Bild dir ganz persönlich sagt oder bedeutet. Und: Du brauchst nicht mit der Stoppuhr loszuziehen. Wenn du nach 15 Minuten mit einem Bild fertig bist, kannst du gern weitergehen – aber so lange solltest du das Experiment durchhalten, damit sich die Wirkung wirklich entfaltet.

Liebe Anne,

was machst du, wenn dir alles zu viel wird, wenn du morgens schon mit Kopfschmerzen aufwachst und nachts wach liegst? Also dringend innere Erdung, Ruhe und einen Frischekick brauchst? Eine Frage, auf die es nicht nur eine, sondern viele richtige Antworten gibt. Zum Beispiel joggen, Saunatag oder Marmelade einkochen. Mein Überdruckventil ist ein anderes: Ich gehe ins Museum, verschwinde in einem Roman oder meiner Lieblingsmusik. Das Kreative, das Schöne ist mein Zufluchtsort. Ich kann auf vieles verzichten, auf Reisen nach Mallorca oder freies WLAN. Aber falls es morgen nichts mehr zu sehen, zu lesen oder zu hören gäbe, dann wäre das, als würde man mir den Lebensfreude-Hahn zudrehen.

Ich habe mich darüber sogar einmal mit einem Yogalehrer gestritten, sofern man sich mit derart sanftmütigen Menschen überhaupt streiten kann. Er fand, ich würde mich vom Wesentlichen ablenken und solle mich mehr auf meinen inneren Kern konzentrieren. Vergeblich habe ich ihm erklärt, dass Kunst im weiteren Sinn – eine Installation von Bill Viola und ein Roman von Zeruya Shalev genauso wie ein Album von Mando Diao – eine wesentliche Dimension meines Lebens ist. Keine Ablenkung vom Ich, sondern eine Ergänzung. Mein privates Hogwarts-Zauberinternat, das ich erreichen kann, ohne mit dem Gepäckwagen durch die Ziegelwand auf Gleis Neundreiviertel zu rennen (Harry-Potter-Fans wissen, wovon ich rede. Andere fragen bitte ein Kind ihrer Wahl). Bei der anschließenden Yogasession hatte ich den Eindruck, der Lehrer ließe mich den anstrengenden herabschauenden Hund besonders lang halten. Beweisen kann ich es nicht.

Das, vorweg gesagt, macht klar, warum mich deine Idee für die nächste Reiseetappe gleich begeistert: Ich darf mich aus Gründen der Selbstfürsorge mit Kunst befassen. Vielleicht habe ich dir das nie erzählt, aber das kommt mir bekannt vor! Jedenfalls seit den Neunzigern. Da lebte ich in München, und die dortigen Museen waren mir wie eine zweite Heimat. Vor allem sonntags, wenn ich eine Lebenskrise hatte – das passierte häufig und hatte mit ausgesprochen schlechtem Karma in der Liebe zu tun. Also schlenderte ich viele Vormittage durchs Lenbachhaus, einer Prachtvilla in Schwabing, die unter anderem berühmt ist für die Sammlung der Künstlergruppe »Der Blaue Reiter«, und brachte mich so auf angenehmere Gedanken. Ich glaube, Gabriele Münter (1877 – 1962) und Wassily Kandinsky (1866 – 1944) kannten damals mehr Details über meine Herzensdramen als meine beste Freundin.

Wohltuende Alleingänge

Mittlerweile wohne ich in Hamburg, bin seit vielen Jahren glücklich verheiratet mit einem Mann, der Kunst kaum weniger schätzt als ich, aber etwas ist geblieben: Ich gehe noch immer gelegentlich allein in Ausstellungen. Nicht nur bei etwaigem Beziehungsstress. Genau wie man sich zum Entspannen allein in die Wanne legt, tut mir auch ein Bad in Bildern und Gedanken gut, bei dem ich ganz für mich bin. Ich glaube: Alleingänge sind gut für die Selbstfürsorge. Denn unfreiwilliger Dauerkontakt mit anderen verursacht genauso Stress wie unfreiwillige Einsamkeit.

Klar: Auf dieser Skala besetzt jede und jeder einen anderen Punkt. Ich habe aber manchmal den Eindruck, dass Frauen die Balance zwischen Gruppe und Ich schwerer fällt als Männern. Auch weil es für viele immer noch nicht selbstverständlich ist, ohne andere etwas zu unternehmen – Ausstellung, Restaurant,

Reisen. Weil sie sich beobachtet und bewertet fühlen, wenn sie ohne Begleiter oder Begleiterin sind. Das immerhin haben mich meine Immer-wieder-Single-Zeiten gelehrt: Ich bin gerne solo unterwegs. Nicht nur, wenn ich muss, oft auch, weil ich es so will. Die Gelegenheiten dazu sind seltener, dafür kostbarer. Es tut mir jedes Mal leid, wenn ich mitbekomme, wenn einer anderen Frau das schwerfällt, weil ich denke: Du bringst dich um so viele schöne Momente mit dir selbst!

Doch gerade weil ich um den wohltuenden Effekt weiß, sowohl von Kunst als auch von Alleingängen, bin ich nach der ersten Euphorie auch plötzlich skeptisch. Was sollen mir Nachmittage im Museum an neuen Erkenntnissen bringen? Ich weiß doch, dass mich das inspiriert und mir guttut! Allerdings ist der Ansatz ein anderer: Ich soll alles vergessen, was ich über Kunst weiß, und mich ganz intuitiv und intensiv dem Erleben hingeben.

Die Kunst der Genauigkeit

Die Idee ist simpel, der Zeitaufwand, trotz des »slow« im Namen, nicht groß. Kunst in homöopathischen Dosen. Ich werde mir zwei Museen aussuchen und dort jeweils wenige Werke genau anschauen. In Großbuchstaben: GENAU. 20 Minuten soll ich vor einem Bild, einer Skulptur oder Installation verbringen, auch mal die Position wechseln, den Abstand, und alles auf mich einströmen lassen: Eindrücke, Gefühle, Gedanken. Ohne Audioguide und Infotafel. Wie passend, dass ich gerade für zwei Tage beruflich in München zu tun habe! Das Lenbachhaus finde ich auch ohne Navi, und ich habe es in bester Erinnerung.

Als ich die Eingangshalle betrete, fällt mir auf: Auch hier stelle ich ein Feld der Verbindung her, ähnlich wie bei meinen Meditationsübungen. Mit dem Menschen, der das Werk geschaffen hat, genauso wie mit dem, was es darstellt. Ein Feld, das manchmal viele Jahrhunderte umfasst. Vielleicht ist das der Grund für das weihevolle Gefühl, wenn man ein Museum betritt, eine gotische Kirche oder eine schöne Bibliothek: Jeder Quadratzentimeter scheint bevölkert von den Gedanken, die hier gedacht, den Worten, die geschrieben wurden, und den Ideen.

Schon klar: Vermutlich haben Fußballfans ähnliche Gefühle, wenn sie den heiligen Rasen betreten, auf dem ihr Lieblingsverein das legendäre Tor im entscheidenden Pokalspiel erzielt hat. Will sagen: So ein Slow-Art-Nachmittag rennt nicht bei jeder und jedem offene Türen ein. Trotzdem ist die Idee für jeden geeignet, auch ohne Vorwissen. Vielleicht ist es sogar einfacher, wenn man nicht erst bildungsbürgerlichen Ballast abschütteln muss (Epoche, Bedeutung, Symbolik), ehe man intuitiv zu Werk geht.

Deshalb beschließe ich: Der Blaue Reiter ist heute tabu! Darüber weiß ich zu viel. Stattdessen bummle ich zwischen großformatigen Ölschinken aus dem vorletzten Jahrhundert, bis ich plötzlich den Eindruck habe, ein Bild spricht zu mir. Das soll es sein, fürs Erste.

Es hängt in einem prächtigen Goldrahmen und zeigt eine bäuerliche, ländliche Szenerie im Spätsommer. Ein Hirte zieht mit seiner Herde einen Weg entlang zu den Bergen in der Ferne, die von der Sonne bestrahlt werden. Über ihm hängt ein düsterer Himmel, auf der linken Bildseite steht ein nicht minder düsteres Gehöft, mit Weiden so dicht davor, dass man sich vorstellen kann, wie dunkel die Zimmer im Inneren sind. Ein extremes Querformat, das ein wenig an Kinoleinwände erinnert. Ich lasse mich auf einer zierlichen Sitzbank nieder und lasse die Wirkung auf mich entfalten.

Ein Bild wie ein Nachmittag bei Oma

Eine wohlige Melancholie breitet sich in mir aus. Das Spätsommerlicht auf der Leinwand, die Bank, auf der ich sitze, die älteren Damen, die flüsternd an der linken Wand des Raumes etwas kommentieren, das alles hat etwas von den langen Nachmittagen, die ich als Kind bei meiner Großmutter verbracht habe. Dann frage ich mich, warum ich mir ausgerechnet dieses Bild ausgesucht habe, diesen einsamen Hirten mit dem Ziel im Blick.

Mir fallen die Gestalten wieder ein, die mir in meinen angeleiteten Meditationen erschienen sind: der junge Mann, die Priesterin, der Stein. Figuren, die aus tieferen Ebenen meines Bewusstseins emporgestiegen sind, genau wie Traumbilder. Ist es nicht faszinierend, wie uns auch im Außen manchmal Symbole ansprechen, die uns helfen, uns selbst besser zu verstehen? Ich erkenne mich wieder in diesem Hirten, auf meiner Reise über die oft kratzigen Stoppelfelder des Alltags hin zu den beleuchteten Gipfeln der Selbsterkenntnis. Dabei spielt es überhaupt keine Rolle, ob der Künstler beim Malen etwas Ähnliches gedacht hat. Ein Kunstwerk hat immer mehrere Ebenen, und eine davon ist die des Betrachters oder der Betrachterin. Was er oder sie darin erkennt, ist wichtig und gültig – unabhängig von der ursprünglichen Absicht. Erst recht, wenn es um diese Form von Achtsamkeitstraining geht und nicht um ein Proseminar in Kunstgeschichte.

Hat der Künstler die Zeit eingefangen?

Während ich schaue und schaue – 20 Minuten sind eine lange Zeit! –, kommt mir ein weiterer Gedanke, der nur auf den ersten Blick technisch ist: Wie hat der Maler diese Lichtstimmung auf einem Gemälde festgehalten, an dem er doch sicher lang gearbeitet hat? Ist er immer wieder bei ähnlichen Lichtverhältnissen zurückgekehrt, oder hat er den Augenblick wie fotografisch gespeichert? Es kommt mir vor, als hätte er die Zeit selbst gemalt. Auf einmal bin ich beinahe gerührt, dass jemand so etwas tut: Wochen oder sogar Monate mit einem flüchtigen Moment in einer »oberbayerischen Ebene mit heimkehrender Schafherde« verbringen. Jetzt, da ich den Titel erspäht habe, will ich auch wissen, wer's war: Eduard Schleich der Ältere, einer der Begründer der Freilichtmalerei in Deutschland. Noch nie gehört.

Erfüllt ziehe ich weiter, mäandere langsam durch die Säle, in denen einige alte Bekannte hängen (Corinth! Marc! Klee!), und wieder ist es ein extremes Querformat, das mich anspringt. Ein Sonnenuntergang über einer südlichen Landschaft mit Bergen, See und Zypressen, einem gleißenden Himmel in Violett- und Goldtönen. Die finden sich auch im glänzenden Material des Rahmens wieder, und das Violett gleicht dem der Wand, an der das Bild hängt. Als sei es an dieser Stelle durchsichtig. Das klingt jetzt ein bisschen nach Geschirr-Shoppen bei Ikea (»Schau mal, Schatz, ist das nicht ein harmonisches Streifenmuster in Gold und Lila?« »Ja, Schatz, passt zur Bettwäsche«), aber das rein Dekorative ist es nicht, was mich fasziniert.

Und ewig grüßt Kandinsky

Obwohl das Bild erkennbar jüngeren Datums ist und die Landschaft viel flächiger, weniger fotorealistisch als die vorherige, kommt es mir vor, als könnte ich sie riechen und spüren: Lavendel, Rosmarin, das leicht brackige Seewasser, den Moment, in dem es schlagartig kühler wird, wenn die Berggipfel die Sonne verschlucken. Dennoch keine postkartenschöne Idylle. Je länger ich hinsehe, desto mehr erscheint sie mir auch unheimlich. Die Schatten im Vordergrund – sind das wirklich Zypressen, oder zwei geisterhafte Beobachterinnen? Was wollen sie von der einzigen menschlichen Gestalt, einer Frau mit einem grünen Hütchen, die da auf der Wiese neben einem Haus steht? Moment: Ist da nicht noch jemand bei ihr? Ein heimlicher Geliebter? Ein Date in der Dämmerung?

Ich könnte natürlich näher herangehen und nachsehen, ob mir meine Fantasie einen Streich spielt. Aber diese leichte Unschärfe finde ich gerade reizvoll. Eine Leerstelle zum Selbstausmalen. Und tatsächlich: Als ich am Ende der 20 Minuten die Details inspiziere, löst sich vieles von der ursprünglichen Magie in nichts auf. Die Zypressen sind wirklich nur Zypressen, und die Frau mit dem grünen Hütchen hat kein Rendezvous. Beim Blick auf das Erklärungsschildchen bin ich überrascht: Hat mich Kandinsky doch gekriegt, der alte »Blaue Reiter« – mit einem frühen Bild aus der Phase, in der er noch gegenständlich malte. Beim Weitergehen denke ich über Geheimnisse nach. Und dass es manchmal schöner ist, wenn sie bewahrt werden.

Später, auf der Straße, merke ich erst, wie anders dieser Museumsbesuch war. Ich habe nichts über Kunst gelernt (außer, wer die deutsche Freiluftmalerei begründet hat), aber viel gefühlt und gesehen. Genauer gesehen. Noch am Abend, hinter geschlossenen Lidern, habe ich die Motive der beiden Bilder ganz klar vor Augen, sehe die dreidimensionalen Pinselstriche auf den Gemalden. So genau kann ich mir kein anderes Bild vorstellen, nicht mal die Mona Lisa oder van Goghs Sonnenblumen. Allein diese Genauigkeit bringt mich zum Denken: Könnte ich mit derselben ungeteilten Aufmerksamkeit sowohl bei meinen Mitmenschen sein als auch bei mir – diese Kunst würde mir das Leben sicherlich erleichtern!

Zwei Frauen, die nicht gefallen wollen

Zwei Wochen später, zurück in Hamburg. An der Kunsthalle nahe des Hauptbahnhofes fahre ich fast täglich vorbei, besuche sie aber meistens nur zu Sonderausstellungen. Auch jetzt gibt es eine, aber die lasse ich links liegen und widme mich den Nebenräumen, die auf den zweiten Blick interessant werden. Auch hier sehe ich schon bald ein Bild, an dem ich nicht vorbeigehen kann. Diesmal kein extremes Quer-, sondern ein Hochformat.

Es zeigt zwei Akte, zwei nackte Frauen, eine mit gelblichem, eine mit rötlichem Hautton, die Arm in Arm unterwegs sind in einer nächtlichen Landschaft. Eindeutig weiblich, aber mit Ecken und Kanten, ähnlich den Formen afrikanischer Statuen. Ihre Körperteile wirken fast geometrisch, von den Brüsten bis zu den Knien, und ihre Gesichter sehen so entspannt aus, dass ich denke: Hier sind zwei sich selbst genug und müssen niemandem gefallen. Genauso eckig sind die anderen farbenfrohen Strukturen des Bildes: die Hügel hinter den beiden, der Baum. Das einzig runde ist die Linie eines Halbmondes, der orientalisch auf dem Rücken liegt.

Die beiden geben mir ein Rätsel auf. Sind sie ein Liebespaar? Oder eher zwei Seiten ein und derselben Person: Die Denkende, die ihren Blick zum Himmel gerichtet hat, und die Erdverbundene, die die Welt sinnlich über ihren nackten Fußsohlen wahrnimmt? Ich überlege weiter: Ist es nicht großartig, wenn man beides sein kann? Denkend und fühlend, und dabei unabhängig von Bewunderung, Schönheitsidealen, dem Blick eines anderen? Als ich nach langer Zeit die Angaben zum Künstler studiere – fast eine halbe Stunde habe ich vor dem Bild verbracht – , entdecke ich: Eine Frau hat das Bild gemalt, vor 100 Jahren. Später, zu Hause, werde ich Dorothea Maetzel-Johannsen googeln und feststellen: Über Jahrzehnte war ihr Werk fast vergessen, kürzlich hat der Hamburger Senat eine Straße nach ihr benannt. Späte Gerechtigkeit.

Wer stört in der Gartenlaube?

Das nächste Bild, die nächste Frau. Nach viel treppauf und treppab verschlägt es mich in einen Raum, den ich mir noch nie genauer angeschaut habe: englische Salonmalerei. Fast, als wäre mein Slow-Art-Tag in Hamburg ein Spiegelbild des Tages in München: hier Hochformate, dort Querformate; dort vom neunzehnten Jahrhundert in Richtung Gegenwart, hier geht die Zeitreise rückwärts. Als würde ich mir ein Netz aus Gefühlen und Gedanken weben. Während die beiden auf Dorothea Maetzel-Johannsens Gemälde ganz mit sich beschäftigt waren, ohne den Betrachter anzuschauen, trifft mich in diesem Raum ein direkter Blick aus wasserblauen Unschuldsaugen: eine junge Frau in einer Gartenlaube, im weißen Kleid, Porzellanteint, um den Hals einen Kranz aus Rosenblüten. Mit einer Hand rafft sie ihr Gewand, mit der anderen deutet sie auf ihre Herzgegend, als wollte sie fragen: »Ich?« Hinter ihr, auf einer grünen Bank, liegen ein Hut und eine abgebrochene Blüte. Alles an diesem Bild ist Licht, Luft, Jugend, Erwartung. Oder? Was genau sehe ich dort?

Eine Frau im Übergang: nicht draußen und nicht drinnen, unter einem schützenden Dach und doch an der Luft, in einem Garten, der wiederum durch ein Törchen verschlossen ist. Die echte Welt, der echte Wald beginnen erst dahinter. An der Symbolik komme ich in dem Fall nicht vorbei, auch wenn ich meinen Kopf doch eigentlich ausschalten soll: Das Bild der Maria im Rosengarten ist ein gängiges Motiv aus dem Mittelalter, und der verschlossene Garten steht für ihre Jungfernschaft. Also wessen Blick erwidert die junge Frau dort: den eines Mannes, der sie ausgewählt hat? Freut sie sich, oder ist ihr der Eindringling nicht willkommen? Schaut sie erwartungsvoll, erschrocken, genervt? Wäre sie gern noch für sich, in ihrer Gartenhütte? In »Celias Laube« von George Dunlop Leslie begegnet mir meine eigene Ambivalenz: Gleichzeitig nichts mehr wünschen, als Gefährten und mich nach dem Alleinsein verzehren.

Wiedersehen macht Freude

Bei meiner allerletzten Station zieht es mich zu einem alten Bekannten, den ich jedes Mal besuche, wenn ich in der Kunsthalle bin. Denn das Beste habe ich mir für den Schluss aufgehoben. Das einzige Werk in meiner subjektiven Sammlung, das nicht gegenständlich ist, keine Menschen und Landschaften zeigt, sondern eine Idee versinnbildlicht. Wuchtig, groß, ergreifend, menschlich. Dabei ist die »Tropfsteinmaschine« von Bogomir Ecker zunächst eher unscheinbar. Die beige gekachelte Nische in dem Ausstellungsraum im Untergeschoss erinnert an eine Mischung aus Maschinenraum und Duschbad mit extrem hohen Wänden, und erst mal bleibt man ratlos stehen: Was soll das? Hinter einer Plexiglaswand, hoch oben an der Decke, hängt ein Gewirr von Kabeln und Schläuchen, darunter ein schmuddeliger Wasserhahn, aus dem es tropft. Stetig und sehr langsam.

Was das soll, muss man in diesem Fall tatsächlich wissen, sonst erschließt es sich nicht. Eine Infotafel erläutert das Projekt: Regenwasser wird von außen in das Gebäude eingeleitet, sammelt sich in einem Reservoir im ersten Stock und wird durch den Hahn so auf eine Marmorplatte geleitet, dass wie in einer natürlichen Tropfsteinhöhle zwei Strukturen entstehen: ein Stalaktit, der an der Öffnung des Wasserhahns hängt, und ein Stalagmit, der von unten wächst. Der Stalaktit hat sich in den zwei Jahrzehnten, die ich in Hamburg wohne, schon um ein paar Zentimeter nach unten vorgearbeitet. Der Stalagmit ist noch kaum zu sehen.

Von Ewigkeit zu Ewigkeit

Bis 2496 soll die Maschine hier in der Hamburger Kunsthalle stehen, dann wird sie abgeschaltet. Die Struktur auf der Marmorplatte wird dann, wenn alles gut geht, fünf Zentimeter hoch sein. Das alles ist vertraglich festgelegt, zwischen Künstler und Museum, aber selbstverständlich ist allen Beteiligten klar, dass es niemand von ihnen erleben wird. Sie können nur der Nachwelt vertrauen. Ich muss das jetzt noch mal schreiben, weil es mich jedes Mal so umhaut: 500 Jahre. Fünf Zentimeter. Und dann ich: 20 Minuten davor. Ein Tag hat 72 solcher Abschnitte. Ein Jahr 26 280. In diesem Moment bin ich wieder sehr, sehr klein. Und sehr, sehr groß. So wie damals 1986 auf dem Eiffelturm. Früher hat man über Jahrhunderte an Kirchen gebaut, am Kölner Dom, am Münster in meiner Geburtsstadt Freiburg. Auch dabei wussten die Steinmetze, dass sie die Fertigstellung nicht erleben würden. Und haben trotzdem weitergearbeitet, für etwas, was größer ist als sie. Vielleicht hat Eduard Schleich der Zeit ein Bild gewidmet. Auf jeden Fall hat Bogomir Ecker ihr eine Kathedrale gebaut. Und während ich dort stehe, fällt mir auf, dass selbst die

Tropfen sich unterscheiden, aus denen diese Ewigkeit gemacht ist. Mal perlen sie selbstbewusst hervor, mal ist es, als würden sie sich quälen, und auf einmal erinnert mich dieser Vorgang an andere natürliche Prozesse, an Geburt, an Sterben.

Was ich aus dem Kunstexperiment mitnehme? Vielleicht dieses: öfter bewusst die Zeit anhalten und aussteigen. Meinen Blick schärfen, mir Zeit nehmen. Für andere, für das, an dem ich arbeite – und auch für mich.

Liebe Grüße
Verena

Liebe Verena,

wir haben schon oft darüber gesprochen, dass Reizüberflutung ein Lebensgefühl unserer Zeit ist. Immer schneller wechseln Menschen heute von einem Medium zum anderen, die Aufmerksamkeitsspanne sinkt. Sogar im Museum, umgeben von Kunst, haben wir es eilig. Laut einer Studie der Zeppelin Universität verbringen Museumsbesucher heute im Durchschnitt nur noch elf Sekunden vor einem Bild, nicht sehr lang, um genau hinzuschauen oder sich bewegen oder inspirieren zu lassen.

Um sein eigenes fahriges Wahrnehmungsverhalten zu verändern, setzte sich der amerikanische Kreativberater Phil Terry bei einem Besuch im Jewish Museum in New York vor ein Bild des abstrakten Malers Hans Hofman und betrachtete es 20 Minuten lang. Seine Erfahrung: Man sieht auf diese Weise sehr viel intensiver, und die Betrachtung eines einzigen Bildes wird ein Erlebnis, eine Reise, die dazu führen kann, dass man beseelt das Museum verlässt. Aus seiner Erfahrung machte Terry dann eine Art Event-Konzept und probierte seine Art der Kunstbetrachtung mit einer Gruppe von Freunden aus, die er zu einem »Slow Art Day« ins Museum einlud. Später verbreitete er die Idee weiter und gewann bereits vor zehn Jahren 16 Museen in den USA und Kanada, die beim Slow Art Day mitmachten und Veranstaltungen dazu anboten.

In den Jahren darauf wurde der Slow Art Day zu einer Erfolgsgeschichte, heute nehmen Museen weltweit daran teil, man kann in jedem Land Veranstaltungen dazu besuchen (aktuelle Termine immer unter slowartday.com).

Nun könnte man sich fragen, was die Betrachtung von Kunst eigentlich mit Selbstfürsorge zu tun hat. Um das zu verstehen, lohnt es auch hier, genauer hinzuschauen. Zahlreiche Studien belegen: Geschwindigkeit und das Springen zwischen verschiedenen Reizen führen zu einem Zustand dauernder Anspannung. So haben beispielsweise Neuropsychologen wiederholt herausgefunden, dass Multitasking vor dem Bildschirm dazu führt, dass der Cortisolspiegel steigt und sich dadurch ein chronisches Stress- und Alarmgefühl in uns festsetzt. Nur wenn wir Pausen machen, in denen der Geist schweifen kann, können wir konzentriert und entspannt bleiben, zeigen alle diese Studien. Die Verlangsamung der Wahrnehmung tut uns gut, das Aufgeben von Multitasking ebenfalls.

Wenn man in einem Museum einfach nur ruhig vor einem Bild sitzen bleibt, für 20 Minuten, ist das also nicht nur eine Auseinandersetzung mit dem Bild selbst, die gesamte Wahrnehmung verlangsamt und intensiviert sich dadurch. Dass Kunstbetrachtung nicht nur einen beruhigenden Effekt hat, sondern auch ein tiefes Erlebnis von Sinn oder Verbindung zur Welt fördert, zeigen auch Studien aus der Psychologie. Ein solcher Effekt tritt natürlich nur ein, wenn man sich während eines Museumsbesuchs nicht in erster Line darauf konzentriert, die bedeutendsten Bilder der Sammlung zu finden, sich selbst mit der »Mona Lisa« zu fotografieren oder möglichst viel Kunst in möglichst kurzer Zeit aufzunehmen. Diese Art von Sightseeing- und Bildungs-Stress fällt durch das Konzept von Slow Art weg. Man lernt, sich treiben zu lassen.

In einer Forschungsgruppe der Harvard Universität haben Wissenschaftler versucht herauszufinden, wie wir unseren Blick auf Kunstwerke so lenken können, dass wir wirklich etwas sehen und wahrnehmen und es zu einer persönlichen Auseinandersetzung mit den Werken kommt. Die Betrachtungsstrategie, die dort entwickelt wurde, nennt sich »see, think, wonder« (also etwa: hinschauen, überlegen, weiterdenken). Das heißt: zuerst ganz ohne Wertung wahrnehmen, was man sieht, die Landschaft, Person oder auch Formen und Farben aufnehmen, nur die Sinne öffnen. Danach kann man im nächsten Schritt anfangen, sich selbst Fragen zu stellen und über das Bild nachzudenken: Welche Stellen sind faszinierend? Was tun die Personen? An welche Gestalten erinnern mich die Formen? In einem dritten Schritt kann man dann überlegen, was einen an dem Bild überrascht und verwundert, woran man hängen bleibt und was für Fragezeichen bleiben. So hat man das Bild oder eine Skulptur quasi von allen Blickwinkeln aus betrachtet. Wichtig an dieser Strategie ist, dass man der Wahrnehmungsphase ohne Bewertung möglichst viel Raum gibt. Sie führt dazu, dass man sich von den eigenen Bewertungen und Gedanken löst und achtsam den Moment wahrnimmt.

Als ich deine Zeilen gelesen habe, Verena, dachte ich, dass diese Art der Kunstbetrachtung nicht nur entspannt und die Wahrnehmung verändert, sondern auch einen inneren Dialog mit sich selbst anregt, der einen wieder näher zu sich selbst bringt. Und das ist ja genau das, worum es uns bei diesen Ausflügen geht.

Herzliche Grüße
Anne

Slow Art für Ihren Alltag

Kreativitätstrainer wie die bekannte US-amerikanische Autorin Julia Cameron empfehlen ihren Kursteilnehmern und Leserinnen, immer mal wieder »kreative Ausflüge« zu machen, bei denen man Dinge betrachtet oder Orte besucht, die man bisher noch nicht kennt oder noch nicht genau angeschaut hat. Das muss kein Museum sein, das kann auch ein Schreibwarenladen, eine Bibliothek oder ein botanischer Garten sein. Mehr als um Erbauung geht es dabei um Offenheit und Neugier für die Umgebung – und das unvoreingenommene Staunen über die Welt, das Menschen zu sich selbst bringen kann. Wenn Sie selbst ausprobieren wollen, wie ein Ausflug wirkt, den Sie ohne jeden Zweck nur für die eigene Seele unternehmen, können Sie sich einfach einen Ort aussuchen, der für Sie gerade passt. Wichtig ist, dass Sie alleine gehen und im Park, im Museum oder wo immer Sie Ihren Ausflug hin unternehmen, einfach nur Eindrücke sammeln.

Auch in anderen Lebensbereichen gibt es seit einigen Jahren den Trend, Tätigkeiten und sinnliche Erlebnisse zu verlangsamen und sie dadurch bewusster zu erleben: Es gibt Bücher zu Slow Sex, eine Universität, an der Slow Eating unterrichtet wird, Lesezirkel, die sich dem Slow Reading verschrieben haben. Erst wenn also Langsamkeit und Genauigkeit die sinnliche Erfahrung begleiten, entfaltet sie eine Wirkung. Sie werden feststellen, dass Sie viel mehr und viel genauer wahrnehmen, dass Sie sich an die Bilder oder die Eindrücke vom Ausflug noch Tage später gut erinnern. Darüber hinaus kann vor allem die Verbindung zur Kunst ein Wegweiser werden, sich mit ihren eigenen Lebensthemen und Wünschen noch mehr zu beschäftigen.

Der genaue und achtsame Blick auf die Kunst hat allerdings seine Grenzen. Zwar profitieren auch Kunst- und Kulturmuffel davon, wenn sie sich gelegentlich auf diese Art der Betrachtung einlassen, aber für kulturaffine Menschen ist sie natürlich attraktiver. Sie ziehen daraus nicht nur Ruhe oder eine gewisse Verbundenheit mit den Kunstwerken, sondern können sich wahrscheinlich noch stärker und tiefer einlassen und genießen, was »das Bild einem sagen will«. Falls Sie sich sehr gern mit Kunst umgeben, probieren Sie diesen besonderen Ausflug unbedingt aus, und experimentieren Sie dann vielleicht auch häufiger damit. Aber auch wenn Sie sonst nicht so viel Berührung mit Gemälden und Kunst haben, gilt: Die Ruhe und Verbundenheit können alle Menschen spüren, wenn sie sich darauf einlassen, ein Bild sehr genau zu betrachten.

Übung: Einfach nur wahrnehmen

Sie haben in diesem Kapitel vielleicht schon eine Ahnung davon bekommen, worum es geht: die Umgebung bewusst und aufmerksam wahrzunehmen. Nicht immer muss man dazu gleich einen aufwendigen Ausflug machen. Sie können auch relativ spontan ausprobieren, in einen anderen Wahrnehmungsmodus zu kommen. Dazu bekommen Sie hier nun zwei kleine Übungen:

» Nehmen Sie sich etwa 15 Minuten Zeit. Setzen Sie sich dort, wo Sie gerade sind, auf einen Stuhl, und schließen Sie zunächst die Augen. Konzentrieren Sie sich nun erst einmal auf Ihre Ohren, und probieren Sie, fünf Geräusche in Ihrer Umgebung zu differenzieren. Lauschen Sie, was Sie in der Nähe wahrnehmen, was draußen vor dem Fenster zu hören ist, was für Geräusche Sie vielleicht selbst machen. Lauschen Sie jedem Geräusch eine Weile nach. Konzentrieren Sie sich dann auf Ihren Geruchssinn, probieren Sie, fünf verschiedene Gerüche zu unterscheiden und Ihre Wahrnehmung zu sensibilisieren. Dann konzentrieren Sie sich ein paar Minuten auf fünf Körperempfindungen, die Sie spüren: Haben Sie warme Füße, kalte Hände, ein Ziehen im Rücken oder ein Kitzeln in der Nase? Spüren Sie in den Körper hinein. Danach machen Sie die Augen auf und schauen sich noch einmal interessiert in Ihrer Wohnung um. Nehmen Sie fünf visuelle Eindrücke wahr: eine bestimmte Wandfarbe, die Form eines Schranks, der weite Blick aus dem Fenster. Beenden Sie dann die Übung und gucken Sie, ob Ihre eigene Stimmung und Wahrnehmungsfähigkeit sich verändert haben. Häufig wird man durch diese Übung ruhiger und kommt mehr bei sich an. Vielleicht spüren Sie auch einen neuen, etwas neugierigeren Wahrnehmungsmodus?

» Sind Sie ein visueller Mensch? Dann könnte auch diese Übung für Sie passend sein; Sie probieren damit den Effekt von Slow Art bei sich zu Hause aus: Setzen Sie sich vor ein Bild in Ihrer eigenen Wohnung oder vor ein schönes Bild aus einem Kunstband, und betrachten Sie das Bild fünf Minuten lang. Lassen Sie alle Facetten auf sich wirken, schauen Sie genau. Wählen Sie nach fünf Minuten noch ein weiteres Bild aus und machen Sie es genauso. Nehmen Sie Details wahr, die Ihnen vorher gar nicht aufgefallen sind? Spüren Sie die Verbindung mit dem Kunstwerk? Wenn Sie wollen, können Sie dieses intensive Betrachten innerhalb einer Woche immer mal wiederholen. Sie werden merken, dass es Ihnen immer leichter fallen wird, länger bei einem Bild zu verweilen, und dass Sie etwas aufmerksamer werden.

Reflexionsfragen

» Haben Sie schon mal ein erhabenes Gefühl gehabt oder waren sehr gerührt, wenn Sie ein Kunstwerk betrachtet haben?
» Gibt es eine andere Kunstform oder ein Medium (zum Beispiel Musik), das Sie berührt und das Sie lieben?
» Haben Sie in der letzten Zeit versucht, sehr aufmerksam, ohne jede Ablenkung ein Musikstück zu hören, ein Bild zu betrachten, ein Buch zu lesen? Wie ging es Ihnen dabei?

Welche Alternativen gibt es?

Nicht nur der achtsame und langsame Kunstgenuss schärft die Sinne und bringt uns in Kontakt mit uns selbst. Probieren Sie auch noch mal eine andere Alternative:

» **Slow Reading.** Die Idee vom langsamen Lesen besteht darin, ein Buch nicht zu verschlingen, sondern Absatz für Absatz und ohne Ablenkung durch andere Medien zu lesen und zwischendurch über das Gelesene nachzudenken. Es gibt auch einige Lesekreise, die sich zum langsamen Lesen treffen. Oft eignen sich fürs langsame Lesen eher komplexe, dicke Romane, die man mit nur halber Aufmerksamkeit nicht schafft.
» **Slow Food.** Das langsame Essen und Konsumieren ist heute ein Teil der Nachhaltigkeitsbewegung. Es wird langsam und natürlich angebaut, gekocht und gegessen. Auf der dazugehörigen Webseite kann man sehen, wie weit sich das Thema schon verzweigt hat (www.slowfood.de). Achtsames und langsames Essen ist noch mal ein gesonderter Punkt. Da geht es vor allem darum, das Essen in Ruhe – also am Tisch und ohne

zusätzliche Ablenkungen durch Medien – und mit allen Sinnen zu genießen.

» **Slow Sport.** Achtsam Sport machen, joggen, ohne sich zu verausgaben, oder meditatives Gehen – dazu gibt es heute ebenfalls einige Ansätze, die allerdings noch nicht so systematisch zusammengefasst sind wie in der »Slow Food«-Bewegung. Einen Einstieg ins Thema bietet etwa folgendes Buch: Thich Nhat Hanh: *Einfach Gehen* (Verlag O. W. Barth).

März

STRICKEN, BACKEN UND CO
ODER:
DANN MACH'S DOCH SELBER!

ANNES AUFGABE

———

Mit den Händen arbeiten reduziert Stress, beruhigt den Geist und lässt viele Menschen bei sich selbst ankommen. Egal ob Stricken, Häkeln, Basteln, Heimwerken, Gärtnern, Kochen oder Backen, suche dir für diesen Monat eine dieser handwerklichen, eher repetitiven Arbeiten aus, und versuche, sie in deinen Alltag einzubauen.

Wichtig ist dabei, dass dir die Aussicht auf die ausgewählte Do-it-yourself-Methode zumindest im Vorfeld ein gutes Gefühl gibt und dir liegt.

Halte die neue Tätigkeit ein paar Wochen lang durch, und nimm wahr, was für einen Effekt sie auf deine Stimmung und dein Wohlbefinden hat.

Liebe Anne,

damit das von Anfang an klar ist: der Reinfall des Monats geht auf meine Kappe. Du hast mich zu nichts gezwungen, ich hab dich da nur mit reingezogen. Schließlich war ich es, die vollmundig behauptet hat: Stricken, na klar, beherrsche ich seit Jahrzehnten. Und nach so viel Kopfarbeit brauche ich in diesem Monat eine Übung, die mich erdet. Das habe ich nun davon.

Dabei freue ich mich wirklich auf die Aufgabe, denn ich bin umgeben von guten Beispielen für die segensreiche Kraft handfester Tätigkeiten. Für viele Menschen in meinem Umfeld sind sie das ideale Mittel, um runterzukommen. Raus aus unproduktiven Gedankenschleifen, hinein in die Unmittelbarkeit, und ganz nebenbei noch mit einem schönen (oder zumindest nützlichen) Ergebnis am Ende. Die gleichförmigen Bewegungen beim Handarbeiten oder Werken scheinen manche Menschen auf eine Frequenz einzuschwingen, die die Konzentration aufs Wesentliche fördert, kreativ macht und überraschende Selbsterkenntnis mit sich bringt. Ich habe eine Freundin, die bei schwierigen Gesprächen mit Familienmitgliedern komplizierte Zopfmuster strickt und darauf schwört, dass das nicht nur für sie die Situation entkrampft, sondern auch anderen hilft, offener zu reden. Eine andere Freundin rupft nach einem langen Arbeitstag das Unkraut zwischen den Bodenplatten auf ihrer Terrasse und sagt, das sei wie Wellness für sie. Und mit Sicherheit sind auch samstägliche Baumarktfahrten ein Versuch, dem anstrengenden Alltag eine Portion Selbstwirksamkeit entgegenzusetzen, beim Zimmern von ein paar neuen Zaunlatten oder einem neuen Anstrich fürs Bad. Nicht von ungefähr gehören an spirituellen Orten wie einem Yogi-Ashram oder einem christlichen Kloster vermeintlich simple Haushalts- und Handarbeitstätigkeiten genauso auf den Plan wie Momente der Einkehr. Nicht nur, weil es Geld für ein Reinigungsteam oder Neuanschaffungen spart, sondern auch, weil es eine Form von Meditation sein kann.

Mit all diesen Gedanken im Kopf und einem erhebenden Gefühl in der Brust treffe ich also die ersten Vorbereitungen für mein Praxis-Experiment: Wolle kaufen gehen. Dazu, so viel weiß ich noch von früher, ein paar Stricknadeln. War da noch was? Was ich dir nämlich dezent verschwiegen habe, liebe Anne: Als ich zuletzt etwas gestrickt habe, tanzte ich noch Discofox zu Modern Talking. Dann wiederum: Manche Tätigkeiten sind wie Fahrradfahren. Die verlernt man nicht. Jetzt brauche ich nur noch eine Anleitung für etwas Einfaches, vielleicht eine Beanie-Mütze für meine Tochter. Fremd- und Selbstfürsorge im Doppelpack: Sie bekommt etwas Selbstgestricktes und ich eine Entspannungstechnik gratis dazu. Derart kreativ auf dem Sofa zu versacken, ohne dabei denken zu müssen, stelle ich mir herrlich vor.

Rapp-rapp-rapp, wird mein Werk zerstört

Aber schon als ich loslegen will, bekommt meine Motivation den ersten Dämpfer. Die eine Rundstricknadel ist zu kurz, die andere zu dick, beide passen nicht zur Stärke der Wolle (aber warum lagen sie in dem hippen DIY-Laden dann nebeneinander, zum Kuckuck?). Und auch wenn ich bis eben noch felsenfest geschworen hätte, dass ich aus dem Schlaf ein paar Luftmaschen anschlagen kann, suche ich jetzt verschämt auf einschlägigen Youtube-Kanälen nach einer Gedächtnisstütze. Nur zur Sicherheit. Eine schwäbelnde Frauenstimme erklärt mir aus dem Off, wie ich den Faden zu führen habe, und ich fühle mich augenblicklich »hart getriggert«. So würde es jedenfalls meine vierzehnjährige Tochter formulieren. Denn urplötzlich bin ich wieder acht Jahre alt und sehe meiner Lehrerin im Fach Textiles Werken dabei zu, wie sie schmallippig wieder auftrennt, was ich mühevoll zustande gebracht habe.

Dabei hatte ich zuvor unter Aufsicht meiner Mutter bereits prächtige Puppenpullis gestrickt. Allerdings mit einem Unterschied: Mutti hat nach getaner Arbeit gnädig all die Löcher mit der Stopfnadel bearbeitet, die entstanden sind, wenn ich zwischendurch mal wieder eine Masche habe fallen lassen. Das war sehr effektiv und dauerte ähnlich lang wie meine gesamte Strickarbeit. Frau Wagner, Fachlehrerin der 3c, kannte keine solche Gnade: rapp-rapp-rapp zerstörte sie mein nicht ganz perfektes Werk bis auf die Grundfesten. Ein unbarmherziges Geräusch, das für mich bis heute wie kein anderes die Vergänglichkeit des menschlichen Strebens symbolisiert: Ihr, die ihr eintretet in den Werkraum der Grundschule Freiburg-Littenweiler, lasset alle Hoffnung fahren!

Im Grunde könnte ich in diesem Moment schon die Nadel fallen lassen und zugeben: ist nicht meins, wird nicht meins, macht mir nur schlechte Laune. Besonders geschickt in handwerklichen Dingen war ich eben nie. Als junge Studentin habe ich mal fast ein Jahr lang mit einem Kleiderschrank zusammengelebt, den ich selbst aufgebaut hatte. Keine schöne Erinnerung. Weil ich die Bodenplatte falsch herum montiert hatte, war die Führungsschiene für die Schiebetüren auf der falschen Seite, sodass ich die Türen nur lose in den Rahmen stellen konnte und vorsichtig herausnehmen musste, wenn ich mich umziehen wollte. Also ungefähr acht Mal täglich (wie gesagt, ich war 22!). Irgendwann erbarmte sich ein Freund, baute alles auseinander und neu zusammen.

Genau das ist der Schritt, der mir furchtbar schwerfällt: Ich lebe lieber auf ewig mit einem Provisorium, statt eine hingeschluderte Arbeit noch einmal neu anzufangen. Meine lausige Vorbereitung aufs Strickprojekt hat mir gnadenlos meine persönliche Schwäche offenbart: Wer alles *irgendwie* macht, bleibt hinter seinen Möglichkeiten zurück. Oder braucht deutlich länger, als wenn er sich einmal vorher gründlich Gedanken macht.

Das Material kann nichts dafür

Ich finde, ich habe eine zweite Chance verdient. Also noch mal losziehen, passende Stricknadeln aus Bambus statt aus Kunststoff kaufen (fassen sich auch schöner an) und ein gefällig gemachtes Strickbuch mit Bild-für-Bild-Anleitungen statt der schwäbelnden Youtuberin (ich habe natürlich nichts gegen Schwäbinnen per se, nur, wenn sie klingen wie meine frühere Handarbeitslehrerin!). Immerhin habe ich ein paar Jahre nach meinem Drittklässlertrauma noch ein paar passable Pullunder zustande gebracht. Aber ach: Wieder will die Materie nicht so wie der Geist. Das mit den Luftmaschen klappt jetzt, aber schon beim zweiten Schritt – von der Häkelnadel auf die Stricknadel aufnehmen – verstricke ich mich in Widersprüchen: Wo soll ich einstechen, oben, unten hinten? Statt der großen Gelassenheit überkommt mich eine renitente Raserei: Völlig überschätzt, dieser ganze Hype um die beruhigenden und selbstbestätigenden Effekte von DIY-Projekten! Dieses Experiment erzeugt bei mir nur Frust, Stress und das Gefühl der Unzulänglichkeit.

Der Apfelkuchen ist meine Rettung

Das könnte das Ende meines aktuellen Selbstversuches sein. Wenn ich die Wahl habe zwischen Eingeständnis – ich habe einfach zwei linke Hände – und verbissenem Ehrgeiz, dann nehme ich lieber Möglichkeit A. »Ich verstehe deinen Frust«, souffliert der mitfühlende Freund in meinem Kopf. »Weißt du, man muss nicht alles können.«

Aber am nächsten Tag beim Einkaufen trifft mich plötzlich eine weitere Selbsterkenntnis schlagartig in der Obstabteilung. Es gibt ja etwas, was ich gern und auch recht gut mit den Händen mache: kochen und backen! Auch wenn im Alltag oft nur schnelle Basics auf den Tisch kommen. Ich verordne mir also einen Entschleunigungstag mit Hefeblechkuchen. Auch das habe ich länger nicht mehr gemacht – die Hefe mit Zucker und lauwarmer Milch ansetzen, gehen lassen, weitermischen, wieder gehen lassen –, offenbar hat Backen mehr mit Fahrradfahren zu tun als mit Stricken. Und offenbar hilft mir hier eine gewisse Grundfertigkeit. Egal, ob ich einen Text schreibe, meine Joggingrunde allmählich ausweite oder einen Kuchenteig ansetze – es hilft, wenn man schon ein wenig Routine mitbringt, um in einer Tätigkeit zu versinken. Und das kreatürliche, grobmotorische Herumgematsche mit dem Teig liegt mir einfach mehr als Feinarbeit mit einer Stricknadel.

Später am Nachmittag duftet es in der Küche so heimelig, dass auch meine Tochter angelockt wird. Bei einem warmen Stück Kuchen unterhalten wir uns über Freundschaft, Feminismus und Fantasyromane. Ein schönes Gespräch. Und ganz ohne dass ich dabei Zopfmuster stricken muss! Gelassenheit lässt sich also doch im DIY-Verfahren herstellen – nur eben anders, als gedacht.

Viele Grüße
deine Verena

Liebe Verena,

du hast ganz recht: In den letzten Jahren ist es zu einem Trend geworden, Dinge selber zu machen, zu basteln, zu kochen oder zu handarbeiten und dabei auch noch nach Glück und Entspannung zu suchen. Doch es scheint nicht nur eine Zeitgeisterscheinung zu sein. Forscher aus der Psychologie, der Werktherapie und der Arbeitslehre haben tatsächlich in einigen Studien belegen können, wie sehr vor allem Handarbeiten das Stresslevel messbar senken.

In manchen Studien wurde der Spiegel des Stresshormons Cortisol im Blut gemessen – der sich reduzierte, wenn Versuchsteilnehmer*innen sich mit einer Handarbeit beschäftigten. Und in einer Studie der Northern Arizona University untersuchte die Psychologin Ann Futterman Collier vor einigen Jahren die Effekte von Handarbeiten aufs Wohlbefinden und einer Empfindung, die sie »erfrischt sein« nennt. Sie fand dabei heraus, dass Handarbeiten längerfristig und nachhaltig entspannten und dazu führten, dass die Versuchsteilnehmer*innen sich frisch und sogar jugendlich fühlten. Die erwähnte Studie zeigt: Nicht nur grobmotorische Bewegung wie Sport, sondern auch feinmotorische repetitive Bewegungen führen dazu, dass Menschen sich beim Tun entspannen und aufblühen. Die Professorin Carrie Barron von der Dell Medical School, Mitautorin des Buchs *The Creative Cure. How to Build Happiness with Your Own Two Hands* vergleicht die Effekte der immer wiederkehrenden Bewegungen beim Stricken, Häkeln und Nähen gar mit dem, was eine Meditation bewirken kann.

Doch es sind nicht nur die repetitive Bewegung und die gelenkte Aufmerksamkeit – statt auf Grübeleien konzentriert man sich aufs Maschenzählen –, die dazu beitragen, dass Handarbeiten, Gärtnern oder Heimwerken gelassen und glücklich machen. Auch das Gefühl, selbst etwas hinzubekommen und zu schaffen, ein Ergebnis zu erzielen, das man wirklich sehen und anfassen kann, hat einen sehr positiven Effekt: Wenn Menschen sich auf diese Art als selbstwirksam erleben, fühlen sie sich oft stabiler, selbstbewusster und trauen sich zu, ihren Alltag zu meistern. Auch deshalb gibt es manchmal Studien oder Stimmen von Praktikern aus der Psychiatrie, die vor allem das Stricken und Häkeln bei Depressionen und Angststörungen empfehlen. Von den wenigen Forschungen, die es dazu gibt, zeigt zum Beispiel eine Studie, in der die Psychologin Rebecca Jane Park von der University of Oxford Patient*innen mit Magersucht befragte, dass Handarbeiten zu Stimmungsaufhellung führt und Angstgefühle lindert.

Nun hast du, Verena, in deinem Selbstversuch etwas ganz anderes erlebt als all diese wunderbaren Wirkungen von Nadel und Wolle. Der Grund dafür ist leicht zu finden: Das Gefühl von Wirksamkeit, Freude und Entspannung tritt natürlich nur ein, wenn einem die Art der Handarbeit ein wenig liegt. Dass es für dich, Verena, heute eher das Backen ist als das Handarbeiten, das dir ein Gefühl von Gelingen, Flow und Werkstolz vermittelt, macht keinen Unterschied. Es zählt, etwas zu finden, was dir ein Gefühl von »Das kann ich!« gibt. Also: Augen auf bei der Wahl der Freizeitbeschäftigung.

Schöne Grüße von
Anne

Kreativität und Handarbeit für Ihren Alltag

Wenn Sie selbst ausprobieren wollen, wie es ist, durch Handarbeiten, Gärtnern, Backen, Werken oder ähnliche Beschäftigungen zu mehr Ruhe, Gelassenheit und Selbstzufriedenheit zu kommen, dann steht dem nichts im Weg. Viele von Ihnen sind vielleicht längst in diesem Bereich aktiv. Dann kann ich nur sagen: weiter so. Werden Sie sich der positiven Wirkung aller Tätigkeiten rund ums Selbstmachen immer mal wieder bewusst. Falls Sie hier nicht sofort nicken und wissen, was zu tun ist, dann wäre es gut, wenn Sie aus der Erfahrung von Verena lernen!

Suchen Sie sich von Anfang an eine Beschäftigung oder Handarbeit, die Ihnen liegt und mit der Sie in Ihrer Kindheit, Jugend oder auch in einer anderen Lebensphase gute Erfahrungen gemacht haben. Dann haben Sie zum einen schon ein gewisses Level und überfordern sich nicht, indem Sie etwas ganz neu lernen (das kann ja bekanntlich ziemlich frustrierend sein). Auf der anderen Seite wecken alte Lieblingsbeschäftigungen auch oft positive Gefühle, man fühlt sich beschwingter, jünger, in Verbindung mit sich und verschiedenen Phasen des eigenen Lebens. In dem Zusammenhang noch ein Tipp: Es muss auch nicht unbedingt etwas Handwerkliches sein. Wenn Sie lieber anderweitig kreativ werden – zum Beispiel ein Instrument spielen, schauspielern oder singen, kann auch das ein Gefühl von Gelassenheit und Verbundenheit mit sich selbst erzeugen. Versuchen Sie ungefähr drei bis vier Wochen lang, wieder in eine früher geliebte Tätigkeit reinzukommen, und nehmen Sie wahr, wie das auf Sie wirkt.

Übung: Alltagstätigkeiten bewusst erleben

Achtsamkeit ist in den letzten Jahren eine Art Modebegriff geworden. In Kursen können Teilnehmer*innen innerhalb von mehreren Wochen lernen, sich selbst und dem gegenwärtigen Augenblick mehr Konzentration und Bewusstheit zu schenken. Neben geführten und strukturierten Meditationen ist dort auch praktische Achtsamkeit im Alltag ein Thema. Es gibt verschiedene Übungen. Eine davon ist, so alltägliche Dinge wie Zähneputzen, Kochen, Saugen, Autowaschen, Einkaufen – oder was man sonst zu tun hat – mit mehr Bewusstheit, Aufmerksamkeit und Liebe zu tun. Das können Sie in Ihrem Alltag nun auch einmal ausprobieren und dabei möglicherweise spüren, dass man die Routinetätigkeiten auf diese Weise oft sinnvoller und freudvoller erlebt als vorher und sie eher Kraft geben als nehmen. Wie das praktisch funktioniert? Suchen Sie sich einfach eine Tätigkeit aus – zum Beispiel Geschirrspüler ausräumen – und versuchen Sie, dies mit der vollen Konzentration, Bewusstheit und ohne jede Ablenkung zu tun. Spüren Sie die Bewegungen, die Sie machen. Fühlen sie, wie sich das Geschirr anfühlt. Hören Sie, wie das Geschirr klappert. Wenn man die Sinne öffnet und sich ganz auf die Tätigkeit konzentriert, erlebt man sie anders und kommt oft in einen leichtgängigen Arbeitsfluss. Probieren Sie das ruhig einmal mit ein und derselben Tätigkeit eine Woche lang aus.

Reflexionsfragen

» Welche Art Handarbeit macht Ihnen schon immer Freude? Wobei können Sie sich entspannen?
» Welche Freizeitbeschäftigungen haben Ihnen im Alter von zehn Jahren Freude gemacht? Welche im Alter von 20 Jahren?

» Welches alte Hobby würden Sie gern wieder aufnehmen oder in Ihren Alltag übernehmen?

Welche Alternativen gibt es?

» **Kochboxen und Kurse.** Jeder kann kochen. Das ist zwar ein oft gesehener Slogan von Kochbüchern, doch in der Realität sind manche Menschen unsicher, sobald sie am Herd von ihren Standards abweichen. Wer es sich einfach machen will, dem könnten vielleicht Kochboxen helfen: Wenn man sich über ein paar Wochen von einem entsprechenden Anbieter Lebensmittel und Rezepte liefern lässt, wird es leichter, die eigene Hemmschwelle zu überwinden.
» **Sets und Kreativboxen.** Auch wenn es ums Basteln, Heimwerken, Häkeln oder Stricken geht, sind Boxen beliebt, in denen beispielsweise bereits Wolle, Nadeln und Anleitungen geliefert werden, um ein bestimmtes Stück zu stricken. Von Vogelhäuschen bis Pudelmütze gibt es hier eine große Auswahl an zusammengestellten Kits. Eine gute Adresse ist etwa *Makerist*. Auch diese Angebote helfen vielen, wieder in eine Tätigkeit reinzukommen.
» **Kreatives Schreiben.** Wenn Sie Lust am Schreiben und Geschichten ausdenken haben, können Sie es auch mal mit einem Kurs im kreativen Schreiben versuchen. Angebote gibt es dazu mittlerweile überall. Auch einige Bücher können einen guten Einstieg bieten, zum Beispiel von Julia Cameron: *Von der Kunst des Schreibens ... und der spielerischen Freude, Worte fließen zu lassen* (Knaur).

April

ACHTSAM ARBEITEN
ODER:
IM WESENTLICHEN ENTSPANNT

ANNES AUFGABE

———

»Wir könnten weniger und kürzer arbeiten, wenn wir intelligenter arbeiten würden.« Dieses Zitat stammt von Jon Kabat-Zinn, einem der Begründer der modernen Achtsamkeitspraxis. Es ist das Motto für diesen Monat. Denn jetzt geht es darum, wie es gelingen kann, mit mehr Gelassenheit und Konzentration zu arbeiten.

Für achtsames Arbeiten ist eine gute Organisation des Tages wichtig, vor allem das Planen von regelmäßigen Pausen. Stell dir einen Wecker und mach nach jeder Stunde des Arbeitstags fünf Minuten Pause. Möglich sind auch Arbeitsbelastungswechsel, also zum Beispiel zwischendurch Müll rausbringen, Spülmaschine ausräumen. Zu zwei Dritteln sollten es aber Pausen sein, die wirklich mit Entspannung zu tun haben.

Für ein achtsames Zeitmanagement ist es außerdem wichtig, sich bewusster auf das zu konzentrieren, was einem an mittel- und langfristigen Qualitäten (und Zielen) im Beruf wichtig ist. Deshalb versuch einmal, drei Wünsche oder Werte zu formulieren, die für dich und dein Arbeitsleben im nächsten Jahr wichtig sind. Halte jeden Morgen vor der Arbeit fünf Minuten inne, und konzentriere dich auf diese Wünsche und Werte. Halte dir jeden Tag einen Slot von einer halben Stunde frei, die du mit dem Hinarbeiten auf das zubringst, was dir wichtig ist.

Liebe Anne,

haben wir nicht einen wunderbaren Job, du und ich? Das dachte ich, als wir uns zu Anfang des Monats zu einem Spaziergang an der Elbe trafen, einfach so, an einem Mittwochnachmittag. Rausgehen und reden über Lebensziele, Motivation und was uns antreibt, während die Vögel lautstark den Frühling herbeisingen. Während so viele zur selben Zeit irgendwo im Stechuhr-Rhythmus schuften und möglicherweise unsinnige Chef-Anweisungen ausführen müssen, weil es so im Arbeitsvertrag steht: abhängig beschäftigt. Wir sind beide Freiberuflerinnen, können arbeiten, wann, wie viel und wo wir wollen, Aufträge ablehnen, wenn sie uns nicht passen, das Arbeitspensum stufenlos hoch- und runterregeln, so, wie es zu unserem Leben passt.

Unsere Arbeit: Traum- oder Albtraumjob?

Theoretisch wenigstens. Denn gleich im nächsten Moment dachte ich auch: Was haben wir für einen sonderbaren Job. Die ständige Unberechenbarkeit, die ständige Notwendigkeit, sich für den nächsten bezahlten Auftrag krummzumachen, der Zwang, ständig zu funktionieren. Keine Lohnfortzahlung im Krankheitsfall, keine Geburtstagsblumen von Vorgesetzten, keine vorkonstruierte Karriereleiter, und der Preis der Freiheit ist die Unsicherheit.

Und während wir so am Fluss entlanggingen, kam mir noch ein dritter Gedanke: So vielfältig die Arbeitswelt heute ist, so unterschiedlich unsere Tätigkeit etwa zu der einer Bauingenieurin, einer Intensivschwester, einer leitenden Angestellten oder einem Lehrer ist, so gibt es doch einige Gemeinsamkeiten zwischen uns allen. Denn egal, ob angestellt oder freiberuflich, im Großkonzern oder beim Mittelständler, im Labor, im Bildungsbereich oder in der IT: Das Arbeitspensum ist in den letzten Jahrzehnten überall dichter geworden, anspruchsvoller, höher getaktet. Wie in dem alten Charlie-Chaplin-Stummfilm *Moderne Zeiten* läuft das Fließband immer schneller, laufen wir Gefahr, eingesogen zu werden in eine riesige Maschinerie und zu einem Teil davon zu werden.

Das kann man als Auswuchs des Neoliberalismus geißeln, aber man kann es auch begrüßen, weil mehr Eigenverantwortung und weniger Berechenbarkeit auch dazu führen, dass Menschen kreativer werden, ein abwechslungsreicheres Leben führen als die Generation unserer Eltern. Ich denke, die Antwort ist auch eine Frage der Persönlichkeit: Was wir brauchen, um uns mit unserer Tätigkeit und in unserem Jobumfeld wohlzufühlen, ist bei jedem anders. Ich bin zum Beispiel jemand, der immer die Freiheit der Sicherheit vorziehen würde, und ich komme mit einer hohen Taktung gut klar. Mich macht es eher fertig, in einer Fußgängerzone hinter notorischen Bummlern festzustecken, als meinen Schritt einem höheren Tempo anzupassen. Aber das ist nicht für jeden so, und das soll es auch gar nicht sein.

Was nutzen Fünf-Minuten-Pausen?

Während wir beide also eher zackig an Museumsschiffen, Möwen und Elbstrand entlangmarschierten, wusste ich schon: Auch wenn ich jetzt wieder fünf Straf-Euro in die »Ja-aber«-Kasse werfen muss, ich fürchte, der erste Teil der Monatsaufgabe könnte schwierig werden. »Ja, aber das ist doch völlig unsinnig mit diesen Fünf-Minuten-Pausen beim Schreiben«, habe ich protestiert. Doch ich habe mir und dir versprochen, mich auf neue Erfahrungen einzulassen, und vielleicht weiß ich gar nicht, was gut für mich ist, solange ich es nicht ausprobiert habe.

Umso einleuchtender schien mir das Zweite, worüber wir bei diesem Auftaktspaziergang an der Elbe sprachen: mir klarzumachen, was mich antreibt, oder, wie du sagst: was für mich das Wesentliche ist. Du hast mir Fragen gestellt, die mich ziemlich schnell auf die Spur brachten: Welche drei Dinge sind in deinem Leben im Moment am wichtigsten? Wann warst du in dieser Hinsicht besonders zufrieden in letzter Zeit? Umgekehrt: Was fehlt dir? Von welchen Qualitäten willst du mehr in deinem Berufsleben haben, aber vielleicht auch privat? Was könnte das in der Konsequenz bedeuten? Und gibt es vielleicht ein Bild, ein Symbol, eine Art Anker, das all dies für dich ausdrückt?

Drei Kreise wie die Bälle eines Jongleurs

Wenn ich drei Kreise für meine Topthemen zeichnen sollte, wären sie ungefähr gleich groß, gleich wichtig und gleichermaßen Quell von Freude, Erfolgserlebnis, Befriedigung. Und genauso für Ärger, Unwillen, Frustration, wenn es nicht rundläuft.

Da ist zum einen meine Familie und ihr Wohlergehen, zum Zweiten mein Beruf als freie Autorin von Sachtexten, zum Dritten mein kleiner Elfenbeinturm: Wann immer die Zeit und die Umstände es zulassen, schreibe ich auch Romane, ein neuer ist im Entstehen, aber muss sich immer wieder hintenanstellen. Derzeit zu unberechenbar, zeitlich wie finanziell.

Was ich gut finde an diesem inneren Bild: drei Kreise wie die drei Bälle eines Jongleurs, die man gleichzeitig in der Luft halten, aber auch immer wieder loslassen darf, sogar muss, damit das Kunststück gelingt.

Wie es sich anfühlt, wenn es gut läuft, weiß ich genau. Solche Situationen passieren eher zufällig, als dass man sie aktiv herstellen könnte. Aber ich kann den Raum für sie bereiten. Zum Beispiel ein Abend mit meiner Familie in einem Burgerladen – wir sitzen draußen unter einer Markise, auf die es regnet, spielen reihum Armdrücken, kommen uns über das Kräftemessen näher, ohne dass ein wirklicher Wettbewerb daraus wird. Das war in den letzten Herbstferien; so etwas entsteht, wenn wir alle innerlich und äußerlich frei sind. Der Moment, in dem ich das Okay eines wichtigen Interviewpartners bekomme, den ich einer Redaktion vorgeschlagen habe. Eine Zeit auf dem Land, in der ich täglich so tief in meinem angefangenen Romanmanuskript verschwinde, dass ich gar nicht mehr hinauswill.

Zugehörigkeit, Wertschätzung, Leichtigkeit

Während ich dir davon erzähle, formen sich für mich drei Begriffe, auf die alles hinausläuft, die mir in allen Bereichen wichtig sind: Zugehörigkeit, Wertschätzung, Leichtigkeit. Der Treibstoff, der mich durchs Leben bringt, privat wie beruflich, und an dem es mir manchmal fehlt. Die Zugehörigkeit, weil man mir als freier Autorin jederzeit und überall auch die Tür wieder vor der Nase zuschlagen kann, ohne Gnadenfrist. Die Wertschätzung, weil im Beruf oft wenig Zeit bleibt für ein positives Feedback (oder weil meine Kinder pubertätsbedingt an allem etwas auszusetzen haben, was ich ihnen vorsetze, bei Tisch oder sonstwo). Und schließlich die Leichtigkeit, die oft hinter zu hohen Bergen von Arbeit plus Familienleben auf der Strecke bleibt.

Ein Symbol für das Fehlende fällt mir nicht schwer: ein Geschenk, in glitzerndes Papier eingepackt. Was darin ist, weiß ich nicht, es ist auch gar nicht so wichtig, denn die Geste zählt – statt zu fordern, gibt mir jemand etwas Schönes zurück und drückt damit aus, dass er mich schätzt.

Mit dieser Erkenntnis, so hast du mir empfohlen, soll ich in die nächste Arbeitswoche starten. Also jeden Tag vor der Arbeit überlegen: Was ist heute meine wichtigste Aufgabe, was hat sie mit dem Wesentlichen zu tun, und wie kann ich beides zusammen bringen? Klar: Wunder kann auch der achtsame Blick auf Arbeit nicht bewirken, Umstände sind, wie sie sind. Und Wut darauf kann auch hilfreich sein. Aber wer bewusst nach dem eigenen Gestaltungsspielraum sucht, findet oft heraus, dass der gar nicht so klein ist. Egal, ob freiberuflich oder angestellt.

Ruhe in einem wechselnden Rhythmus?

Doch am Sonntagnachmittag, vor dem ersten Tag meines Versuches, mein Arbeitsleben achtsamer zu gestalten, bekomme ich es plötzlich mit der Angst zu tun. Das liegt weniger an der großen Vision, viel mehr am Kleingedruckten unserer Vereinbarung. Jede Stunde fünf Minuten Pause, nach Eieruhr. Fünf Minuten, in denen ich wirklich NICHTS tun soll, höchstens Tee kochen (dabei bin ich eher Kaffeetrinkerin, aber das kann ich ja nicht sieben, acht Mal am Tag machen – sonst bekomme ich am Ende Herzprobleme nicht wegen Überlastung, sondern wegen der falschen Pausenaktivitäten). Völlig anders als mein üblicher Tagesrhythmus, der aus einem Wechsel zwischen Kopf- und Handarbeit besteht und mit dem ich seit Jahren im Homeoffice gut klarkomme: Seite schreiben, Ladung Wäsche aufhängen, halbe Stunde Telefoninterview, repeat.

Noch dazu habe ich ausgerechnet in diesen Aprilwochen besonders viel auf dem Schirm, auch das ist ja typisch für viele Berufe: Je nach Jahreszeit, Saison, Auftragslage ist das Arbeitstempo mal eher Sprint, mal eher schonendes Nordic Walking. Wenn sich das übers Jahr ausgleicht, spricht ja auch nichts gegen Power-Phasen. Aber muss das ausgerechnet jetzt sein?

Deshalb fange ich am Sonntagabend klammheimlich an vorzuarbeiten. Schreibe schon mal ein paar E-Mails, überprüfe meine Rechnungseingänge, damit die To-do-Liste kürzer wird, und fühle mich wie der Klassenstreber, der heimlich im Biobuch bei der Fotosynthese spickt, wenn die anderen noch mit den Grundkriterien des Lebens beschäftigt sind. Schon klar: ist nicht verboten, aber trotzdem geschummelt. Doch mich setzt dieser Pausenzwang schon jetzt unter mehr inneren Druck als eine vorgezogene Deadline oder eine unleidliche Redakteurin.

»Was machst du da?«, fragt mich meine Tochter.

»Ich fang schon mal den Arbeitstag an, damit ich meine Pausen morgen einhalten kann.«

»Hä? Klingt ja krass stressig.« Wie wahr, mein Kind.

Zu viel Entspannung kann den Flow unterbrechen

Am Montagmorgen schaffe ich es zwar dank meiner Mogelei, um zehn und um elf für fünf Minuten aus dem Fenster zu gucken und dabei auch nur einen Zusatzkaffee zu trinken statt zwei – aber es entspannt mich null. Im Gegenteil: Weil ich gerade an einem längeren Text sitze, komme ich mir vor, als müsste ich immerzu einen Tauchgang abbrechen, um wieder an die Oberfläche zu kommen und dann nach fünf Minuten mühsam neu in die Tiefe zu starten. Dabei kostet es ohnehin jedes Mal Überwindung, die leere Seite mit den ersten Worten zu füllen – aber wenn es dann läuft, dann läuft es meist fast wie von selbst. Die verordneten Unterbrechungen killen meinen vertrauten Rhythmus, ich stehe am Fenster und versuche mühsam, die nächsten Sätze in meinem Kopf festzuhalten. Ich fühle mich nicht von den Aufgaben gehetzt, sondern von den verordneten Unterbrechungen ausgebremst.

Um vier Uhr nachmittags schaffe ich es noch mal, aufzustehen, ein Lieblingslied laut aufzudrehen und mich so auf andere Gedanken zu bringen. Dreieinhalb Minuten, immerhin. Vielleicht will ich auch gar keine anderen Gedanken. Vielleicht macht mir meine Arbeit auch einfach Spaß, verdammt! Vielleicht ist sie nichts, wovor ich mich schützen müsste!

Wem die Nichtraucherpause hilft

Ich denke, meine Schwierigkeit hat mit drei Dingen zu tun. Zum einen: Es gibt Aufgaben, bei denen tun die kleinen Denk- und Bewegungspausen sehr gut, und da ergeben sie sich fast von selbst – bei anderen eben nicht. Eine Freundin von mir, Lehrerin und Ex-Raucherin, macht beim Korrigieren von Klassenarbeiten regelmäßig ihre »Nichtraucherpausen«. Eine Zigarettenlänge ist auch ohne Zigarette genau die Zeit, die sie braucht, um wieder runterzukommen, wenn wieder ein Schüler den Unterschied zwischen exponentiellem und linearem Wachstum nicht kapiert hat. Aber das Korrigieren ist eine abgeschlossene, gleichförmige Tätigkeit, anders als das Schreiben eines Textes, das sich über zwei Tage zieht.

Zum anderen: Würde ich nicht zu Hause sitzen, sondern in einer Redaktion oder einem Verlag, wäre es sicher sinnvoll, zwischendrin mal aufzustehen, mich zu strecken, ins Weite zu schauen. Zu Hause passiert das automatisch, denn da ist ja noch die Dreckwäsche, die Einkaufsliste, der Gang zum Papiercontainer. Haushaltstätigkeiten, bei denen ich nicht denken muss, aber in Bewegung komme. Meine Mutter hat mir vor Jahren mal ein Büchlein mit dem schönen Titel *Am kreativsten bin ich, wenn ich bügle* geschenkt, und ich finde, das könnte von mir sein.

Drittens: Mein Berufsleben ist ein ständiges Impro-Theater.

Mal sitze ich sechs bis acht Stunden am Schreibtisch, nur von Mahlzeiten unterbrochen, mal bin ich für eine Reisereportage unterwegs, fahre mit einem Fotografen durch den Spreewald oder besuche eine Kitaleiterin in Hamburg-Bergedorf zum Interview. Und mal schicke ich vormittags fünf berufliche E-Mails, koche ein Mittagessen, weil beide Kinder früh Schulschluss haben – und verbringe dann ungeplant drei Stunden damit, dem Siebtklässler den Unterschied zwischen Present Perfect und Simple Past zu erklären. Weil ihm nachmittags um vier plötzlich einfällt, dass er morgen eine Arbeit schreibt. Vermutlich seine Vorstellung von achtsamem Zeitmanagement: Erst fünfe gerade sein lassen, dann den Mutternotdienst rufen. Und das passt alles nicht in dieses starre Schema zwischen Be- und Entlastung.

Vom halb vollen Glas und dem freundlichen Bumerang

Jetzt zum erfreulicheren Teil des Selbstversuches: Was die Hauptaufgabe des Tages mit dem Wesentlichen zu tun hat, wolltest du wissen. Mal die Ideensammlung für ein Kinderhörspiel, mal die Recherche für ein Familienmagazin, mal das Schreiben eines unserer Buchkapitel: Inwieweit sorgen sie für Zugehörigkeit, Wertschätzung, Leichtigkeit?

Während ich in der ersten Woche meines Selbstversuches eher mäkelig das halb leere Glas anstarrte, manifestiert sich im Lauf der Zeit eher das halb volle Glas vor meinem inneren Auge. Ja, ich habe manchmal mit Auftraggebern zu tun, die das Haar in der Suppe suchen und sich ganz nach dem Motto verhalten: »Ned g'schimpft isch au scho g'lobt.« Aber es gibt auch die anderen: den netten Agenturmitarbeiter, mit dem jeder Nachrichtenaustausch ein vergnügliches Wortwitzgefecht ist – für die Leichtigkeit; die Kolleginnen, die mich regelmäßig zu ihren Redaktionskonferenzen mit einladen – für die Zugehörigkeit; die Verlagslektorin, die sich Zeit für ausführliche Rückmeldungen nimmt – für die Wertschätzung.

Klar, man kann sich seine Arbeitspartner*innen nicht immer nach Sympathie aussuchen, aber wir können uns innerlich frei machen vom Urteil derer, die uns herunterziehen, und umso mehr die gute Beziehung pflegen zu denen, die uns stärken. Vor allem sind Wünsche keine Einbahnstraße. Und so habe ich mir in der zweiten Woche täglich einen halbstündigen Slot auf die To-do-Liste geschrieben, in dem ich meinen Lieblingskolleginnen und -kollegen ganz ohne Anlass eine Dankesmail geschickt habe: für ihre Loyalität, ihre professionelle Art, ihr Urteilsvermögen, ihre Ruhe. Weil's von Herzen kommt, und weil ich gleichzeitig so eine Ahnung hatte, dass dieser freundliche Bumerang zu mir zurückfliegt. Was er prompt tat, denn alle haben geantwortet und mir ihrerseits ausgedrückt, wie gern und gut sie mit mir arbeiten. Habe ich bei meinen Meditationsübungen im Januar nicht gelernt, mir selbst eine gute Freundin zu sein? So kann man dieses Spiel auch über Bande spielen: anderen etwas Positives spiegeln, was dann wieder auf uns zurückfällt, im besten Sinne.

Darauf werde ich auch in Zukunft mehr achten: betonen, was gut läuft, aber auch offen sagen, wo ich mich schlecht behandelt fühle. Abwägen, ob es sich wirklich lohnt, mit Menschen Kontakt zu halten, die mir den Spaß an der Arbeit verderben. Und wenn es sich doch mal lohnt, aus strategischen Gründen: strikt das Persönliche vom Professionellen trennen.

Wohin soll die Reise gehen?

In Woche drei und vier geht es mir weniger um den Versuch, an meiner Arbeitsorganisation zu schrauben, mehr um die Innensicht: Was löst es in mir aus, wenn ich danach frage, was mich bei der Arbeit glücklich macht? Wenn ich mich morgens kurz bewusst damit beschäftige, was mir wichtig ist und wo ich hinwill? Mich nur treiben lasse von den Möglichkeiten, nach dem Motto: »Alles ist okay, solang es die Miete zahlt«? Oder noch mehr darauf achte, was ich gut kann, wo ich Wertschätzung erlebe, was mir Freude macht und für mich Sinn ergibt?

Ein Bekannter hat einmal im Netz ein Gleichnis für das moderne Arbeitsleben gepostet, in dem ich mich erschrocken wiedererkannt habe. Da steht ein Mann im Wald und bearbeitet mit einer stumpfen Säge einen riesigen Baumstamm. Ein Spaziergänger kommt vorbei und rät ihm, doch erst mal seine Säge zu schärfen. »Keine Zeit«, pampt der Mann zurück, »ich muss arbeiten.« So bin ich auch manchmal. Ich schufte stramm weiter, statt innezuhalten und zu überlegen, wie ich es mir leichter machen kann und wie ich meine Arbeitskraft auf das Wesentliche konzentriere. Dabei ist es ja immer wieder erstaunlich, was alles geht, wenn man typische Glaubenssätze (»Dafür bin ich zu alt«, »Das lerne ich eh nicht mehr«, »Dazu fehlen mir die finanziellen Mittel«) hinter sich lässt.

Ein eindrückliches Beispiel dafür ist eine prominente Autorenkollegin, Meike Winnemuth: Sie wollte immer eine Weltreise machen und darüber schreiben, traute sich erst, nachdem sie in der Quizshow *Wer wird Millionär?* die 500.000-Euro-Frage erfolgreich beantwortet hatte, und kam schließlich mit einer erstaunlichen Erkenntnis von der Reise zurück: Sie hatte den Gewinn nämlich unterwegs kaum angetastet, weil sich so viele unerwartete Möglichkeiten zum Geldverdienen aufgetan hatten. Und ihr wurde klar: Es wäre gar nicht nötig gewesen, so lang auf die Erfüllung ihrer Träume zu warten! Aber auch alltäglichere Beispiele fallen mir ein, jenseits der Promisphäre. Menschen, die mit über 40 oder sogar über 50 noch einmal den Job gewechselt, sich selbstständig gemacht oder anderweitig einen Neuanfang gewagt haben. Und ich? Was würde ich anders machen, wenn Zeit und Geld keine Rolle spielen würden?

Anzeigen lesen auf der Suche nach dem Kick

Während ich nach Feierabend um 18 Uhr – der ist mir tatsächlich heilig! – den Knospen auf der Wiese gegenüber beim Aufgehen zuschaue und den Frühlingsblättern beim Entfalten, stelle ich fest: So viel muss ich gar nicht verändern. Ich bin schon gut in dem, was ich kann, und stehe so sicher wie möglich dort, wo ich stehe. Aber: besser geht immer. Es sind die kleinen Stellschrauben, die eine große Wirkung haben können.

Also unterhalte ich mich mit Kolleginnen und Kollegen, frage sie, was sie in ihrem Job am meisten antreibt, überlege, wo ich ihre Stärken sehe, und bitte sie, die meinen einzuschätzen. Ich studiere Stellenanzeigen, nicht, weil ich wirklich über eine Festanstellung nachdenke, sondern um zu überprüfen, was sie in mir auslösen: Wofür könnte ich brennen, wobei weiß ich sofort, da wäre ich nicht am richtigen Platz? In diesen Tagen kommt prompt eine Anfrage, bei der mir mein Bauchgefühl sagt: Lass es bleiben, undankbares Projekt, zu viel Aufwand und zu wenig auf der Habenseite, inhaltlich wie finanziell. Normalerweise hätte ich noch lange das Für und Wider abgewägt, jetzt vertraue ich meinem Gespür fürs Wesentliche, sage umgehend ab, spare Zeit und Energie.

Am Ende von Woche vier beende ich mein Experiment mit mehreren Aktionen. Erstens: Ich kaufe mir den letzten Jahreswandkalender, den ich so spät im Jahr noch im Schreibwarenhandel auftreiben kann, und trage meine langfristigen Projekte darin ein – mehr Übersicht, mehr Weitsicht tut eben doch besser, als immer nur auf Sicht zu fahren. Zweitens: Ich mache mir eine Liste mit Ansprechpartner*innen, mit denen ich bisher noch nichts zu tun hatte, die aber offen sein könnten für die Themen, für die ich brenne. Das kostet Zeit und Energie, mehr, als immer nur das Naheliegende zu tun, die bestehenden Kontakte zu nutzen, in der Komfortzone weiterzuarbeiten. Auf der anderen Seite entlastet es mich auch, wenn ich radikaler aussortiere: Alle Tätigkeiten müssen gehen, die in jeder Hinsicht zu wenig bringen. Zu wenig Wertschätzung, zu wenig Spaß, zu wenig Geld.

Und drittens: Ich belohne mich mit einem Gang in einen Schmuckladen. Als ich mir eine Kette ausgesucht und bezahlt habe, fragt die Verkäuferin, ob sie das gute Stück einpacken soll, und überrascht höre ich mich Ja sagen. Dann verlasse ich den Laden, in der Hand ein Geschenk in Glitzerpapier und mit einer schönen, bunten Schleife drum herum. Erinnert dich das an was?

Herzlichen Gruß
Verena

Liebe Verena,

als ich angefangen habe, deine Zeilen zu lesen, musste ich erst mal schmunzeln: Die Übung, den Alltag so zu strukturieren, dass jede Stunde eine Pause von fünf Minuten möglich wird, war ja offensichtlich kontraproduktiv und hat bei dir mehr Stress ausgelöst als Entspannung. Mehr Selbstsorge oder Sicherheit sind so scheinbar auch nicht entstanden. Das passiert ja manchmal, dass eine Übung zwar gut gemeint ist, aber für eine Person gar nicht funktioniert.

Für viele Menschen kann diese Übung aber tatsächlich ein Schlüssel zu mehr Bewusstsein für Pausen und Erholungsphasen sein. Die Trainerin und Buchautorin Helen Heinemann, Gründerin des Instituts für Burnout-Prävention, nutzt sie häufig in ihren Seminaren. Ich erkläre dir jetzt einmal ganz knapp, welcher Gedanke hinter dieser Art Übung steckt: Auch sehr kurze Pausen sind erholsam. Es gibt heute zahlreiche Studien, zum Beispiel eine Metastudie der Bundesanstalt für Arbeitsschutz und Arbeitsmedizin, die belegen, dass kurze Pausen von unter 15 Minuten einen messbaren Effekt auf die Erholung und Regeneration während der Arbeit haben und dazu führen, dass das subjektive Wohlbefinden wächst. Also auch wenn wir uns bei der Arbeit oft danach sehnen, mal ohne Verpflichtungen einen Monat lang auf einer einsamen Insel in der Hängematte zu liegen und gar nichts zu tun, für die physische und psychische Erholung ist es oftmals über weite Strecken ausreichend, immer nur kurze, unspektakuläre Pausen in den Alltag einzubauen. Ein bewusster Wechsel aus Spannung und Entspannung während der Arbeitsphasen kann dazu führen, dass man sich bereits während des Arbeitstags immer wieder ein bisschen regeneriert. Man bleibt in einem Modus, in dem man sich selbst im Blick hat, bewusst wahrnimmt, wo man gerade steht, wie es einem geht – statt nur auf die nächste dringliche Aufgabe und das nächste Meeting zu schauen.

Diese Art der Selbstbeobachtung ist laut dem Arbeitspsychologen Andreas Krause von der Fachhochschule Nordwestschweiz eine wichtige Fähigkeit, wenn wir unser Berufsleben achtsam und in einer gesunden Balance gestalten wollen. Seine These: Egal, ob angestellt oder freiberuflich, fast jeder arbeitet heute so entgrenzt und ohne feste Vorgaben, dass es immer wichtiger wird, sich selbst um einen guten, gesunden Rhythmus zu kümmern. »Ein Bewusstsein für die eigene Gesundheit im Job ist wichtiger geworden. Wir sprechen von Selbstsorge, die sich deutlich von einer eher leistungsbezogenen Selbstoptimierung unterscheidet«, sagt Krause in einem Interview, das ich mit ihm geführt habe. »Es geht darum, immer wieder zu registrieren, wann man eine Pause braucht, wann man Urlaub braucht, wann Stress überhandnimmt.« Damit man diesen Prozess selbst steuern kann, braucht man ein Gespür dafür, wann man kleinere und größere Pausen nötig hat.

Nun gibt es dabei aber eine Schwierigkeit. Viele Menschen haben nicht gelernt zu spüren, wann sie Pausen brauchen. Deshalb gibt es heute zahlreiche psychoedukative Übungen, mit denen man dieses Gespür trainieren kann. Eine dieser Methoden ist die von außen gesetzte Pause: Ein Wecker klingelt, man lässt – ganz egal, woran man gerade arbeitet – den Stift fallen, hört auf, zu tippen, zu recherchieren oder zu telefonieren, und macht etwas anderes. So lernt man, nicht am Stuhl und Rechner zu kleben, sondern überhaupt erst einmal ein Gefühl dafür zu bekommen, wie gut solche Mini-Auszeiten tun. Oft wird das Arbeiten durch kleine Pausen nicht nur einfacher, sondern sogar produktiver. Darauf deutet jedenfalls die Studie des Bundesamts für Arbeitsschutz und Arbeitsmedizin hin.

Nun möchte ich aber nicht sagen, dass du, liebe Verena, von solchen Pausen keinen Schimmer hättest. Ich vermute vielmehr, dass du in deinem seit Jahren eingespielten Alltag zwischen Schreiben, Kinder versorgen und Haushalt bereits Pausen oder zumindest Belastungswechsel einbaust – also mal geistig am Rechner herumwirbelst, mal handfest an der Waschmaschine. Letztlich heißt das: Du hast bereits Pausenzeiten, die für dich funktionieren. Die zusätzlichen Fünf-Minuten-Auszeiten waren für dich deshalb so etwas wie Strafminuten abseits des Spielfelds. So soll es natürlich nicht sein. Dennoch: Für sehr viele Menschen, die bisher durcharbeiten und über Stunden nicht vom Schreibtisch aufstehen, sind Kurzpausen oft ein erster Schlüssel zu einem achtsameren, selbstfürsorglicheren und nicht zuletzt produktiveren Arbeiten.

Und nun zum zweiten Teil der Übung, der letztlich einen Übergang zu einer tiefer gehenden Frage schafft: Der Grundgedanke hier ist schlicht. Es geht darum, immer im Blick zu haben, welche Qualitäten, Werte, Ziele und Wünsche einem wirklich in Bezug aufs Berufsleben und Leben wichtig sind – und diese nicht mehr aus den Augen zu verlieren. Vor allem aus den USA kommen in den letzten Jahren Bücher, Coachings, Podcasts und Impulse, in denen Trainer und Autorinnen versuchen, klassische Zeitmanagement-Tools wie To-do- und Prioritätenlisten mit eher tiefgreifenden und persönlichen Fragen zu kombinieren, wie zum Beispiel: »Was sind wichtige Werte für mein Arbeitsleben?«, »Wie will ich arbeiten?« oder auch »Was will ich erreichen?«, »Was halte ich für sinnvoll?« Man kann dabei seine Prioritäten karriereorientiert wählen, also zum Beispiel sagen: »Im nächsten Jahr will ich Führungskraft werden.« Man kann aber auch die Prioritäten nach eigenen Stärken und inneren Werten wählen und zum Beispiel sagen: »Ich möchte mit anderen kollegial zusammenarbeiten.« Oder: »Alle Aufgaben meines Jobs, die mit technischen Fragen zu tun haben, fallen mir leicht – in diesem Bereich will ich mich weiterentwickeln«. Oder auch: »Mir ist Wertschätzung wichtig, ich versuche, sie in mein Arbeitsleben einzubauen und auch mit meinem eigenen Verhalten möglich zu machen.«

Das Problem, das mit solchen Fragen verbunden ist: Solange wir immer nur durch den Alltag hetzen, kennen wir die Antworten nicht. Das ist ein bisschen wie mit dem Bild, das du, Verena, vorhin aufgegriffen hast: Man steht mit einer stumpfen Säge im Wald, arbeitet immer weiter und erschöpft sich, statt sich zu überlegen, was einem die Säge schärft, was die eigenen Prioritäten, Stärken und Wünsche sind. Manche Coaches schätzen die Kraft solcher Zielklärungen und der Konzentration auf das Wesentliche sehr hoch ein. In seinem Buch *Pause* beschreibt der amerikanische Unternehmer und Autor Alex Soojung-Kim Pang ein Modell, bei dem jeder am Tag drei bis fünf Stunden konzentriert an den wichtigsten Dingen arbeitet – und so einen Fokus auf das hält, was für einen zentral ist. Auch wenn seine Idee ein wenig abgehoben klingt und so etwas wie ein Vierstundentag für die meisten Arbeitnehmer*innen nicht umsetzbar ist, so ist die Idee doch inspirierend und kann eine Art Leitplanke sein: Konzentriere dich auf das, was wichtig ist. So kannst du auch schneller sehen und spüren, was unwichtig ist.

Ich freue mich jedenfalls, liebe Verena, dass dir dieser Teil so viel gebracht hat. Und dass du dir am Schluss selbst ein Geschenk machst, was soll ich sagen – toll.

Schöne Grüße
Anne

Achtsames Zeitmanagement für Ihren Alltag

Sie haben es sicher schon beim Lesen dieses Kapitels bemerkt: Achtsames Arbeiten ist ein weites Feld. Wir alle haben unterschiedliche Arbeitsplätze und Positionen. Auch die Anforderungen, Probleme und die Situationen, in denen man sich selbst gegenüber rücksichtslos wird, sind andere. Vielleicht überlegen Sie einmal für sich, ob Sie tatsächlich jemand sind, der im Job stark unter Strom steht, und ob Sie sich häufig belastet und erschöpft fühlen. Dann kann ein erster Schritt sein, im Kleinen etwas zu verändern und Mikropausen in den Alltag einzubauen. Auf diese Weise werden Sie sich etwas mehr erholen und können sich bewusster durch Ihren Arbeitsalltag bewegen.

Falls Sie ein Organisationstalent sind und auch das Gefühl haben, dass Sie eigentlich schon ganz gut auf sich aufpassen, aber dennoch immer wieder sehr gestresst, belastet und gehetzt sind, kann es sich lohnen, eher die großen Fragen anzugehen und sich zu überlegen, was Ihnen wirklich wichtig ist, welche Qualitäten, Werte und Tätigkeiten beim Arbeiten für Sie Priorität haben. Das können Sie allein machen, dabei können aber auch Rückmeldungen von anderen helfen, ein Gespräch mit einem Freund oder eine Stunde mit einem professionellen Coach.

Ganz wichtig: Sie können selbst entscheiden, wo Sie anfangen wollen. Der entscheidende Schritt ist es, sich die Erlaubnis zu geben, dass man sich beim Arbeiten grundsätzlich immer auch selbst im Blick haben darf, statt sich nur zu fragen, was andere von einem erwarten. Diese schlichte Veränderung der Prioritäten kann sehr viel bewirken.

Übung: Stärken finden

Was sind Tätigkeiten, die Ihnen leichtfallen und die Sie gern tun? Versuchen Sie in einer stillen Stunde, drei Tätigkeiten aufzuschreiben, die Ihnen im Arbeitsleben Freude bringen, für die Sie gelobt werden und von denen Sie gern mehr machen würden. Wichtig ist immer die Kombi: Es geht um Tätigkeiten und Qualitäten, die Ihnen Freude machen und die Sie auch können bzw. die andere als Ihre Kernkompetenz registrieren. Schreiben Sie dazu ein paar Sätze auf.

Überlegen Sie sich in einem weiteren Schritt, welche Tätigkeit Ihnen im Alter von 30 Jahren (falls Sie schon deutlich älter sind) leichtgefallen sind, die Sie gern gemacht haben und für die andere Sie gelobt haben. Schreiben Sie auch dazu ein paar Stichworte auf. Überlegen Sie das selbe für das Alter von 18 Jahren und für das Alter von neun Jahren. Gehen Sie immer wieder auf Spurensuche nach den Tätigkeiten und Aufgaben, die Ihnen leichtfallen, Freude machen – und die Sie auch können. Die Frage zu den eigenen Fähigkeiten im Kindesalter fällt manchen Menschen leicht, sie ziehen daraus Aha-Erlebnisse. Andere finden das unmöglich, erinnern sich nicht mehr gut oder auch nicht gern an die eigene Kindheit. Dann lassen Sie diesen Teil weg!

Sie haben nun ein paar Infos gesammelt, was Sie zu verschiedenen Zeitpunkten Ihres Lebens gut konnten und was Ihnen Schwung und Lob bei der Arbeit eingebracht hat. Schauen Sie sich noch mal die Notizen an: Gibt es Gemeinsamkeiten? Gibt es Begriffe, die immer wieder fallen und auch bis heute wichtig sind? Falls ja, können das Punkte, Stichworte, Qualitäten und Aufgaben sein, die auf die Prioritätenliste gehören bzw. die auf irgendeine Weise in Ihrem Arbeitsalltag vorkommen sollten. Wichtig: Das heißt nicht, dass Sie alles umschmeißen müssen, wenn Sie merken, dass das, was Sie immer gern und gut taten, nicht so viel mit dem Tätigkeitsbereich zu tun hat, den Sie gerade ausüben. Wenn Sie etwa feststellen, dass Sie gern mit Zahlen zu tun haben, aber gerade ganz andere Dinge in Ihrem Job gefragt sind, dann brauchen Sie sich nicht zu sorgen. Versuchen Sie in kleinen Schritten, die entsprechenden Qualitäten mehr in Ihren Beruf einzubauen.

Reflexionsfragen

» Woran merken Sie, dass im Arbeitstag eine Pause fällig ist? Und: Wie oft richten Sie sich danach?
» Welche Aufgaben sind für Sie wichtig und erfüllen Ihren Arbeitstag? Und: Wie viel Zeit haben Sie dafür?
» Wie sieht für Sie ein Arbeitstag aus, in dem Sie gut auf sich aufpassen? Was passiert an so einem Tag?

Welche Alternativen gibt es?

» **Ganzheitliches Zeitmanagement.** Eine der Ersten, die in Deutschland eine Reihe von Tools und Tricks entwickelt hat, mit denen auch kreativere oder chaotischere Menschen planen können, ist die Trainerin und Coachin Cordula Nussbaum. Ihre Ideen für Zeitpläne, Prioritätensetzung und Übungen helfen dabei, sich im Alltag besser zu strukturieren – auch wenn man mit Excel-Tabellen und straffen To-do-Listen nicht gut klarkommt. Ihr Buch *Bunte Vögel fliegen höher. Die Karriere-Geheimnisse der kreativen Chaoten* (Campus) gibt hier eine gute Einführung. Mehr Infos unter www.kreative-chaoten.com.
» **Bullet Journals.** In den letzten Jahren haben viele Leute angefangen, eine Art kreativen Kalender selbst zu gestalten und

Prioritäten, Termine und Ideen dort auf individuelle Weise fest-zuhalten. Der Erfinder der Methode heißt Ryder Carroll und war als junger Erwachsener oft überfordert mit der Planung sei-nes Tages. Diese kreative Art der Terminverwaltung und Ideen-planung liegt nicht jedem, sie ist aber ein tolles Instrument für Menschen, die auch gern malen, zeichnen oder sich bildlich Dinge merken und vorstellen. Eine Trainerin im deutschsprachi-gen Raum, die diese Technik in Workshops vermittelt, ist Kerstin Schiemenz. Infos finden Sie unter www.kerstin-schiemenz.com.

» **Atempausen einlegen.** Kurze Meditationen in den Alltag ein-bauen. Vor jedem Telefonat zwei oder drei tiefe Atemzüge nehmen. Jeden Tag zwischen Arbeit und Freizeit eine Viertel-stunde spazieren gehen. Die Kunst der Zäsuren ist eine eigene und kann gelernt werden. Anregungen für Atem- und Pausen-übungen bekommen Sie zum Beispiel in einem achtwöchigen Achtsamkeitskurs oder in einem kleinen Taschenbuch der Trainerin und Psychologin Julia Scharnhorst: *Pausen machen munter. Kraft tanken am Arbeitsplatz* (Haufe).

Mai

BEWUSST TRÄUMEN

ODER:

WENN DIR NACHTS EIN LICHT AUFGEHT

ANNES AUFGABE

———

Es geht in diesem Selbstversuch ins Reich des nächtlichen Kopfkinos. Schreibe dir drei bis vier Wochen lang auf, was du von deinen Träumen behältst, und notiere dir, mit welchen Stimmungen, Gefühlen, Themen oder Ereignissen des Tages sie zu tun haben. Was könnten dir diese Träume in Bezug auf das sagen, was du gerade brauchst und was für dich ansteht? Wenn du Lust hast, kannst du den Träumen auch eine treffende Überschrift geben!

Buche dann eine Sitzung bei einem Traumcoach und überlege: Was ist für deine Art von Selbstfürsorge gerade wesentlich? Was sagen und raten dir deine Träume? Und: Ist das Achten auf die Welt, die sich dir im Schlaf auftut, für dich wohltuend oder eher belastend?

Liebe Anne,

was würdest du sagen, wenn über Nacht plötzlich deine Cousine bei dir auftaucht, die du seit Jahren nicht gesehen hast, und ungefragt ihr Spielzeug mitbringt? Während du versuchst, in einer zwar geräumigen, aber schlecht beleuchteten und verstaubten Wohnung zu arbeiten. Außerdem sollt ihr auch noch in einem Stockbett schlafen, das aussieht wie aus einem Kinderheim der Nachkriegszeit. Würdest du dir das gefallen lassen? Ein Kuscheltier anbieten? Zur Seite rücken? Protestieren? Stay tuned: In Zeiten der Streamingdienste ist es wohl nur natürlich, wenn statt Kopfkino in der Nacht ganze Kopfserien laufen. Nächtliches Netflix sozusagen.

Mit deiner Monatsaufgabe für den Mai hast du bei mir – mal wieder! – offene Türen eingerannt. Das nächtliche Terrain ist mir vertraut, und zwar seit meiner Kindheit. Nicht nur, weil ich mich bis heute an ein paar sehr intensive Traumbilder von damals erinnere. Sondern auch, weil ich in einem Therapeutenhaushalt aufgewachsen bin, in dem Träume ähnlich häufig Gegenstand des Tischgesprächs waren wie Schulnoten. Oder ob schon jemand die Katze gefüttert hat.

Auch als erwachsene Frau war mir immer klar: Mein Traum-Ich ist mir ein guter Freund, es ist oft klüger als mein Wach-Ich und bringt innere Zustände, Konflikte, Sehnsüchte besser auf den Punkt. Vor allem wiederkehrende Motive sind für mich eine Art inneres Signallämpchen: Achtung, hier braucht etwas deine Aufmerksamkeit! So habe ich beispielsweise in meinen Zwanzigern immer wieder in verschiedenen Varianten geträumt, ich hätte meine Brieftasche mit Ausweis und Führerschein verloren – ein ziemlich klares Zeichen dafür, dass ich weder so richtig wusste, wer ich bin, noch, wo es langgeht. Als ich zumindest das wieder im Griff hatte, habe ich dann konsequenterweise geträumt, ich hätte zwar meine Brieftasche verloren, mit Ausweis, aber zumindest meinen Führerschein wiedergefunden.

Wenn die blinde Schwimmlehrerin am Poolrand steht

Vor einigen Jahren habe ich dann angefangen, sporadisch ein Traumtagebuch zu führen. Meistens einmal im Jahr, mal kürzer, mal länger, wie eine Art Probebohrung: Was geht in dir vor, bist du in Kontakt mit deinen Wünschen, Ängsten, Sehnsüchten? Allein, dass ich mir ausdrücklich erlaube, mich in dieser Zeit intensiv mit mir selbst zu beschäftigen, empfinde ich als sehr selbstfürsorglich und freue mich zugleich über die poetischen Bilder, die mein Hirn auswirft. Eindrücklich in Erinnerung geblieben ist mir ein Traum, in dem mich eine blinde Schwimmlehrerin auffordert, in einen Pool zu steigen. Für mich ein Symbol des tiefen Vertrauens in das Leben: Egal, was dir passiert, egal, wie weit du gerade siehst, du wirst nicht untergehen.

Ein paar praktische Tricks habe ich im Lauf der Jahre von ganz allein entdeckt. Ich erinnere mich schon deshalb besser an nächtliche Traumbilder, wenn ich es mir beim Einschlafen vornehme und das Schreibzeug auch gleich am Bett liegen habe, um morgens als Allererstes in Worten festzuhalten, was sonst wegweht. Auch in Zeiten, in denen sonst selten etwas hängen bleibt. Manchmal hilft es der Erinnerung auf die Sprünge, verschiedene Körperhaltungen auszuprobieren, in denen ich schlafe – dann fällt mir in Rückenlage eine Szene wieder ein, die sich in der Seitenlage nicht hervorlocken lässt. Und ich freue mich immer besonders aufs Wochenende: Wenn der Schlaf nicht zur Unzeit um halb sieben vom Wecker unterbrochen wird, ist mein innerer Filmproduzent besonders aktiv und liefert mir in der wohligen Dös- und Halbschlafphase bis zum Aufstehen viel interessantes Material zum Selbststudium. Apropos Selbststudium: Ich habe meine Träume noch nie mit einem Profi besprochen – dieser Teil an deiner Aufgabe ist neu. Und ich bin gespannt, ob es mir zusätzliche Erkenntnisse bringt.

Ist der Traum mein Coach oder brauche ich einen Traumcoach?

Dafür führe ich mein Traumtagebuch auch etwas anders als gewohnt. So, wie du es mir empfohlen hast, schreibe ich in den nächsten Wochen nicht nur Morgen für Morgen detailliert auf, woran ich mich erinnern kann, ich bringe es auch in Beziehung zu meinem Wachleben. Wie ist meine Stimmung, was ist am Tag passiert? Häufig machen sich Bilder ja daran fest, was nicht heißt, dass sie uns darüber hinaus nichts zu sagen hätten.

Außerdem gebe ich, wie empfohlen, jedem Traum eine Überschrift und mache mir meinen Reim darauf: Was will mein Traum mir wohl sagen, was ist der Rat meines nächtlichen Freundes? Mit dieser reichen Ernte mache ich mich dann auf den Weg zur Psychotherapeutin Kathy Neubauer, bei der ich eine Sitzung zum Traumcoaching gebucht habe. Bei ihr, in einem sparsam in Pastellfarben eingerichteten Raum mit Weitblick über die Stadt, möchte ich mir selbst noch besser auf den Grund gehen als bisher.

Der rote Faden in meinen Träumen ist deutlich sichtbar, aber nicht überraschend: Vermutlich angestoßen durch das intensive Nachdenken über meine Arbeit im vergangenen Monat, die Frage, wohin ich eigentlich will und ob ich noch auf Kurs bin, habe ich in diesen drei Wochen sehr häufig von Reisen aller Art geträumt. Meist war es beschwerlich. Umwege, zugeschneite Straßen, ungültige Flugtickets, fehlende Anzeigetafeln. Expeditionen, die immer anstrengender wurden, je verbissener ich versuchte, einen bestimmten Ort zu erreichen. Manchmal fand ich meine Träume lustig, manchmal auch fast ein bisschen platt, weil so durchschaubar. Ähnlich wie die Traumserie von früher, in der ich ständig meine Papiere verloren hatte, bis ich irgendwann beim Aufwachen von der hundertsiebenundzwanzigsten Wiederholung genervt war. Was sagt die Fachfrau Kathy Neubauer dazu?

Wir konstruieren immer selbst

Sie sagt erst mal dies: »Ich mache keinen großen Unterschied, ob Sie mir etwas wirklich Erlebtes erzählen oder einen Trauminhalt – beides ist Geistesmaterial. Weil wir immer konstruieren, hier etwas weglassen, da etwas zuspitzen, ganz egal, ob wir einen Traum wiedergeben oder eine Alltagsszene. Das Entscheidende sind oft gar nicht die Details, sondern die Verdichtung: Was ist der Konflikt im Traum, welche Seiten der eigenen Persönlichkeit kommen darin vor, und um welches tiefer liegende Thema geht es eigentlich?«

Sag ich doch: um das Unterwegssein, das richtige Ziel, den richtigen Kompass. Der erste Traum, den ich notiert habe, ist dafür das beste Beispiel. Ich habe ihn »Ein untaugliches Fahrzeug« genannt: Eine Freundin bietet mir an, mich auf eine lange Fahrt von Süden nach Norden in ihrem Auto mitzunehmen, aber ich bestehe darauf, ein Leihfahrzeug zu nehmen. Dabei ist mein Plan in mehr als einer Hinsicht waghalsig: Ich weiß im Traum nämlich, dass die Leihfahrzeuge dieses Vermieters nicht nur potthässlich sind, sondern auch nicht autobahntauglich, außerdem viel zu teuer, nicht für One-Way-Mieten gedacht und dazu chronisch ausgebucht. Was heißt das jetzt: Mache ich es mir selbst schwer, weil ich mir nicht helfen lasse? Geträumt habe ich das nach einem völlig zerrissenen Tag, an dem ich zwischen verschiedenen Aufgaben und privaten Terminen so hin- und hergesprungen bin, dass ich am Ende nichts wirklich geschafft hatte.

»Kooperation« – das ist auch das Erste, was der Therapeutin dazu einfällt. Aber im Gegensatz zu mir hat sie auch eine Idee, wer mit der Freundin gemeint sein könnte. »Personen in unseren Träumen können Teile des eigenen Ich sein«, erklärt sie. »Also der Teil in Ihnen, der das Steuer übernimmt, der fahrtüchtig ist und den anderen, verunsicherten Teil dabei mitnehmen kann.« Eine gute Message also: Ich kann mich auf meinen inneren Kompass verlassen und muss mich nicht verrückt machen, wenn es mal nicht so läuft wie geplant. An einem einzelnen Chaos-Montag oder auch über längere Strecken.

Der Zopf muss ab!

Auch am nächsten Tag hat sich mein nächtlicher Regisseur ein Motiv aus dem Wachleben geborgt: Nachdem ich meiner Tochter beim Haarefärben geholfen habe, träume ich, ich müsste selbst zum Friseur, mir die Haare abschneiden lassen, weil sie kaputt sind. Aber der Friseur verspricht mir, ein Vorher-Foto ins Internet zu stellen, damit ich immer sehen kann, wie ich mit langen Haaren aussah. Ich bin ein wenig ratlos: Alte Zöpfe abschneiden im Berufsleben, das fällt mir ein. Kathy Neubauer spricht von Veränderungsambivalenz: »Es muss etwas anders werden, aber wie radikal muss der Schnitt sein? Was ist nötig? Und: Wenn Sie sich dann im Spiegel mit neuer Frisur betrachten, ist das nur ein Verlust – oder zeigt das Bild einfach eine andere Seite von Ihnen?«

Das gefällt mir: Die Therapeutin findet also selbst dort ermutigende Botschaften, wo ich eher grau in grau sehe (ein Internet-Gedenkfoto für einen Zopf, welch traurige Angelegenheit!). Als ich anfange, meine weiteren Träume unter diesem Aspekt zu betrachten, wird mir einiges klarer: Sie zeigen mir Entwicklungsaufgaben, aber vor allem zeigen sie mir meine Ressourcen, meine innere Stärke. Etwa so: Ich muss mit Freunden aus einer Bar aufbrechen und finde meinen Mantel nicht mehr, habe Angst zu frieren, stelle aber auf der Straße fest, dass es wärmer ist als gedacht. Als wollte der Traum mir sagen: Mach dir keine Sorgen, du hast alles, was du brauchst. Die großen, verstaubten Wohnungen, die ich in meinen Träumen manchmal aufschließe: unbewohnte Räume in mir, vielleicht Fähigkeiten, vielleicht vernachlässigte Interessen, vielleicht Seiten meiner Persönlichkeit, die ich mir mal wieder anschauen sollte.

Elektrischer Zaubertrank im nächtlichen Theater

An anderer Stelle ist das mit den Ressourcen noch eindeutiger: Da sitze ich als alte Frau in einem barocken Theater im Zuschauerraum, fühle mich bedroht von namenlosen, waffentragenden Männern, und dann überreicht mir jemand einen Becher und raunt mir den geheimnisvollen Satz zu: »Das erste Getränk ist schneller alle, das zweite kommt später und macht dich elektrisch.« Zwei Zaubertränke also wie aus dem Gallischen Dorf, die mich schützen. »Auch das ist ein Persönlichkeitsanteil in Ihnen: Die alte weise Frau, die Ihnen den Segen gibt für das, was Sie heute tun«, sagt die Psychotherapeutin.

Sie erzählt, dass sie Klient*innen manchmal Imaginationen vorschlägt: Stell dir vor, du bist 80 Jahre alt und blickst auf dein Leben zurück – was sagt dieses Ich zur aktuellen Situation? Das bringt innerlichen Abstand und Weitblick. Ging es nicht auch darum, als ich über meine Arbeitssituation nachgedacht habe? Noch etwas fällt mir ein: Ist dieser elektrische Drink nicht auch das Pendant zu dem flauschigen roten Ball, den mir die Priesterin in meinem Meditations-Tagtraum gegeben hat? Oder stehen diese Symbole für unterschiedliche Aspekte: Der kindliche Flauschball für Schutz, Selbstliebe, die Funken im Glas für kreative Energie?

Und dann wären da noch die vielen Kinder, die in meinen Träumen auftauchen und nichts mit meiner realen Tochter oder meinem realen Sohn zu tun haben. Sie sind jünger, und fast alle wollen sie spielen. Meine Cousine als Kind, die eine Armee von Puppen und Kuscheltieren mitbringt und mich damit halb erfreut, halb stört. Ein namenloses kleines Mädchen, das am Ufer eines Meeres neben mir steht, auf eine Insel zeigt, auf der Schaukel und Wippen zu sehen sind, und mich fragt: Ist das weit da hin, kann ich dorthin schwimmen?

Um das zu verstehen, erklärt mir die Therapeutin ein Denkmodell aus der Transaktionsanalyse. Demzufolge tragen wir verschiedene Ich-Zustände in uns: das fürsorgliche wie das strafende Eltern-Ich als verinnerlichte Stimmen aus unserer eigenen Kindheit; das Kind-Ich, das mal rebellisch sein kann, mal angepasst und mal frei und spielerisch, so wie das Mädchen, das am Strand an meiner Hand steht; und das Erwachsenen-Ich, das zwischen den verschiedenen Stimmen verhandelt. Wenn die eine laut »Ich will aber!« ruft und die anderen streng »Du darfst aber nicht!« maßregelt. Wie passend, Anne: Haben wir nicht gerade im vergangenen Monat darüber gesprochen, dass mir Leichtigkeit fehlt?

Ganz offensichtlich ist da ein Teil in mir, der sich nach seelischen Spielplätzen sehnt. Manchmal, so sagt sie, ist es hilfreich, auf diese inneren Stimmen zu hören, ob sie sich in Traumgestalten manifestieren oder nicht. Das Kind-Ich, das unbekümmert etwas ausprobieren möchte, genauso wie die weise Schamanin, die mir Zuversicht in meine langfristigen Pläne und meine Intuition gibt, auch wenn der Weg beschwerlich ist.

Warum ich meine Weingläser besser verpacken sollte

Es ist aber nicht so, dass meine Träume mir nur auf die Schulter klopfen wie ein gut gelaunter 80iger-Jahre-TV-Coach und mir zurufen: »Super, Baby, tschakka!« Sie weisen mich auch auf Probleme und undichte Stellen hin. Etwa dieser hier: Ich bin – mal wieder – auf Reisen und habe Weingläser lose in einer Stofftüte dabei. Zu groß, zu dünnwandig, zu zerbrechlich, um diesen Trip unbeschadet zu überstehen. Ins Flugzeug-Gepäckfach passen sie auch nicht. Zerbrechlichkeit, Verletzlichkeit ist hier das Stichwort, schlägt die Therapeutin vor. »Wie können Sie Ihre eigene Verletzlichkeit besser verpacken, damit sie Ihnen nicht im Weg steht?« Gute Frage! Berufliche Kritik trifft mich oft hart, ist aber unvermeidlich, um sich weiterzuentwickeln. Kann ich lernen, damit besser umzugehen? Und wie ist es im Privaten: Trifft mich die pubertäre Muffeligkeit meiner Kinder nicht oft zu sehr, obwohl ich doch weiß, dass sie mich lieben und altersbedingt gerade nicht anders können?

Anderes Beispiel: Ich bin in einem Ferienhaus und schwer beschäftigt mit Haushaltsaufgaben für viele Gäste, bis eine Frau mir anbietet, mir ein Essen zuzubereiten. Ich freue mich über ihre Hilfsbereitschaft, aber dann passiert ewig nichts, und ich habe Hunger. Schließlich tischt sie mir ein Müsli auf. Allerdings mit Gurkenscheiben. Das ich dann brav auslöffle, um sie nicht zu verärgern, obwohl ich die Kombination widerlich finde. Selbstbehauptung, sich nicht alles vorsetzen zu lassen – im Traum ist es schiefgegangen, im wirklichen Leben kann ich daran arbeiten.

Umgekehrt haben oft auch ungute Gefühle im Traum eine positive Deutungsebene. Etwa: Ich laufe halb nackt durch Zimmerfluchten, als ich peinlich berührt feststelle, dass das nicht meine Wohnung ist, sondern der Bundestag – und dass ich gerade im BH neben einer Abgeordneten im Schneiderkostüm stehe, die ihre Antrittsrede hält. Kommentar der Therapeutin: »Es ist wichtig, die eigene Verletzlichkeit zu schützen, aber manchmal ist es auch gut, sie zu zeigen.« Ich denke noch mal über den Traum nach und stelle fest: Obwohl ich dort in Unterwäsche stehe, passiert mir nichts, habe ich keine Strafe zu erwarten. Ich darf mich nackig machen, mir eine Blöße geben, ohne Angst zu haben.

Träume als seelische Tankanzeige

Als ich die Praxis von Kathy Neubauer verlasse, fühle ich mich kraftvoll, als hätte ich einen elektrischen Drink intus und eine innere Landkarte vor Augen statt Orientierungslosigkeit – vielleicht die stärksten Motive aus meinen Träumen. Weil ich verstanden habe: Ich habe nicht nur diesen inneren Regisseur in mir, der meine Stimmungen und Gedanken in außergewöhnliche Bilder kleidet und mir damit zurückspielt, was ich eigentlich schon ahne. Es ist noch besser: Ich habe ein inneres Beraterteam mit verschiedenen Rollen, die mir sogar sehr konkret sagen können, wo meine Baustellen liegen, aber auch, wie ich meine inneren Reserven mobilisieren kann, wenn es mal anstrengend wird.

Natürlich kann der Traum mir auch nicht sagen, wohin die Reise geht. Er funktioniert eher wie eine Tankanzeige: Treibstoff ziemlich voll, wenige Warnlämpchen, alles im grünen Bereich. Wie gut, dass ich aus dem ersten Beispiel weiß: Mein eigenes kleines Fahrzeug steht bereit, das unzuverlässige Car to go kann ich stehen lassen. Dann kann's ja losgehen. Oder, Anne?

Liebe Grüße
Verena

Liebe Verena,

die eigenen Träume darauf hin anzuschauen, was sie einem eigentlich sagen oder eröffnen wollen? Wie du darüber schreibst, klingt für mich nach einem spannenden Abenteuer. Denn die Vielfalt der Situationen, das Absurde und all die verschiedenen Facetten, die dabei auftauchen, erscheinen mir tatsächlich ein wenig wie die Handlung eines spannenden Films. Dass man von »nächtlichem Kopfkino« spricht, ist also keinesfalls übertrieben. Aber hat all das auch einen tieferen Sinn? In der psychologischen Forschung zum Thema Träume gibt es laut dem Wissenschaftler Michael Schredl vor allem zwei Positionen: Der eine Forschungszweig beschäftigt sich damit, Traumaktivität neuropsychologisch zu erfassen – dort wird auch die Frage untersucht, wie sich Träumen auf die Gesundheit, die Regeneration oder auch auf bestimmte Gedächtnisprozesse auswirkt. Ein zweiter, eher therapeutisch motivierter Forschungszweig beleuchtet vor allem die Frage, was Träume bedeuten könnten, was sie uns vermitteln, wie sie uns eine Hilfe sein können.

Hier, in deinem Selbstversuch, ist natürlich vor allem der zweite Aspekt interessant. Für Sigmund Freud waren Träume und ihre Deutung eine Art »Königsweg zum Unbewussten«. Der Begründer der Psychoanalyse war der Ansicht, dass man anhand von Träumen sehen kann, was wir uns wünschen, was wir befürchten und was wir tagsüber eher vermeiden wollen. Die innere, psychische Zensur ist im Traum aufgehoben – bestimmte schmerzhafte, gefährliche oder unangenehme Themen kommen an die Oberfläche und werden für den Träumenden greifbar.

Mit einigen Einschränkungen gilt diese Grundidee der Träume als Schlüssel zu unseren unbewussten Anteilen heute noch. Doch sind sich viele Therapeut*innen, die mit Träumen arbeiten, mittlerweile einig, dass man Trauminhalte auch nicht als besonders mysteriös, geheimnisvoll oder schwer zu deuten verklären sollte. Der mittlerweile verstorbene Psychologe und Traumexperte Ernest Hartmann, der an der Tufts University zum Thema forschte, sagte einmal in einem Interview mit der Zeitschrift *Psychologie Heute*: »Träume sind oft bizarr – aber sie sind selten rätselhaft.« Ich glaube, er wollte damit ausdrücken, dass die Dinge, von denen wir träumen, durchaus verstörend oder seltsam oder irgendwie skurril sind, doch die Bedeutung ist für den Träumer selbst verständlich. Ich finde diesen Aspekt wichtig. Jeder Mensch kann also wenigstens zum Teil seine Träume auch selbst gut einordnen und sich einen Reim darauf machen. Bei deinen vielen Träumen rund um chaotische Reiseorganisation und beschwerliche Fortbewegung hast du auch ohne die Beratung bei der Expertin bereits viele inspirierende und gute Gedanken gehabt. Die Therapeutin, der du diese Träume gezeigt hast, hat das Ganze nur differenzierter beleuchtet. Ich betone das deshalb hier noch mal, weil ich dich, mich und auch unsere Leser*innen ermutigen möchte, sich die Erlaubnis zu geben, selbst zu fühlen und zu verstehen, was ein Traum bedeuten könnte.

Der Traumforscher Harry Kranner Fiss, der vor den Nazis aus Wien fliehen musste und in die USA emigrierte, hat Träume einmal als »multifunktionale Lebenshilfe« bezeichnet. Letztlich geht es ja vor allem darum, dass einem ein Traum einen Hinweis gibt, eine Idee. Wenn ein Thema in einem Traum auftaucht, dann ist das, als würde es mit einem Textmarker angestrichen, etwas weist dich darauf hin: Das hier ist wichtig! Selbst wenn du während des Tages nicht das Gefühl hast, dass es bedeutsam für dich sein könnte. Damit eine solche neugierig-pragmatische Traumdeutung gelingt, haben Traumexperten verschiedene Zugänge und Tipps für Laien erarbeitet. Hier ein paar Ideen:

» **Auf Gefühle achten.** Manchmal hat ein Traum eine bestimmte Stimmung, zum Beispiel Verwirrung, Angst oder auch Freude. Wenn man diese Stimmung benennen kann, sollte man überlegen, wo man etwas Ähnliches im eigenen Leben wiederfindet. Was ist im Traum genauso? Was ist anders?

» **Überschriften finden.** Manchen Leuten hilft es, einem Traum eine Überschrift zu geben, um ihn besser zu verstehen und das Thema zu benennen.

» **Persönliche Anteile.** Die verschiedenen Aspekte eines Traums – Tiere, Personen, Gegenstände – kann man immer auch als verschiedene Teile des eigenen Inneren sehen. Wem diese Art der Interpretation leichtfällt, kann immer auch in diese Richtung denken.

Der Traumforscher Michael Schredl weist ebenfalls darauf hin, dass jeder Träumende selbst Experte für die Deutung des eigenen Traums ist und selbst letztlich am besten weiß, wo der Traum andockt, mit welchem Problem er zu tun hat. Das kennst du bestimmt auch selbst: Manchmal äußern andere Menschen Vermutungen, fangen an, deine Träume irgendwie zu interpretieren, das ist dann meist eher nervig oder knapp daneben. Gleichzeitig, auch das kann man sagen, sind die eigenen Träume für andere oft nur zum Teil interessant – denn eine berührende Bedeutung entfalten sie vor allem für uns selbst.

Bleibt vielleicht noch zu sagen, dass es Studien gibt, in denen sich zeigt, dass immerhin aus acht Prozent der Träume auch praktische Ideen und Inspirationen kommen. Es sind meist keine kreativen Höchstleistungen oder Erfindungen, wie man es manchmal in Geschichten liest oder in Filmen sieht, sondern Einfälle, die Träumende dann schlicht im Alltag umsetzen: Ein Geschenk für eine bestimmte Person, von dem man träumt; ein Reiseziel, das man im Traum erlebt und dann wirklich besucht; eine Person, die man lang nicht gesehen hat, von der man träumt und sich daraufhin meldet; eine bestimmte Lösung für ein handwerkliches Problem oder eins unter Freunden. Diese praktische Dimension des Träumens finde ich persönlich faszinierend und habe sie auch schon genutzt. Manchmal träume ich zum Beispiel von einem Satz für einen Artikel, den ich dann morgens aufschreibe und dann gelegentlich sogar nutze. So wird das Leben leichter, auch das ist eine Art, gut auf sich selbst zu achten.

Zuletzt ist es mir noch wichtig zu sagen, dass ich glaube, dass die Beschäftigung mit Träumen schon für sich genommen etwas Fürsorgliches hat: Man macht sich morgens ein paar Notizen, bevor man in den Tag aufbricht. Die Kreativitätstrainerin Julia Cameron ist davon überzeugt, dass Schreiben am Morgen immer auch eine Meditation ist, man sammelt sich, bezieht sich kurz auf sich selbst. Und auch durch die Inhalte und Bilder, die man nachts produziert, kommt man sich selbst näher. Ich habe jedenfalls bei deinen Schilderungen gespürt, dass es eine intensive Erfahrung war, die dir Hinweise für dich und dein Leben gegeben hat. Und sei es nur, dass man auf die Wahl der Fahrzeuge und auf eine nette Begleitung achtet.

Liebe Grüße
Anne

Traumarbeit für Ihren Alltag

Es gibt Menschen, die haben einen guten Zugang zu ihren Träumen, andere tun sich damit eher schwer. Die Psychologin Carolin Aumann hat in Studien festgestellt, dass Menschen, die gern logisch und eher nicht in Bildern denken, sich als oft getrennt von ihren Tagträumen und Träumen sehen und auch bildhafte Ideen und Emotionen wie von außen betrachten. Andere Typen sind eher assoziativ, offen und könnten mit Bilderwelten mehr anfangen. Sie messen Trauminhalten eher Bedeutung bei; zwischen den Empfindungen in ihrer wachen, realen Welt und der imaginativen Traumwelt ziehen sie keine komplett klare Grenze. Wenn Sie das lesen, wissen Sie sicherlich bereits, ob Sie eher zu den Menschen mit einer sogenannten offenen »psychischen Grenzstruktur« gehören oder eher nicht. Falls ja, kann es für Sie wirklich lohnend sein, sich mit Träumen und Traumbildern zu beschäftigen. Zum einen können Sie mit Bildern und Symbolen wahrscheinlich viel anfangen, zum anderen fällt es Ihnen nicht schwer, die Erkenntnisse, die Sie aus Ihren Träumen ziehen, mit Ihrer alltäglichen Welt zu verknüpfen. Vielleicht ahnen Sie bereits, dass Träume für Sie ein gutes Feld der Selbsterkenntnis sind, haben sich eventuell auch schon mit dem Thema beschäftigt. Vielleicht ist es an der Zeit, diesen Faden wieder aufzunehmen.

Wenn Sie eher ein logisch-abgegrenzter Geist sind, heißt das aber nicht, dass Sie von einem Traumtagebuch die Finger lassen sollten. Wenn es Sie interessiert, wenn Sie eine gewisse Neugier und Offenheit mitbringen, dann kann es eine bereichernde Erfahrung sein, die Sie näher zu sich selbst bringt. Wichtig: Es gibt Menschen, die von sich selbst sagen, dass sie kaum träumen oder sich so gut wie nie an ihre Träume erinnern. Sie werden sehen, dass sich dieser Eindruck meistens ändert, sobald Sie anfangen, Traumfetzen aufzuschreiben. Die Bereitschaft, sich mit den Inhalten des nächtlichen Kopfkinos zu beschäftigen, und der konkrete Fokus darauf führen oft dazu, dass man sich auch als Traummuffel an kleine Sequenzen oder zumindest eine Traumstimmung erinnert.

Nun gibt es allerdings auch Menschen, die sehr plastisch und negativ träumen, eventuell alte Traumata wie Gewalt- oder Ohnmachtserfahrungen aus der Kindheit in Träumen durchleben oder generell zu den zehn Prozent der Bevölkerung gehören, die von Albträumen stark belastet sind. Dann kann die Beschäftigung mit Träumen auf eigene Faust vielleicht eher beängstigend sein oder eine alte Bedrängnis verstärken. Das heißt nicht, dass Menschen mit Albräumen ihre Träume ignorieren sollen. Es kann für Sie dann aber vielleicht günstiger sein, sich gemeinsam mit einem Profi in die Traumarbeit zu begeben. Es gibt auch Trainings, die helfen, einen neuen Umgang mit Albträumen zu finden und diese zu reduzieren (falls Sie das interessiert, finden Sie eine Adresse auf Seite 114).

Übung: Tagesreste finden

Schreiben Sie drei Tage hintereinander gleich morgens nach dem Aufwachen Ihre Träume auf oder zumindest die Fetzen, an die Sie sich noch erinnern. Gehen Sie dabei zunächst wertfrei vor, schreiben Sie also alles auf, woran Sie sich erinnern, ohne gleich zu denken »Das ist aber verrückt« oder »Oh, ob ich das jetzt alles richtig wiedergebe...«. Wichtig ist auch, dass Sie direkt nach dem Aufwachen aufschreiben, was Sie noch zu greifen bekommen, denn hier spielen oft Sekunden eine Rolle.

Wenn Sie nun einen oder mehrere Träume protokolliert haben, lesen Sie das Geschriebene noch mal durch, und überlegen Sie jeweils, was der Traum mit einem Thema oder Erlebnis vom vorhergehenden Tag zu tun haben könnte. An welches reale Ereignis, welches Problem, welche Information könnte der Traum anknüpfen? Welche Stimmung des letzten Tages passt zur Stimmung im Traum? Welche Personen, Dinge, Themen gleichen sich? Bedenken Sie, dass die sogenannten »Tagesreste«, quasi die Verbindung zwischen Traumwelt und Tagwelt, im Alltag oft eher als Banalitäten daherkommen.

Wie Sie da einen Zugang bekommen können? Sehen Sie es so: Irgendwas an dieser Situation war bedeutsam für Sie, sonst würden Sie es nicht in Ihren Traum einbauen. Versuchen Sie herauszufinden, was das sein könnte – und was Sie daran beschäftigt. Schreiben Sie den Tagesrest ruhig mit unter den Traum, wenn Sie einen finden. Lesen Sie das alles mit Abstand einen Tag später noch mal. Manchmal ist einem dann bereits etwas klarer, wie alles zusammenhängt. Bleiben Sie dann noch ein paar Tage weiter dabei, und protokollieren Sie die Träume und die Tagesreste – und schauen Sie auch, ob das Erinnern und Verstehen der Träume einfacher wird.

Reflexionsfragen

» An welchen Traum aus dem letzten Monat erinnern Sie sich? Wovon handelte er?

» Wann hat Ihnen ein Traum einmal den Weg zu einer Entscheidung gewiesen oder Ihnen in irgendeiner Weise die Augen geöffnet?

» An welche Albträume aus der Kindheit erinnern Sie sich? Wofür standen diese Träume, wenn Sie sie heute aus der Distanz betrachten?

Welche Alternativen gibt es?

» **Fantasiereisen.** Geführte Traumreisen sind eine Form von Trance oder Meditation. Mithilfe von meist sehr fundierten und sanften Anleitungen gelangt man so an Lieblingsplätze, begegnet Gestalten, die einem Ruhe vermitteln, oder entwickelt bildliche Ideen für den Weg, den man gehen möchte. Das Schöne an solchen bildreichen inneren Reisen: Sie sind ein bisschen steuerbarer und deshalb für manche Menschen weniger beängstigend als das Einsteigen ins Reich der Träume. Gute CDs oder Bücher geben hier Anregungen. Zum Beispiel die entspannenden Trancegeschichten des Hypnotherapeuten Daniel Wilk: *Auf den Schultern des Windes schaukeln* (Carl-Auer Verlag).

» **Hilfe bei Albträumen.** Das Zentralinstitut für seelische Gesundheit in Mannheim bietet eine spezielle Sprechstunde für Menschen an, die unter Albträumen leiden. Dort kann man sich beraten lassen, wenn einem die eigenen Träume häufig mehr Angst machen und auch deshalb nicht unbedingt Erkenntnis und Hilfe bieten. Mehr Infos auf der Seite: www.zi-mannheim.de

» **Zum Mitnehmen.** Ein Traumtagebuch auf dem Mobiltelefon führen? Die App *Träume* bietet eine solche Möglichkeit an und vermittelt daneben auch Wissenswertes über Träume, zum Beispiel Informationen zu den sogenannten »Klarträumen« – Momente, in denen man im Schlaf weiß, dass man träumt. Wer auf alltägliche, beiläufige Weise mit Träumen arbeiten will oder nicht gerne schreibt, kann diese App einmal ausprobieren. Die Grundversion ist kostenfrei.

Juni

WENIGER ÄRGERN

ODER:

ICH BIN NICHT MEINE GEFÜHLE,

ABER WAS BIN ICH DANN?

ANNES AUFGABE

Im Alltag steigern wir uns gern in Kleinigkeiten hinein und werden die Gereiztheit über den Tag einfach nicht mehr los. In diesem Monat geht es deshalb darum, eigene Emotionen genauer wahrzunehmen und die Momente bewusst zu erleben, in denen Ärger, Sorgen und Lamento überhandnehmen. Die Aufgabe für diesen Monat ist zweigeteilt:

Teil 1: Wenn du in den nächsten Wochen merkst, dass Ärger oder Gereiztheit überhandnehmen, versuche bewusst, dich nicht weiter hineinzusteigern, sondern faste Ärger.

Teil 2: Die folgende Meditationsübung aus der Achtsamkeitspraxis hilft dir dabei, deine Gefühle wahrzunehmen und mit etwas Distanz zu betrachten.

Meditation zum »Inneren Beobachter«: Setz dich jeden Morgen fünf Minuten hin, folge deinem Atem und versuche, die Gedanken und Gefühle, die dann aufkommen, genau wahrzunehmen, sie aber auch mit ein bisschen Abstand zu sehen. Versuche, die Stimmungen und Gefühle zu betrachten, ohne sie zu bewerten. Du kannst auch jeden Tag zwei- oder dreimal innehalten und dich fragen: Wie fühle ich mich eigentlich jetzt gerade? Damit holst du den »Inneren Beobachter« noch mehr in deinen Alltag.

Liebe Anne,

wenn ich ein Bild für Ärger suchen sollte, dann wäre es ein großes schweres Tier, das auf meiner Brust hockt. Eine fette schwarze Katze oder, noch treffender, ein großer Hund, der sich zu allem Überfluss gerade in einer Schlammpfütze gesuhlt hat. Der mir nicht nur durch seine schieren Ausmaße den Blick verstellt, sondern auch noch so unangenehm riecht, dass ich keinen rationalen Gedanken fassen kann. Du hast recht – Ärger verstellt uns oft den Weg zu Empathie, zu Kreativität, zu uns selbst. Aufregen ist manchmal einfacher als nachdenken. Und du hast doppelt recht, wenn du sagst: Einfach nur wegschieben, das fette Tier verjagen, ist nur die halbe Miete. Denn dann kommt das Viech immer wieder und der Gestank wird immer schlimmer. Vielleicht geht es einfach nur darum, es besser zu zähmen. Aber wie?

Ein schwäbischer Buddhist im Poesiealbum

Daran musste ich auch denken, als ich neulich beim Aufräumen im Keller mein Poesiealbum wiedergefunden habe. Eine Sammlung voller Harmlosigkeit und Schmetterlingsaufkleber, aber ab und an sticht ein Gedicht heraus. Mit Erstaunen las ich, was mein Vater mir damals aufschrieb. Verse aus dem Gedicht »Glück« von Hermann Hesse, einer der Pioniere deutscher Buddhismus-Begeisterung. Schon zu Beginn des 20. Jahrhunderts beschäftigte sich der schwäbische Denker mit fernöstlicher Weisheit, und das liest man aus diesen Zeilen auch heraus: »Solang du nach dem Glücke jagst, bist du nicht reif zum Glücklichsein/und wäre alles Liebste dein!«, so beginnt es, und es endet so: »Erst wenn du jedem Wunsch entsagst/nicht Ziel mehr und Begehren kennst/das

Glück nicht mehr beim Namen nennst/dann reicht dir des Geschehens Flut/nicht mehr ans Herz, und deine Seele ruht.«

Damals, mit neun, habe ich den Gedanken nicht verstanden: Ein Leben ohne Wunschzettel, wozu soll das gut sein? Heute finde ich ihn bemerkenswert, in mehr als einer Hinsicht. Zum einen, weil mein verstorbener Vater mir über mehrere Jahrzehnte hinweg einen Wunsch fürs Leben zuruft, der überhaupt nicht zu ihm passt: Mit buddhistischer Gelassenheit hatte er ungefähr so viel am Hut wie ein tibetanischer Mönch mit einem zünftigen Abend auf der Wiesn, Schweinshaxn und viel Bier. Irgendetwas an diesen Versen muss ihn dennoch angesprochen haben.

Zum anderen passt dieses Gedicht zufällig sehr gut zu meiner Monatsaufgabe: Abstand gewinnen zu den eigenen Gefühlen, beobachten, statt sich vor sich hertreiben zu lassen, mehr Ruhe und Übersicht in das innerliche Signalgewitter bringen. Das Tier kommen lassen, aber nicht zulassen, dass es mich anspringt, umrennt und mir seinen unappetitlichen Atem ins Gesicht haucht. So, wie ich es in Yogakursen miterlebt habe, wenn es bei der Schlussmeditation heißt: Lass deine Gedanken und Gefühle vorüberziehen, ohne dich mit ihnen zu identifizieren. Du *hast* Gedanken und Gefühle, aber du *bist* nicht deine Gedanken oder deine Gefühle.

Heute lebenswichtig, morgen Schnee von gestern

Für uns westliche Menschen, die zusammengehalten werden von Plänen, Ideen, Gedanken und Stimmungen, kann das eine sehr gute Methode sein, um sich immer wieder daran zu erinnern: Was dir heute lebenswichtig scheint, kann morgen belangloser Kram von gestern sein. Eine Parabel aus der Sufi-Mystik handelt von einem König, dem ein Weiser einen Ring schenkt mit der geheimen Inschrift »Auch das wird vergehen« – das gilt für Krisen, Kummer, Ärger genauso wie für Glück und Euphorie. Gefühle sind auch Energieräuber, wenn sie zu fruchtloser Grübelei oder zu endlosen inneren Mono- und Dialogen führen. Beherrscht man die Technik der Selbstabgrenzung, kann man sich mitten im Sturm der Emotionen auf eine seelische Sandbank retten oder, noch besser: hochklettern auf einen inneren Leuchtturm, von dem aus man die Gezeiten beobachten kann, ohne Angst haben zu müssen vor nassen Füßen. Oder vor dem Ertrinken. »Dann reicht dir des Geschehens Flut/nicht mehr ans Herz.«

Gleichzeitig gibt es etwas an diesem Bild, was mir gegen den Strich geht. Denn: So wertvoll der Leuchtturm als Erste-Hilfe-Maßnahme ist, ich will ja nicht mein Leben dort oben verbringen, mich unerreichbar und unberührbar machen. Sondern mich auch hineinstürzen, dort, wo es brodelt und strömt, wo man mal Glückswellen reitet und sich auch mal runterziehen lässt, um sich selbst auf den Grund zu gehen. Wie finde ich die Balance?

Huch, da sind ja unbekannte Gefühle versteckt!

Aber vermutlich, liebe Anne, denke ich schon jetzt zu viel. Also, hinein in die Praxis, erst mal mit der Minimeditation, dieser Trockenübung, ohne akuten Anlass zu Ärger: Hinsetzen, mit den Füßen Kontakt zum Boden aufnehmen, die Augen schließen und atmen. Mich selbst interessiert wahrnehmen, aber nicht werten: Wie geht es mir? Wie macht sich das körperlich bemerkbar? Erstaunt höre ich mir selbst zu, wie ich vor mich hin schnaufe wie eine angejahrte Dampflok, und stelle fest: Offenbar ist da jemand angespannter, als er es ahnt. Ganz anlasslos. Bewusst ausatmen hilft, gleich fühle ich mich besser.

Schon am nächsten Morgen bietet sich die erste Gelegenheit zum echten Anti-Ärger-Training. Es ist sieben Uhr zwanzig und mein Sohn sucht unter Riesengezeter seine Sporttasche. Nach zwei Minuten Geschrei und haltlosen Anschuldigungen – »Mama, du hast die doch wieder irgendwo hingeräumt!« – spüre ich schon den Hauch des Ärgerhundes in meinem Nacken. Und stelle mir vor, wie ich ein Gitter herunterfahren lasse, das mich schützt: vor meiner eigenen Gereiztheit, aber auch vor den Gefühlen meines Sohnes. Die haben nämlich nichts mit mir zu tun, also kann ich sie ihm auch ruhig zurückgeben: deine Wut, dein Ärger. Die Beschuldigung nehme ich nicht an und den Ton auch nicht. Erstaunt stelle ich fest, wie schnell diese Gelassenheit Luft herauslässt aus der aufgeladenen Situation. Statt dass wir uns gegenseitig in Geschrei hineinsteigern, wie das manchmal passiert, konzentriert er sich endlich darauf, nach der Tasche zu fahnden, statt einen Schuldigen zu suchen. Fünf Minuten später ist sie unter einem Kleiderstapel aufgetaucht, und wir haben beide Energie gespart.

Dem Elefanten die Luft rauslassen

Es sind ja oft Kleinigkeiten, die mich wahnsinnig machen können – ich bin sicher, das kennen die meisten Menschen, du vermutlich auch, Anne. Aufblas-Elefanten, die sich von selbst auf Wohnzimmergröße aufpumpen, sobald man sie aus der Schachtel lässt. Es tut gut, ihnen die Luft rauszulassen durch diese Kombination aus Atmen und Selbstbeobachtung. Und es gibt Souveränität: Ich bin mein eigener Gefühlshaushaltsvorstand! Ich selbst entscheide, was und wer mich ärgern, aufregen oder ängstigen darf! Zufällig schreibt an diesem Vormittag meine Autorenkollegin Nina George auf Facebook: »Ehe ich mich hier auf Diskussionen einlasse, frage ich mich erst mal: mein Zirkus? Meine Affen? Will ich da mitspielen?« Gutes Motto, das merke ich mir. Nicht über jedes Stöckchen springen, das einem jemand hinhält. Nicht, dass vornehme Zurückhaltung immer die beste Option wäre. Ich will mich schon weiterhin hineintrauen in die Erregungswellen und ins kalte Wasser, leidenschaftlich diskutieren, streiten, meine Meinung vertreten. Aber auch da können das Atmen und die Selbstbeobachtung wirken wie ein Neoprenanzug, der vor dem Auskühlen schützt: Ich bleibe berührbar, lasse mich treffen von Gegenargumenten, aber es muss nicht mitten ins Herz gehen.

In den nächsten zwei Wochen übe ich weiter: morgens und zwischendurch für fünf Minuten in mich gehen, meinen Zustand erspüren, Belastendes wegatmen. Dem Aufblas-Elefanten die Luft rauslassen. Es gelingt immer besser. Aber im Lauf der Zeit fühlt sich die Übung ein bisschen an wie im Fitnessstudio, wenn man zu lange nach demselben Plan seine Geräte abarbeitet. Meine innere Distanz ist gut trainiert, und jetzt hockt sie mit definierten Oberarmen und ziemlich guter Kondition auf der Hantelbank und fragt: Wie wende ich meine Kräfte eigentlich an?

Haben, Sein, oder?

Berechtigter Einwand, finde ich. Denn der hilfreiche Gedanke »Ich habe Gefühle, aber ich bin nicht meine Gefühle« bringt mich zu der Frage: Wer ist denn dieses ominöse »Ich«? Lassen sich Haben und Sein wirklich so genau trennen, sind es nicht gerade Gedanken und Gefühle, die einen Menschen ausmachen, einzigartig und interessant sein lassen? Und sollte ich sie mir nicht besser genau anschauen, statt sie immer nur zu verscheuchen? Schließlich sitze ich an einem frischen Juniabend auch nicht fröstelnd auf dem Balkon und meditiere gegen das Frieren an (»Du *empfindest* die Kälte, aber du *bist* nicht die Kälte!«), sondern ich stehe auf und hole mir eine Jacke. Ein ganz praktischer Akt der Selbstfürsorge, weil ich ein Signal meines Körpers wahrnehme und entsprechend reagiere.

Genau so ist das mit den Gefühlen, gerade, wenn sie unpassend erscheinen oder unangemessen. Wie schon gesagt: Den stinkenden Hund wegzuschicken, ist im ersten Moment hilfreich. Aber noch hilfreicher wäre es, ihn zu erziehen, ihn »Platz!« machen zu lassen und ihn mir genauer anzuschauen: Was will er mir sagen? Habe ich ihn vielleicht unbewusst gerufen? Warum kommt er gerade jetzt und gerade zu mir? Auch Therapeut*innen helfen ihren Klient*innen, eigene Muster zu erkennen, innere Antreiber, Glaubenssätze, Trigger zu identifizieren und in Zukunft anders zu handeln.

Nehmen wir noch mal das Beispiel mit meinem Sohn: Wenn ich kurz vorm Explodieren stehe, weil mein Sohn so lautstark und cholerisch seinen verlorenen Turnbeutel sucht, kann ich mich im nächsten Schritt fragen: Halte ich es schwer aus, passiv zu sein? Identifiziere ich mich zu sehr mit ihm? Oder bin ich vielleicht sogar insgeheim ein wenig eifersüchtig, dass er als Zwölfjähriger seine Wut noch so frei äußern darf, während ich mich als Erwachsene unter Kontrolle haben soll? Gefühle haben eine Botschaft. Macht man sich nicht die Mühe, sie zu entziffern, dann ist es, als würde man Nachrichten ungeöffnet zurückschicken. Und das wäre schade drum.

Die positive Botschaft negativer Gefühle

Das gilt zum Beispiel für eine besonders hässliche Verwandte des Ärgers: den Neid. Klar kann ich versuchen, das unangenehme

Ziehen einfach wegzuatmen. Weil Vergleichen uns unglücklich macht. Aber manchmal führt das nur dazu, dass solche Gefühle mit Macht immer wiederkommen, wie Kinder, die immer lauter quengeln, je länger man sie demonstrativ überhört.

Ich habe häufiger in meinem Leben gemerkt, dass gerade Neid ein feines Messinstrument ist, das zeigt, wo es fehlt. Vor allem, wenn er einen überrascht, wo man ihn nicht erwartet. Zum Beispiel habe ich vor Jahren überraschend Missgunst verspürt, als eine Freundin und ihr Mann ein großes Haus mit Garten kauften – dabei bin ich bekennender Großstadt- und Altbaufan und will gar nicht das, was sie hat. Nach kurzem Nachdenken kam ich drauf, warum mich das so kratzte: Mir fehlte ein Ort, an dem ich einfach die Tür aufmachen und auf eine Terrasse treten kann. Ein Stückchen Grün. Kurze Zeit später konnten wir uns dann eine Blockhütte auf einem Ferienhausplatz kaufen, die genau diese Sehnsucht befriedigt hat. Wäre doch unklug, diesen hochsensiblen Sensor abschaffen zu wollen! Man muss ihn nur konstruktiv zu nutzen wissen.

Und während ich noch über das hellsichtige Wesen des Neides nachdenke, da passiert plötzlich etwas, was mich zur nächsten Lektion bringt: Hundezähmen für Fortgeschrittene! Mich erreicht eine eigentlich harmlose Mail, eine Rückmeldung auf einen Text für ein Magazin, den ich geschrieben habe, und der der Redakteurin nicht gefällt. Das ist natürlich ihr gutes Recht, genauso wie es für mich ärgerlich ist, dieses Feedback zu bekommen – praktisch, weil es zusätzliche Arbeitszeit bedeutet, und ideell, weil wir immer verletzlich sind, wenn jemand etwas kritisiert, was wir zu beherrschen meinen. Aber in diesem Fall spüre ich schon beim Lesen, wie ich auf hundertachtzig gerate: dieser herablassende Ton, als hätte ich keine Ahnung von dem, was ich tue! Und das auch noch in einem Bereich, in dem die

Honorare seit 15 Jahren nicht mehr gestiegen, sondern eher gesunken sind!

Ich merke: Diesmal kann ich mir den stinkenden Hund nicht so einfach vom Leib halten. Und es braucht vor allem eines, ihn zu bändigen: Zeit. Denn ich bin gerade weder in der Lage, professionell zu antworten noch mich klaglos hinzusetzen und etwas zu ändern, was ich für gelungen halte. Ich muss Distanz zwischen mich und meine Gefühle bringen. Und mir dann noch mal in Ruhe überlegen, was das Ärgerviech angelockt hat. Was das mit mir zu tun hat und was mit ihr.

Tatsächlich, der alte Großmuttertrick hilft: eine Nacht darüber schlafen. Am nächsten Morgen sehe ich klarer. Vielleicht nehme ich nur als arrogant wahr, was sie als freundliche Handreichung gemeint hat (»Ich weiß, diese Art von Text ist nicht so einfach, wie es scheint«), und vielleicht hat etwas an ihrer Mail eine grundlegende Unzufriedenheit in mir angerührt, für die sie gar nichts kann. Das Gefühl, nicht wertgeschätzt zu werden, unterbezahlt, ausgenutzt. Aber mit Sicherheit stimmt hier die Chemie nicht, auf keiner Ebene, nicht inhaltlich, nicht persönlich. Eine gute Gelegenheit, mir noch mal meine Erkenntnisse aus dem Selbstversuch zum achtsamen Arbeiten vorzunehmen und mit kühlem Kopf Schlüsse zu ziehen. Ich werde den Auftrag zu Ende bringen, und es wird der erste und letzte sein, den ich von ihr bekomme und annehme. So wahren wir beide das Gesicht, ich kann meinen Ärger im Zaum halten, und trotzdem ignoriere ich die Botschaft nicht, die hinter dem Gefühl steckt.

Das Ärgerviech schüttelt sich, rollt sich dann beruhigt zu meinen Füßen zusammen, legt den Kopf auf die Pfoten und sagt: »Siehste, dann kann ich ja wieder gehen.« Ein guter Wachhund, der auf mein Seelenheil aufpasst.

Mein Glück gebe ich nicht her

Weil ich gerade so in Form bin und Hesses Zeilen in mir nach-hallen, probiere ich gleich noch etwas aus, was in eine ähnliche Richtung geht: Glücksfasten als Gegenpol zum Ärgerfasten. Ein Bekannter, der sich viel mit fernöstlicher Weisheit beschäftigt hat, hat mir einmal geraten, auch zu Freude, Glück und Euphorie ein bisschen mehr Distanz herzustellen. Ich sei immer so schnell angezündet und deshalb gefährdet, vor lauter Begeisterung aus-zubrennen. Das klingt mir eigentlich nicht nach Selbstfürsorge.

Dann wiederum: So absurd kann der Ratschlag eigentlich nicht sein, schließlich ist er Bestandteil verschiedener Denkrichtungen. Der Buddhist sucht genau so wie der Anhänger der antiken Stoa oder des islamischen Sufismus nach einem wohltemperierten Mittelmaß im Leben und vermeidet nicht nur emotionale Aus-schläge nach unten, sondern auch nach oben. Und jede individu-elle Psyche kennt eine Art emotionales Normalnull-Level, auf das sie sich immer wieder einpendelt, egal, wie tief die Tiefschläge, aber auch wie hoch die Höhenflüge ausfallen.

Auch das hat seinen Sinn. Genauso wie ein psychisch gesunder Mensch nicht dauerhaft traurig sein kann, wenn ihm ein Schick-salsschlag widerfährt, kann man sich nicht dauerhaft wie frisch verliebt fühlen, sich nicht Tag für Tag an einem eigenen Erfolg erfreuen. Man gewöhnt sich an das Gute wie das Schlechte. Aber ernsthaft: Gerade wenn wenig Anlass ist zu ganz großen Luft-sprüngen, etwa, weil eine Pandemie sich hinzieht, die wirtschaft-lichen Aussichten wenig rosig sind oder man mit einer dauerhaf-ten Belastung lebt – ist es dann nicht umso klüger, dem Leben jeden kleinsten Tropfen Glück abzupressen, den es in petto hat?

Aber ich bin ja bereit, dazuzulernen. Ein, zwei Mal versuche ich also tatsächlich, auch Glücksgefühle durch distanzierte Beobach-

tung kleinzuhalten. Mich nicht zu sehr über einen positiven Leser-
brief zu freuen, mich kühl zu beobachten, wie ich an einem schönen Sommerabend neben meinem Mann am Fluss sitze. Aber das
fühlt sich an, als schnürte ich mir selbst die Luft ab. Das Gegenteil
von befreiendem Aus- und Wegatmen, eher, als könnte ich nicht
mehr einatmen. Weil ich das Glück im Keim ersticken muss.

Team Nusstorte statt Team Hesse

Das will ich nicht, da bin ich nicht Team Hermann Hesse, sondern eher Team Molly Peacock. In ihrem Gedicht »Why I Am
Not a Buddhist« schreibt die kanadische Poetin: »I love desire,
the state of want and thought of how to get« – also etwa: Ich liebe
das Begehren, den Zustand des Wollens, die Frage, wie man es bekommt – und weiter: »Die plötzliche Lust auf Nusstorte ist nicht
so gewichtig wie die Frage nach Leben und Tod, aber der Kuchen
auf dem Teller ist dennoch bedeutungsvoll.« Und schließlich fragt
sie, frei übersetzt: »Warum bedeutet Begierde Leid – weil sie die
Welt in Stücke reißt? Aber ist das nicht ihr natürlicher Zustand?«

Augenblicklich bekomme ich Lust auf ein Stück Nusstorte.
Das hole ich mir jetzt, danach werde ich das Gedicht von Molly
Peacock in mein Kinder-Poesiealbum abschreiben, auf die lee-
re Seite nach dem Eintrag meines Vaters. Nicht, weil das eine
das andere ungültig macht. Sondern weil beide Weisheiten ihren
Platz haben.

Liebe Grüße
Verena

Hallo liebe Verena,

was du hier über Nusstorte und Buddhismus formulierst, finde ich amüsant und interessant. Und ich muss sagen, dass ich einen Teil deiner Sichtweise und auch deiner Skepsis gut verstehe. Emotionen, das betonst du immer wieder, sind wertvoll und wollen erlebt, gefühlt und ausgedrückt werden. Das ist wahr! In vielen Therapierichtungen geht es heute darum, dass man lernt, einen Zugang zu seinen Gefühlen zu bekommen, diese wahrzunehmen, zuzulassen und zu spüren, was Wut, Traurigkeit, Freude oder Überraschung einem sagen wollen. Dennoch gibt es auch einen Punkt, an dem man sich in Drama und Aufregung zu sehr reinsteigert und dann in eine Negativschleife von Emotionen, Kampf und Befürchtungen gerät. Dieser Umgang mit Ärger ist weitverbreitet. Auch weil wir in einer medial überreizten und hektischen Zeit leben, erleben viele Menschen häufig ein Übermaß an Emotionen, werden überflutet von einem Mix aus Ärger, Unbehagen, sorgenvoller Stimmung und Ohnmacht.

Das hat auch damit zu tun, dass sich ein Teil der erwachsenen Bevölkerung in einer Art chronischem Stressmodus befindet, eine erhöhte Konzentration von Stresshormonen wie Cortisol im Blut hat und sich deshalb psychophysiologisch ständig in einem Flucht- und Kampfmodus befindet. In diesem Stressmodus hat man einen Tunnelblick, nimmt das Gegenüber eher als Feind wahr, sieht alles schnell negativer, ist alarmierter als sonst und bewertet die Dinge so, als hätten sich alle gegen einen verschworen. Das deckt sich ziemlich gut mit deinem Bild von einem Riesenhund, der uns die Sicht nimmt und uns am Denken hindert – diese emotionalen Reaktionen auf Dauerstress sind in zahlreichen Studien belegt. Es kann also lohnend sein, die Momente mitzubekommen, in denen sich die Gefühle überschlagen, wir in eine Art hausgemachten

Stress und Druck geraten. Aber wie bekommen wir diesen Punkt mit und wie können wir aus dem Ärger aussteigen?

In Achtsamkeitstrainings nach Jon Kabat-Zinn lernen Menschen mithilfe von Meditationen und Übungen über einen längeren Zeitraum, zwischen dem ersten Gedanken, den ersten frischen Gefühlen und der darauffolgenden bewertenden Reaktion eine gewisse Distanz zu legen – einen Raum, in dem man versucht, das, was ist und was man wahrnimmt, stehen zu lassen, es aber nicht übermäßig zu bewerten oder sich reinzusteigern. Eine wirksame Übung dazu ist der »Innere Beobachter«, die du, Verena, hier kennengelernt hast. So wird es leichter, im Alltag die Situationen überhaupt zu erkennen, in denen sich Ärger oder Angst ausbreiten und sehr viel Raum einnehmen.

Ich habe gemerkt, liebe Verena, dass dich diese Übung zwar interessiert hat, sie aber in deinem Alltag nicht so häufig zur Anwendung kam und dir deshalb auch nur teilweise sinnvoll erschien, oder? Für mich ist die Idee eines achtsamen Umgangs mit den eigenen emotionalen Reaktionen ein Stück Freiheit, und ich erzähle dazu dieses Mal ein persönliches Beispiel: Früher, wenn mein Sohn mit einer schlechten Note nach Hause kam, habe ich mich oft fürchterlich aufgeregt, dachte, dass er es doch besser können müsste. Innerlich habe ich auf die Lehrer geschimpft, über meinen Sohn den Kopf geschüttelt, war sauer auf alle. Ich habe irgendwann gemerkt, dass es meine eigene Angst, mein Katastrophendenken und mein Wunsch war, einen Schuldigen zu finden, der meine Wut angetrieben hat. Die Möglichkeit, bei der ersten hochkommenden Wut zu spüren, dass es jetzt hilfreicher wäre, die Situation nicht zu sehr zu bewerten, hat mir geholfen. Nur zu sagen: »Hey, es ist eine miese Note«, darüber vielleicht auch ein wenig traurig zu sein, aber mich nicht in lauter Katastrophen- und Kampfgefühle reinzustürzen.

Es geht nicht darum, Gefühle zu kontrollieren, sondern eher darum, Gefühle zu spüren und dann nicht weiter aufzubauschen. In seinem lesenswerten Buch *Ruhe, ihr Quälgeister. Wie wir den Kampf gegen unsere Gefühle beenden können* beschäftigt sich der Psychotherapeut Andreas Knuf mit der Rolle der Emotionen in unserem Leben. Seine Grundempfehlung: Es ist wohltuend, die ersten, frischen Gefühle, also Wut, Traurigkeit, Angst, Freude zu fühlen und anzunehmen, er nennt sie »primäre Gefühle« oder »saubere Gefühle«. Doch oft wollen wir diese Emotionen gar nicht so genau spüren und pfropfen »sekundäre Gefühle« oder »schmutzige Gefühle« auf, steigern uns zum Beispiel in eine Gemengelage aus Rachefantasien, Katastrophengedanken, Panik, Neid oder Selbstmitleid hinein. Die sekundären, schmutzigen Gefühle haben den scheinbaren Vorteil, dass sie die oft schwer aushaltbaren primären Gefühle wegdrängen und vernebeln, sie haben aber den handfesten Nachteil, dass sie sich vermehren, statt mit der Zeit abzuklingen. Es geht also darum, diese übertriebenen Gefühle herunterzufahren. Das hilft laut Andreas Knuf dabei, primäre Gefühle, zum Beispiel Leid und Trauer, bewusster zuzulassen, zu spüren und zu verarbeiten. Darüber hinaus gibt es auch einige Studien, die sich mit sogenanntem toxischem Ärger beschäftigen und die zeigen, dass ein gewohnheitsmäßiges gereiztes Überreagieren auch Herz-Kreislauf-Erkrankungen begünstigen kann. Achtsame Gefühlswahrnehmung schützt also auch die Gesundheit.

Ich merke allerdings schon, liebe Verena, dass ich hier in eine gewisse marktschreierische Stimmung gerate und immer wieder versuche, dir zu vermitteln, dass es sich lohnt, auf die eigenen Gefühle zu achten, die Entstehung der Emotionen auch zu verstehen und in einem Prozess der Distanzierung auch etwas Gleichmut zu üben. Vielen Menschen hilft die emotionale Spurensuche, sich selbst besser zu verstehen und näher bei sich zu sein.

Zum Abschluss will ich noch mal auf den Gedanken eingehen, dass es sich manchmal auch lohnen kann, mehr Abstand zu positiven Gefühlen zu bekommen und diese ebenfalls zu »fasten«. Auch ich kenne die Idee, dass Gleichmut gegenüber allen Emotionen eine gute Haltung sein kann, um der Welt gelassener zu begegnen. In den Aufsätzen der Buddhistin Pema Chödrön geht es beispielsweise um die Idee, dass Hoffnung und Furcht zusammenhängen, sich gegenseitig speisen und es deshalb wichtig ist, allen Emotionen mit der gleichen annehmenden, aber auch distanzierten Haltung zu begegnen. In der Akzeptanz- und Commitment-Therapie taucht diese Idee, etwas verändert, als »kreative Hoffnungslosigkeit« auf. Auch hier gibt es die Aufforderung, Gefühle gleich zu behandeln, die unerwünschten und die erwünschten, und nicht zu hoffen, dass es besser und anders wird, oder sich gierig nach positiven Emotionen zu sehnen. Ich mag diesen Ansatz selbst sehr gern, vielleicht, weil ich in meiner Jugend und auch im frühen Erwachsenenleben manchmal eine Dramaqueen war. Ich habe mir viel hausgemachten Ärger eingehandelt, weil ich mich gern an Gefühlen hochzog und permanent zwischen Hochstimmung und Sorge hin- und herfiel. Auch wenn ich mit dem Gedanken der kreativen Hoffnungslosigkeit sehr viel anfangen kann, möchte ich noch mal sagen, dass das nicht bedeutet, dass du einen schönen Abend mit deinem Mann nicht genießen solltest. Jedes primäre Gefühl von Freude ist doch super. Schön, wenn du es voll und ganz ausleben kannst.

Schöne Grüße und rote Herzen satt
Anne

Ärgerfasten für Ihren Alltag

Sind Sie eher jemand, der seine Gefühle kennt und gut zeigen kann? Oder jemand, der gar nicht so genau weiß, welche Gefühle er hat? Oder sind Sie eine Person, die mit Traurigkeit hadert und diese schnell wegdrückt? Sobald es um die Frage geht, welcher Umgang mit den eigenen Emotionen gesund und stabilisierend wäre bzw. welcher Umgang einen selbstfürsorglichen Modus ermöglicht, ist es erst einmal wichtig, sich klarzumachen, wie Sie generell mit Emotionen umgehen. Falls Sie darüber mehr wissen wollen, lohnt es sich, die Übung zum Inneren Beobachter, die Verena in diesem Monat gemacht hat, für einige Wochen zu praktizieren. Sie ermöglicht Ihnen, die eigenen Gefühle mehr zu spüren und zu differenzieren, ohne sich davon komplett überrennen zu lassen. Die Übung aus der Achtsamkeitsmeditation hilft auch dabei, dem Kommen und Gehen der Gefühle mehr zu trauen. Sie spüren eher, dass Gefühle einen nicht dauerhaft überwältigen, sondern nach einer Weile wieder abebben – etwa, wenn man die sprichwörtliche Nacht darüber schläft.

Und nun noch mal zurück zum Ärgerfasten: Die Idee, sich nicht mehr so stark in Wut und Gereiztheit hineinzusteigen, spricht viele Menschen an. Falls Sie sich als eine Person sehen, die mit viel Wirbel, Drama und negativen Gefühlen auch häufiger Energie vergeudet oder sich selbst schadet, könnten Sie versuchen, die entsprechenden Situationen im Alltag zu orten und Distanz aufzubauen. Wie bei anderen Fasten-Aktionen auch brauchen Sie das gar nicht für unbegrenzte Zeit zu tun. Probieren Sie es einfach mal einen Monat lang aus, und beobachten Sie, ob Sie sich gelassener und besser fühlen.

Ein Zusatz: Bei Menschen, die ohnehin sehr selten wütend sind und sich davor scheuen, Verärgerung zu zeigen oder Wut zu spüren, ist Ärgerfasten allerdings keine gute Idee. Die Übung zum Inneren Beobachter kann aber auch in so einem Fall hilfreich sein – Sie bekommen damit ein besseres Gefühl für die Bandbreite Ihrer Gefühle und können in der kurzen Meditation nach und nach vielleicht auch Ärger oder Wut besser wahrnehmen.

Übung: Läster-Diät

Manche Wissenschaftler sehen in Klatsch und Tratsch eine wichtige soziale Funktion für Gruppen. Solange es »echte« Gruppen betrifft, die beispielsweise in einem Dorf zusammen leben oder arbeiten, mag das hinkommen. Doch wir leben heute in einer Zeit, in der wir von sehr vielen Menschen sehr viel mehr mitbekommen, als wir verarbeiten können. Lästern und Empörung über das, was im Leben der anderen vorgeht, beschäftigt viele Menschen emotional viel zu lange. Deshalb kann es für Leute, die sich weniger als bisher aufregen wollen, ein guter Ansatz sein, es einmal mit einer Läster-Diät zu versuchen.

Das geht so: Was andere machen, was andere sagen, was andere haben und was im Büro oder Sportverein passiert ist, all diese Geschichten, die sonst eine Steilvorlage für ausufernde Gefühle wären, lassen Sie für zwei Wochen einfach links liegen und sagen sich, dass Sie sich lieber auf das konzentrieren, was Sie selbst angeht. Spüren Sie dann auch nach, was sich verändert. Sie werden möglicherweise merken, dass Sie bald immer weniger darüber nachdenken, was andere machen, dass sie sich weniger vergleichen, sich weniger Sorgen machen, weniger Ärger erleben. Wenn Sie selbst spüren, dass es Ihnen guttut, versuchen Sie ruhig, die Läster-Diät weiterzuführen.

Reflexionsfragen

» Welche Emotionen erleben Sie häufig und gern? Von welchen Emotionen würden Sie sagen, dass Sie diese selten erleben und ihnen eventuell auch ausweichen?

» Kennen Sie den Unterschied zwischen einer spontanen, kurzen Wut und einem Ärger und Groll, der sich immer weiter ausbreitet? Was hilft Ihnen, davon abzulassen?

» Wann haben Sie sich zuletzt äußerlich oder innerlich sehr über eine Sache aufgeregt? War es im Nachhinein angemessen?

Welche Alternativen gibt es?

» **Emotionsregulation lernen.** Wenn Sie beim Lesen dieses Kapitels festgestellt haben, dass Ihnen bestimmte Gefühle wie Ärger, Wut oder Verzweiflung oft über den Kopf wachsen, sie sich vor der Intensität Ihrer Emotionen manchmal ein bisschen fürchten (und Ihr Umfeld vielleicht auch), dann kann es für Sie möglicherweise lohnend sein, sich mehr als bisher mit Gefühlsregulation zu beschäftigen. Denn durch das Registrieren und Lenken von Emotionen gewinnt man mehr Sicherheit im Alltag. Es gibt heute klinische Trainings für eine stabilere emotionale Regulation. Ein empfehlenswertes Buch: Matthias Berking: *Training emotionaler Kompetenzen* (Springer).

» **Akzeptieren, was ist.** Annehmen, was ist? Das klingt oft leichter, als es ist. Mit Techniken der sogenannten Akzeptanz- und Commitment-Therapie kann man lernen, einen anderen Umgang als bisher mit Schwierigkeiten und mit Emotionen zu üben. Gute Bücher zum Thema sind etwa Russ Harris: *ACT leicht gemacht* (Arbor) und Steven C. Hayes: *Kurswechsel im Kopf* (Beltz).

» **Kindheitsgefühle verstehen.** Manchmal empfindet man plötzlich eine unbändige Wut auf eine andere Person, zum Beispiel den Partner, von der man gar nicht weiß, wo sie herkommt. Oder man fühlt sich von einer kleinen Bemerkung einer Kollegin regelrecht aus der Bahn geworfen. Solche unerklärlichen starken Gefühle sind letztlich oft Emotionen, die mit Bewältigungsmustern und Erlebnissen aus der Kindheit zusammenhängen. Eine Autorin, die ihren Lesern hilft, solche Kindheitsgefühle ausfindig zu machen und zu verändern, ist die Psychotherapeutin Stefanie Stahl. Anleitung gibt sie in ihrem Buch: *Das Kind in dir muss Heimat finden. In drei Schritten zum starken Ich* (Kailash).

» **Achtsamkeit üben.** Verschiedene Apps können dabei helfen, eine tägliche Meditationsroutine aufzubauen Wenn Sie mit digitalen Hilfen üben wollen, hilft etwa die *7Mind*-App, deren Entwicklung und Weiterentwicklung auch wissenschaftlich begleitet wird. Die bekannte App *Headspace* ist ebenfalls empfehlenswert. Eine Gruppe von Psychologen von der Leuphana Universität Lüneburg bietet außerdem Kurse zu Resilienz und Stressabbau am Arbeitsplatz an, in denen es auch um einen achtsamen Umgang mit Emotionen geht (Infos: www.geton-training.de).

Juli

INTUITIV ESSEN
ODER:
NOCH MAL MIT GEFÜHL!

ANNES AUFGABE

———

Essen nach Intuition ist selbstfürsorglich – allein schon, weil es ein bewusstes, genussvolles und aufmerksames Essen ist.

Beobachte dich zunächst ein paar Tage lang selbst, und protokolliere, wie du isst, ohne dabei etwas zu ändern. Beobachte deine Gefühle von Hunger und Sättigung. »Ein spürbarer, aber noch angenehmer Hunger vor dem Essen und eine leichte, angenehme Sättigung sind erstrebenswert«, sagt zum Beispiel die Ernährungswissenschaftlerin Maike Ehrlichmann, eine der ersten in Deutschland, die ein Sachbuch zum Thema intuitives Essen veröffentlicht hat. Spüre nach, worauf du Lust hast, und versuche auch, das Essen zu genießen. Wichtig ist dabei, dass du im Sitzen und in Ruhe isst und auch so besser mitbekommst, wann die Sättigung so stark ist, dass es genug ist.

Was beim intuitiven Essen ganz anders ist als bei einer Diät: Du kannst im Grunde essen, was du willst. Ausnahme sind alle stark industriell behandelten Lebensmittel, denn diese enthalten oft appetitanregende Stoffe und Aromen, die die natürliche Regulation von Hunger und Sättigung stören. Wann immer du dir unsicher bist, achte auf dein Bauchgefühl, iss langsam, und suche den Genuss. Guten Appetit!

Liebe Anne,

warst du als kleines Mädchen auch Fan des Kinoklassikers *Vom Winde verweht*? Mittlerweile finde ich den Film aus vielen Gründen schwer erträglich (der Rassismus, das Frauenbild...), aber einen Moment gibt es, in dem finde ich mich noch immer wieder. Da steht die Heldin Scarlett O'Hara auf einem verwüsteten Rübenacker, ballt die Faust und ruft in den Südstaatenhimmel: »Ich will nie wieder hungern!« Echt guter Schwur. Den habe ich auch mal geleistet. Und zwar mir selbst.

Alles normal, oder?

Fast 30 Jahre ist das her, und mir war damals wie heute klar, dass es sich um ein typisches First-World-Problem handelt: Vom Überfluss umgeben sein und gleichzeitig einem Körperideal hinterherjagen, Trainingsintervalle im Fitnessstudio zählen, das eigene Selbstbewusstsein an einer Zahl auf der Waage ablesen.

Es waren die Fit-For-Fun-Jahre, die hedonistischen, frühen Neunziger, die Geburtsstunde der Selbstoptimierung, die Ära der Schulterpolster. Ich war eine wandelnde Kalorientabelle, hatte Erfahrung mit allen gesunden und ungesunden Diäten, schickte mich selbst ständig hungrig ins Bett, um dann wieder ungesunden Appetit auf Fast Food und Co zu entwickeln. Das perfekte Jo-Jo-Muster. Doch als Essstörung hätte das damals niemand bezeichnet. Ich war schließlich eher mittelschlank als klapperdürr, und an Bulimie litt ich auch nicht. Ich hatte mir nur gründlich das natürliche Verhältnis zum Essen abtrainiert – so wie die meisten meiner Freundinnen auch. Ganz normal also. Oder?

So schien es mir – bis ich eines Abends ohne besonderen Anlass vor dem Spiegel stand und vom Blitz der Erkenntnis getroffen wurde: Was ich da tat, war nicht nur quälend, unerbittlich und unfreundlich mir selbst gegenüber, es war auch eine gigantische Energieverschwendung. Als würde man eine Heizung voll aufdrehen und dabei das Fenster aufreißen. Mein Körper war schlicht nicht dazu gemacht, mit Kate Moss mitzuhalten. Ich konnte es also auch bleiben lassen und meine Energie in sinnvollere Projekte stecken. Mich selbst lieben oder wenigstens mögen lernen. Männer in den Wind schießen, die meinen Körper bemäkelten. Gab es da draußen vielleicht sogar solche, die andere Körperformen schätzten? Denen am Ende mein Taillenumfang weniger wichtig war als das, was in meiner nördlichsten Körperregion vor sich ging, sprich: in meinem Kopf?

Aus heutiger Perspektive betrachtet, klingt das nach frühem Trendsettertum: Ich hatte soeben das entdeckt, was man heute als Body Positivity bezeichnet. Nämlich die Überzeugung, dass Schönheit keine Frage des BMI ist oder der Konfektionsgröße. Und das schon 1993!

Wenn das Baby nach Bratwurst giert

Für mich waren das revolutionäre Gedanken. Ich beschloss, nie wieder eine Diät zu machen, und hörte auf, mich zu wiegen. Mein Körper blieb mehr oder weniger derselbe. Nur ohne Anstrengung, Frust und Rückschläge, Ups und Downs. Den Kopf hatte ich ab sofort für Wichtigeres frei, und mit den Männern hatte ich auch nicht ganz falsch gelegen. Zehn Jahre später machte es sich mein erstes Baby in meinem Körper gemütlich, und die Waage wurde mein bester Freund. Ich hatte mir das Kind sehr gewünscht, und ich freute mich, als die Zahlen kletterten: Jackpot! Ein einziges Mal hatte ich typischen Schwangerschafts-Heißhunger auf etwas, was ich sonst niemals esse, und holte mir an einer Berliner Bude eine fetttriefende Bratwurst. Eindeutig nicht mein Wunsch, sondern der meiner ungeborenen Tochter. Anders als ich liebt sie bis heute Frühstücksspeck und Nudeln mit Hack.

Ende gut, alles gut? Nun: Obwohl mich das Thema Essen nie wieder abendfüllend beschäftigt hat, bleibt es mir trotzdem erhalten. Nicht nur, weil mein Stoffwechsel heute spürbar nicht mehr derselbe ist wie mit 20 oder Mitte 30. Auch nicht nur, weil in der Zwischenzeit längst andere Ernährungstrends gekommen und gegangen sind – Glyx-Diät, Clean Eating, Paleo. Sondern vor allem deshalb, weil es eine ganz andere Herausforderung ist, in einer vierköpfigen Familie den eigenen Ernährungsstil hochzuhalten. Ein Spruch wie »Was auf den Tisch kommt, wird gegessen« ist aus gutem Grund out, statt Zwang und Einheitskost erlauben wir unseren Kindern (fast) jede Extrawurst. Schließlich sollen sie ihr gesundes Bauchgefühl behalten, egal, ob sie wochenlang das gleiche Lieblingsgericht haben wollen oder nur die Beilagen. Aufessen, bis der Teller leer ist? Bloß nicht. Hauptsache, sie stillen ihren Hunger nicht ausschließlich mit Süßkram und probieren ab und zu etwas, das Spuren von Gemüse enthält.

Ich bin kein Chinarestaurant!

Zusammen is(s)t man weniger allein, und das ist schön so. Aber weil Familie Teamwork ist und Kompromisse erfordert, esse ich umgekehrt viel zu viel von dem, was ich eigentlich nicht will – eher Fleischklößchen als Gemüse, eher Grießpudding als Müsli. Denn weder kann ich täglich eine Auswahl zaubern wie ein Chinarestaurant mit telefonbuchdicker Speisekarte noch möchte ich Lebensmittel wegwerfen. Was unweigerlich passiert, wenn man tagelang Reste übrig lässt, statt sie zu verwerten. Also esse ich eben die Kartoffelpüree- und Hacknudelreste aus den Tupperdosen im Kühlschrank auf. Und so geht die Intuition meiner Kinder auf Kosten meiner eigenen.

Auf der Plus-Seite: Die gemeinsamen Mahlzeiten am Esstisch sind uns wichtig, TV-Dinner eine seltene Ausnahme, und da ich zu Hause arbeite, bin ich weder auf mittelmäßige Kantinen noch auf hygienisch bedenkliche Supermarkt-Salatbars angewiesen. Fallen, denen Menschen in anderen Lebenssituationen schlechter entgehen können. Weiteres Plus: Mir gegenüber am Tisch sitzt mein bestes Role Model. Anders als ich passt der Mann an meiner Seite bis heute in die Jeans, die er vor 20 Jahren trug. Nicht etwa, weil er besonders sportlich wäre oder sich mit dem Thema Ernährung beschäftigen würde. Ich glaube, er weiß nicht einmal, wie man »Kalorien« schreibt. Aber er besitzt mit Mitte 50 noch immer das intuitive Sättigungsgefühl eines Kleinkindes: Wenn es ihm reicht, hört er augenblicklich auf zu essen. Außer, es gibt Lasagne, denn daran muss er sich überessen, und ich nehme es als Liebesbeweis. Aber die gibt es ja nicht ständig. Und anders als ich neigt er nicht zum Snacken, denkt bei Kaffee nicht an Kekse und bei Wein nicht an Käsewürfel oder Knabberkram. Vielleicht kann ich mir davon eine Scheibe abschneiden.

Diese Bestandsaufnahme vorausgeschickt, bin ich bereit für das Abenteuer: zum ersten Mal seit Jahrzehnten wieder intensiv über meine Ernährung nachdenken. Aber unter anderen Vorzeichen. Nicht aus Selbstbeschränkung, sondern aus Selbstfürsorge. Denn es geht nicht ums Abnehmen – auch wenn zwei, drei Kilo weniger ein netter Nebeneffekt wären –, sondern um Körpergefühl, Selbstliebe und eigene Bedürfnisse.

Listen to your heart

Ka-dung, ka-dung, ka-dung. Ich weiß: Irgendwo da drin ist mein Herz, und ich nehme an, es schlägt. Ich bin ja nicht tot. Ich weiß auch, wie es sich anfühlt, wenn es schneller pumpt als sonst. Beim Sport, beim Sex oder wenn ich einem Bus hinterherrenne. Aber so, morgens um sieben am Frühstückstisch, spüre ich gar nichts. Selbst wenn ich vor lauter Konzentration den Atem anhalte, was wohl nicht Sinn und Zweck der Übung ist. Listen to your heart? Offenbar hat es mir nicht viel zu sagen.

Einige Ernährungsexperten schreiben dem Herzschlag eine besondere Bedeutung für das Körpergefühl zu. Wer dieses Signal gut wahrnehmen kann, heißt es, kann auch den eigenen Appetit besser einordnen. Aber während ich tatenlos auf mein übliches Alltagsfrühstück starre – Obst, Müsli, Joghurt, Milchkaffee – und Mann und Tochter schon krachend in ihre Toastbrote beißen, bleibt es in mir still. Immerhin spüre ich etwas anderes, ganz ohne Herzklopfen: Ich habe keinen Hunger. Null, niente, nada.

Überraschend ist das nicht. Den habe ich um diese Uhrzeit nie, sondern frühestens um zehn – und zwar fast unabhängig davon, ob ich vorher schon etwas zu mir genommen habe oder nicht. Mein zwölfjähriger Sohn ist genauso, der trinkt nicht mal etwas, ehe er morgens zur Schule geht. Ich dagegen esse frühmorgens trotzdem mit, aus rein praktischen Gründen: Es spart Zeit, wenn wir morgens einmal für alle den Tisch decken statt jeder für sich.

Erster Eintrag auf meinem vorbereiteten Essprotokoll: weder satt noch hungrig, irgendwo in der Mitte. Mit anderen Worten: Ich weiß nicht recht. Was folgt daraus? Eigentlich sollte ich ja zunächst gar nichts an meinen Essgewohnheiten ändern, aber so appetitlos ein Müsli zu mixen und hineinzuschaufeln, widerstrebt mir in dem Moment total. Ich beschließe, nur ein bisschen vom

Obst zu essen, zufrieden und gleichzeitig vorauseilend genervt von der Gesamtsituation: Wo kämen wir da hin, wenn jedes Familienmitglied nicht nur isst, worauf es Lust hat, sondern auch noch zu der Zeit, die ihm behagt – können wir dann jeden gemeinsamen Essensrhythmus knicken? Weg mit dem Ritual, das mir wichtig ist?

Vielleicht gibt es auch einen Mittelweg. Ich könnte frühmorgens nur etwas trinken und mir um zehn einen Müsli-Slot einrichten. Schließlich kann ich in meinem Heimbüro Pause machen, wann ich will, und muss keinen Henkelmann mit an den Arbeitsplatz schleppen. Und es würde mir helfen, eine geplante Pause zu machen – Stichwort »achtsames Arbeiten«. Aber jetzt erst mal: gar nichts verändern, nur beobachten und Protokoll führen.

Drei Tage später bin ich schlauer. Wenigstens ein bisschen. Meinen Herzschlag spüre ich noch immer nicht, meine Hungergefühle eher, und ich merke immer deutlicher: Meine Art zu essen bekommt mir nicht so richtig. Angemessen hungrig bin ich am ehesten um die Mittagszeit. Die warmen Mahlzeiten am Abend liegen mir dagegen oft schwer im Magen, ich schlafe immer wieder mit Bauchgrummeln ein. Wahrscheinlich schon länger, ich habe es nur ignoriert. Aber Bauchgefühle zu verdrängen, ist ja nun gerade nicht angesagt.

Das ist keine gute Nachricht, nicht nur körperlich, auch organisatorisch. Denn nach einer Reihe von Auseinandersetzungen haben wir uns in der Familie nicht nur irgendwann darauf geeinigt, morgens gemeinsam zu frühstücken, sondern auch abends aufwendiger zu kochen. Weil die Kinder die typisch deutsche Kombi – belegtes Brot, Salat etc. – nicht mögen und weil sowohl sie als auch mein Mann im normalen Schul- und Arbeitsalltag mittags eher nur eine Kleinigkeit auf die Hand zu sich nehmen als eine richtige Mahlzeit. Ich hingegen brauche nicht unbedingt ein warmes Essen, um glücklich zu sein, weder mittags noch abends, aber dann noch weniger. Muss ich mich also entscheiden zwischen Selbstfürsorge und Gemeinsamkeit? Gemeinsam essen ist ein soziales Ritual, das verbindet, und ich möchte mit meinem Mann und meinen Kindern nicht leben wie in einer WG. So gesehen ist es kein Zufall, dass viele Frauen in meinem Bekanntenkreis nach einer Trennung erst einmal Gewicht verlieren – nicht nur aus Kummer, sondern vor allem auch, weil sie weniger Rücksicht auf andere Essgewohnheiten nehmen müssen. Tauschen möchte ich trotzdem nicht.

Auf der Positivseite steht: Eine schlechte Gewohnheit habe ich identifiziert, die leicht zu ändern ist. Offenbar nasche ich doch mehr nebenbei, als ich dachte, und bin dabei gedankenloser, als mir bewusst war. Huch, wer hat denn die Kekspackung leer gefuttert, während ich meine E-Mails bearbeitet habe – war ich das? Wenn ich das bewusster handhabe – statt einer ganzen Packung lieber zwei Kekse neben den Kaffeebecher legen und den Rest zurück in den Küchenschrank stellen –, fehlt mir nichts, und ich esse eher mit mehr Genuss. Lasse mir die kleinere Portion Schokolade bewusst auf der Zunge zergehen, lausche dem Splittern eines knusprigen Gebäckstückes zwischen den Zähnen. Langzeiteffekt über mehrere Tage: Mein Hunger- und Sättigungsgefühl pendelt sich dadurch besser ein. Die indifferenten Mittelwerte auf der Skala zwischen pappsatt und unterzuckert werden weniger – vor allem an Tagen, an denen ich mich genügend bewege, Zeit finde für eine Joggingrunde oder längere Strecken in der Stadt mit dem Fahrrad zurücklege. Und auch bei Zwischenmahlzeiten starre ich jetzt nicht mehr parallel auf den Bildschirm, sondern stehe lieber vom Schreibtisch auf, stelle mich für ein paar Minuten auf den Balkon in die Sonne und genieße, dass die Erdbeeren jetzt, im Juli, nicht mehr nach holländischer Treibhausgurke schmecken.

Mein Bauch gehört mir

Genuss ist wichtig und kommt im Alltag bei mir zu kurz, das wird mir immer klarer. In den gängigen Ratgebern zum Thema intuitives oder achtsames Essen wird deshalb auch oft geraten, beim Essen die Sinne zu öffnen und beim Einkaufen auch. Es gibt ja eine große Bandbreite an Geschmäckern und Produkten, die man übersieht, wenn man mit Scheuklappen durch die Gänge hastet und nach Schema F seinen Wagen volllädt. Eine gute Idee, den inneren Filter vor dem Einkaufen neu zu kalibrieren. Normalerweise würde ich überlegen: Was haben wir noch im Kühlschrank, was schmeckt möglichst vielen Familienmitgliedern, was lässt sich gut kombinieren und gut aufheben? Wobei ich in diesem Spiel immer der Joker bin, als unkomplizierte Esserin ohne Mätzchen, Unverträglichkeiten oder eine bestimmte Ernährungsphilosophie. Nun begebe ich mich auf einen Egotrip, wie ich ihn seit meiner letzten Singlezeit vor 20 Jahren nicht mehr durchgezogen habe. Ich frage mich: Welche Geschmacksrichtungen interessieren mich, was finde ich reizvoll, was will ich probieren? Spontan greife ich nach Produkten, die sonst nie in meinem Einkaufswagen landen: einem Salat mit Bulgur, Rote Bete und Schafskäse von der Biotheke, Drachenfrucht, einer Tube Sahnemeerrettich. Heute Mittag gibt es Sushi! Und morgen früh grobes Vollkornbrot. Denn auch Lebensmittel mit Biss kommen auf meinem aktuellen Speiseplan zu kurz. Weil das außer mir keiner isst, auch wenn ich es immer wieder anbiete, und ich keinen ganzen Laib allein schaffe. Aber: Gibt es das beim Bäcker nicht auch scheibenweise zu kaufen, täglich frisch? Und sollte ich mir das nicht wert sein?

Ich fühle mich sehr selbstbestimmt, als ich meinen Einkaufswagen durch die Gänge schiebe. Und gleichzeitig wie in dieser Denksportaufgabe, bei der ein Schiffer ein Lamm, einen Wolf und einen Kohlkopf heil von einem ans andere Ufer übersetzen muss, wobei nicht alle drei auf dem Schiff Platz haben und aus naheliegenden Gründen weder der Wolf mit dem Lamm noch das Lamm mit dem Gemüse allein bleiben sollten. Mein fürsorgliches Mutter-Ich gerät weiterhin ständig mit meinem Mein-Bauch-gehört-mir-Ich aneinander. Wie soll das auf die Dauer funktionieren, wenn ich jetzt auch noch kompliziert werde? Reicht es nicht, wenn die anderen es sind?

Vielleicht so: Wenn ich alleine zu Mittag esse, gönne ich mir eine Extraportion Ego und Genuss, statt immer nur die Reste vom gestrigen Abendessen aufzubrauchen. Dann sollen eben die Kinder am Abend ihre eigenen Reste in die Pfanne hauen.

Das Auge isst mit

Gelb, braun, beige: Die Lieblingsgerichte meiner Kinder folgen einem ziemlich einseitigen Farbschema. Schnitzel, Burger, Maultaschen, Käsetortellini, Grießpudding. Das fällt mir auf, je mehr ich mich mit dem Thema Essen beschäftige, also ungefähr zur Halbzeit meines Experiments. Viele meiner eigenen Lieblingsgerichte sehen dagegen eher aus wie expressionistische Gemälde: bunte Salate mit Gurke, Tomate und Radieschen im Sommer, knallig orangefarbene Kürbissuppe im Herbst, Gulasch mit bunter Paprika im Winter. Sprich: Ich weiß eigentlich ziemlich genau, was ich will und was mir schmeckt – es ist nur unter zu vielen Kompromissen verschwunden. Ich merke, dass es mir guttun würde, es ein wenig bunter zu treiben. Und tatsächlich ist das mehr als ein Bauchgefühl: Viele Ernährungsberater*innen regen dazu an, »nach allen Farben des Regenbogens« zu essen. Und so letztlich nicht nur optische Abwechslung, sondern auch Nährstoff-Vielfalt auf den Teller zu bringen. Das spornt mich an, trotz gelegentlicher Fehlschläge: Drachenfrucht sieht einfach nur gut aus, schmeckt aber nach gar nichts. Was für eine Mogelpackung. Macht nichts. Mit mehr Mut zu Vielfalt und Farbe wächst meine Kreativität.

Ich entwickle Baukastenlösungen, die alle glücklich machen. Alle möchten warm essen, nur ich hätte abends gern den gemischten Salat? Dann koche ich eben nur drei Portionen Spaghetti Carbonara (oder überlasse den Job einem anderen Familienmitglied) und mache den gemischten Salat dazu, mit Kirschtomaten, gelber Paprika und Karotten im satten Siebziger-Jahre-Orange. Mein Mann isst die kleinere Portion, ich nehme die größere als Hauptgericht und peppe sie noch mit etwas Schafskäse, gebratenem Fisch oder Hähnchenbrust auf. Das modulare System funktioniert nicht immer, aber immer wieder. Das Bauchgrummeln beim Schlafengehen ist auch fast weg. Mein Herz lässt weiterhin nichts von sich hören, jedenfalls kommt es nicht bei mir an. Macht nichts: Hauptsache, sonst ist alles in Butter.

Ein Hoch auf die gekörnte Brühe

Manchmal sehe ich Produkte in den Regalen des Supermarkts, die verstehe ich nicht. Wer braucht Plätzchenteig aus der Kunststoffflasche? In Plastik eingeschweißte Bratkartoffeln? Geputzten Blattsalat in Tüten? Oder gar Konserven mit kompletten Mahlzeiten? Weil ich diese Art von Essen für eine Mischung aus Armutszeugnis und Geldschneiderei halte, habe ich gedacht, ich könnte den Verzicht auf zu viel Zucker und Fertigprodukte ganz leicht umsetzen. Dosenfutter und ich? Pah, kommt mir eh nicht in die Einkaufstüte!

Aber jetzt, beim Blick auf meine Einkaufsliste, kommen mir plötzlich Zweifel. Es gibt nämlich doch eine ganze Reihe an Convenience-Produkten, auf die ich nur schwer verzichten könnte. Suppen und Soßen ohne gekörnte Brühe im Glas? Frühstück ohne (gezuckerte) Marmelade? Und was ist mit Tiefkühlpetersilie und Fertignudeln: Sind die dann auch tabu? Schwierig, vor allem, weil hier zwei Wünsche aufeinanderprallen, die beide mit Selbstfürsorge zu tun haben: Ich möchte vielseitiges und ausreichend gesundes Essen für meine Familie und mich, aber auch nicht noch mehr Zeit mit Einkaufen und Zubereitung zubringen als ohnehin schon. Mehr als einmal haben Tiefkühlpizza (immerhin bio), Pasta aus der Kühltheke und Soßen aus dem Beutel das alltägliche Stresslevel niedrig gehalten. Während wir alle am Wochenende mehr Zeit und Lust haben, auch länger in der Küche zu stehen. Ich beschließe: Hier hört für mich der Spaß auf. Ein gewisser Anteil an Convenience passt besser ins Gesamtpaket. Ich möchte keine Wissenschaft aus dem Einkauf machen und kann deshalb hier nicht richtig mitgehen.

Ende des Monats, Beginn der Sommerferien. Zur Feier des Tages sitzen wir im Hinterhof beim Spanier und haben uns das bestellt, was wir am allerliebsten mögen: jede Menge bunte Tapas, zum Hin- und Hertauschen und Probieren: vielfältig, abwechslungsreich, mit unterschiedlichsten Aromen, Texturen, Temperaturen. Vegetarisch, mit Fisch, mit Fleisch. Während ich ein frittiertes Minifischchen in die Aioli dippe und mit Zitrone beträufle, ziehe ich Bilanz: Die vier Wochen haben mir ein neues Büfett von Möglichkeiten aufgetan, mit denen ich mich wohler fühle, ohne deshalb lieb gewonnene Gewohnheiten aufgeben zu müssen, die zu allen Beteiligten passen. An manchen Stellen geht das ganz leicht: indem ich meinem eigenen Bauchgefühl mehr Raum gebe, mir dasselbe Recht auf Extras einräume wie allen anderen, modularer koche, mehr Kombimöglichkeiten einkalkuliere. Aber auch den Rest der Familie mehr einbinde, vor allem die Kinder: Sie sind groß genug, sich auch etwas anderes zuzubereiten, wenn ihnen nicht dasselbe schmeckt wie den Eltern.

Mein Herz, der kleine Schlingel, hat übrigens bis zum letzten Tag nichts von sich hören lassen. Aber vielleicht kommt es darauf auch gar nicht so sehr an. Mit zunehmender Selbstfürsorge-Erfahrung fällt mir auf, dass viele meiner Experimente bei allen Unterschieden eine Gemeinsamkeit haben: Immer wieder bin ich angehalten, in meinen Körper hineinzuspüren, in die lebenserhaltenden Systeme. So wie ein Astronaut, der regelmäßig in Kontakt mit der Basis tritt: »Houston, wir haben ein Problem!«, oder auch: »Houston, uns geht's prima!« Genau davon habe ich in meinem Alltag sonst zu wenig, bin zu sehr im Kopf, im Außen, und vergesse dabei buchstäblich oft, was mich am Leben hält. Allein dafür hat sich auch diese Etappe meiner Reise gelohnt. Denn: den Kopf frei zu haben für wichtigere Informationen als den Inhalt von Kalorientabellen heißt nicht, dass nicht auch der Körper ab und zu mentale Aufmerksamkeit bräuchte. Nur eben nicht den fiesen »Ich-habe-heute-leider-kein-Foto-für-dich«-Kritikerblick, sondern den einer fürsorglichen Freundin.

Ich weiß, was wir demnächst mal wieder machen: essen gehen! Ich lade dich auch ein.

Herzlichen Gruß
Verena

Liebe Verena,

wusstest du, dass 80 Prozent der Deutschen alle zwei Jahre eine Diät machen? Und dass etwa die Hälfte aller Menschen hierzulande in Umfragen angibt, dass sie mit ihrem Gewicht unzufrieden sind? Andere Studien, die aber ein bisschen reißerisch sind, wollen sogar belegt haben, dass besonders Frauen bis zu ihrem 70. Lebensjahr im Schnitt volle sechs Jahre Lebenszeit damit zugebracht haben, »auf Diät zu sein«. Auch wenn ich diese letzte Zahl und die dazugehörige Quelle – ein Diätmittelhersteller – nicht ganz aussagekräftig finde, so zeichnet sich bei der Durchsicht der Statistiken doch ab: Sehr viele Menschen beschäftigen sich ständig mit ihrer Ernährung, mit der Frage, was sie wann und wie essen dürfen und was ihnen beim Abnehmen helfen könnte. Das ist ein wenig ernüchternd und alarmierend, vor allem vor dem Hintergrund, dass eigentlich heute jeder weiß, dass herkömmliche Crash-Diäten gar nicht viel helfen, sondern letztlich nur Stress, Frust und Druck potenzieren. In dem Zusammenhang finde ich es entlastend und wohltuend, dass es mittlerweile eine Art Gegenbewegung gibt und Ernährungskonzepte, in denen es um achtsames, freudvolles und intuitives Essen geht, immer mehr beachtet werden und immer mehr – entschuldige den Kalauer – Gewicht bekommen.

Mir gefällt an allen diesen unterschiedlichen Konzepten, dass der Genuss und die Selbstbestimmung bei der Auswahl des Essens im Mittelpunkt stehen – und dass ein gewisses Vertrauen in die Signale des eigenen Körpers geübt wird. Auf den eigenen Körper zu hören, bewusst mitzubekommen, was er braucht, aber vielleicht auch zu merken, wann man aus Stress, Einsamkeit oder Langeweile isst, das scheint mir ein hilfreicher Ansatz zu sein – wenn man Gewicht reduzieren oder halten will, wenn man gesünder essen oder sich schlicht mit dem Essen Gutes tun möchte. Das ist nicht nur meine subjektive Ansicht, sondern macht auch aus wissenschaftlicher Perspektive Sinn. Die Ernährungspsychologin Katja Kröller von der Hochschule Anhalt beschäftigt sich seit Jahren mit der Frage, wie Ernährungsberatung gelingt und Menschen eine Ernährungsumstellung auch wirklich annehmen und umsetzen können. Sie hat herausgefunden, wie wichtig es ist, nicht einfach »vernünftige« Speisepläne nach Schema F zu erarbeiten, sondern die persönlichen und psychischen Faktoren mit in die Planung einer Ernährungsumstellung einzubeziehen. So könne man etwa einem Mann, der ein Fleischesser ist und diese Essgewohnheit als Teil seiner Identität sieht, keine rein vegetarische Mittelmeerkost verordnen. Es helfe auch nicht, Menschen einfach nur zu sagen, dass sie eine bestimmte Anzahl Kalorien essen dürfen – wenn man ihnen nicht die Augen öffnet, in welchen Situationen am Tag sie aus Frust, Stress oder Gewohnheit zu ungesunden Snacks und Süßigkeiten greifen.

Durch eine bestimmte Art des aufmerksamen und intuitiven Essens, bei der man sich einerseits fragt »Was schmeckt mir?«, auf der anderen Seite aber auch mitbekommt, wann man wie ferngesteuert irgendetwas Essbares in den Mund schiebt, kann man eher miteinbeziehen, was der Körper braucht, was der Seele guttun würde und in welchen Momenten man Essen zu sehr als Nervennahrung sieht.

Die US-Autorin Susan Albers, die mehrere Bücher übers achtsame Essen geschrieben hat, weist immer wieder darauf hin, wie wichtig es ist, sich bei Süßigkeiten-Hunger oder einem bestimmten Verlangen nach Essen grundsätzlich zu fragen, was man in dem Moment eigentlich wirklich will. Essen als Kompensation einzusetzen, kann man vermeiden, wenn man sich selbst im Leben mehr das gibt, was man wirklich braucht, zum Beispiel Ruhe,

Kontakt, Freundlichkeit, Beruhigung, Abwechslung und so weiter. Bei dir, Verena, habe ich den Eindruck gewonnen, dass du nicht unbedingt eine ausgeprägte Stress- und Gefühlsesserin bist, doch es gibt Studien, die belegen, dass fast 30 Prozent aller Menschen mit Spaghetti, Chips und Schokoriegeln gewohnheitsmäßig negative, beängstigende Gefühle wegpuffern. Und dass sehr viele Menschen, die permanent mit Übergewicht kämpfen, genau zu diesem Typus der emotionalen Esser gehören. Die allermeisten Ansätze zum intuitiven oder achtsamen Essen versuchen deshalb, einen freundlichen Weg aufzuzeigen, wie man sich selbst auch im Non-Food-Bereich mehr Gutes tun kann. All diese Programme basieren außerdem auf der Grundregel, dass man die Kontrolle über das Essen aufgibt und versucht, sich keine Vorwürfe zu machen, wenn man mal zu viel Eiscreme oder Eintopf gegessen hat.

Ich glaube, dass diese Freundlichkeit und auch Zwanglosigkeit, die hier beim Thema Essen mitschwingt, fast jedem Menschen guttun würde. In deinem Selbstversuch hast du zum Beispiel festgestellt, dass es schön ist, die Gerichte und Lebensmittel auf den Tisch zu zaubern, die man selbst gern mag, und nicht nur die Dinge, die Kinder oder die Familie auf dem Speiseplan sehen wollen. Das ist meiner Ansicht nach wertvoll – du nimmst deine eigenen Bedürfnisse zwar nicht wichtiger als die der anderen, aber eben auch wichtig. Die Erkenntnis, nicht mehr die Reste der anderen nebenbei und ein bisschen pflichtschuldig zu futtern, ist für mich, so banal das klingt, ebenfalls großartig. Denn Essen soll uns guttun und nähren. Es gibt einige Untersuchungen, die nahelegen, dass Menschen, die mit Genuss essen und das essen, was ihnen schmeckt, tatsächlich weniger Kalorien zu sich nehmen und eher aufhören zu essen. Die Auswahl ihrer Nahrung und die Art zu essen macht sie satt und zufrieden. Es ist deshalb sehr wichtig, sich immer mal wieder sein Lieblingsessen zu gönnen und nicht etwa Listen mit verbotenen Lebensmitteln zu führen, nach denen man dann immer mehr Gelüste verspürt. Nie mehr Kekse essen? Bloß kein Kartoffelgratin? Nüsse, um Himmels willen, so viele Kalorien? So wird Essen zur Qual, und der Druck, der entsteht, ist groß und sinnlos.

Abschließend möchte ich noch sagen: Es ist gut, wenn wir das Thema Essen generell nicht überbewerten. Selbst Ernährungswissenschaftler*innen weisen heute darauf hin, dass Essen nicht alles ist und wir die Suche nach einer gesunden und ausgewogenen Ernährung zu einem von vielen Themen machen sollen, statt daraus eine Art Heilslehre zu stricken.

Der Ernährungspsychologe Christoph Klotter von der Hochschule Fulda spricht in Interviews häufiger davon, dass Essen uns heute nicht nur Identität gibt, sondern oft auch ein Versprechen von »Erlösung und Unsterblichkeit«. Das sei allerdings eine Illusion. Deshalb ist das Thema Essen in diesem Buch ein Aspekt von vielen anderen, um sich selbst fürsorglich und gut zu begegnen. Wenn wir im Alltag lernen, freundlicher und fürsorglicher zu uns selbst zu sein, dann wird Stressessen und Frustessen auf Dauer von selbst weniger.

Dass ich mit dir demnächst gern essen gehe, steht außer Frage. Ich wäre für ein Lokal mit Speisen, die wir noch nicht kennen.

Ich freu mich und bis bald.

Anne

Achtsames Essen für Ihren Alltag

Sie haben es sicher schon gemerkt: Beim Thema Essen hat jeder andere Baustellen, andere Fragen. Während die einen mit Pfunden und Zwischendurchessen kämpfen, haben die anderen Schwierigkeiten, in der eigenen Familie nach den eigenen Bedürfnissen zu essen. Wieder andere essen sehr gesund und kontrollieren jeden Bissen. Sie machen damit zwar äußerlich eine gute Figur, quälen sich aber innerlich ziemlich. Alle diese unterschiedlichen Schwierigkeiten können Sie tatsächlich lindern und verändern, wenn Sie anfangen, achtsamer zu essen und bei Hunger und Sättigung mehr auf Ihr Bauchgefühl hören.

Sie haben schon mitbekommen, dass es mehrere Ansätze und Programme gibt. Wenn die Experten über »achtsames Essen« schreiben, dann dient das vor allem dazu, weniger zu schlingen, weniger zwischendurch zu essen und mit mehr Genuss und Bewusstsein zu essen. Man kann sagen: Es passt im Grunde für fast alle Menschen und ist einfach eine Möglichkeit, sich selbst bei der Nahrungsaufnahme nicht zu überfordern und sich selbst gut zu behandeln.

Die einfache Übung auf der nächsten Seite hilft beispielsweise dabei, die Mahlzeiten freudvoller zu gestalten als bisher. Die Programme und Bücher, die eher mit dem Begriff »intuitives Essen« arbeiten, sind dagegen oft umfassender und komplexer. Da geht es nicht selten darum, überhaupt wieder auf Körpersignale von Hunger und Sättigung zu hören, auch wenn man von diesen Signalen lange weit entfernt war. Sie können mit wenigen Kniffen wie dem Ernährungsprotokoll zu Hunger und Sättigung, mit dem Essen nach allen Geschmacksrichtungen und dem Reduzieren von Fertigprodukten schon Riesenschritte in die richtige Richtung machen. Wenn Sie aber merken, dass Sie jemand sind, der eine echte Ernährungsumstellung brauchen könnte und das Achten auf den eigenen Körper von Grund auf neu lernen möchte, dann kann es sich für Sie lohnen, sich nach dieser Einführung noch weiterführend mit den Methoden und Techniken des intuitiven Essens zu befassen. Am Ende des Kapitels finden Sie einige Experten und deren Kurse und Beratungen. Ach so: Achtsames und intuitives Essen funktioniert übrigens für Männer und Frauen gleichermaßen.

Übung: Einen guten Rahmen schaffen

Probieren Sie in den nächsten Tagen einmal, Ihre äußeren Essgewohnheiten ein wenig zu entschleunigen. Setzen Sie sich zumindest für eine Mahlzeit des Tages in Ruhe an den Tisch, den Sie vorher schön gedeckt haben, und essen Sie mit Genuss und Aufmerksamkeit Ihre Mahlzeit. Achten Sie dabei darauf, wie es Ihnen schmeckt und wann ein erstes Gefühl von Sättigung eintritt. Hören Sie auf zu essen, wenn Sie satt sind. Wichtig: Sie brauchen nicht übertrieben langsam zu essen, aber versuchen Sie doch einmal, Ihr normales Essenstempo ein kleines bisschen zu drosseln. Es schadet nicht, zwischendurch auch mal das Besteck beiseitezulegen, einen Schluck Wasser zu trinken oder einem Bissen noch mal nachzuspüren. Das darf nur nicht zur Quälerei werden. Wenn Sie nur an zwei Abenden oder zu zwei Mittagsmahlzeiten in der Woche auf diese langsame und etwas feierliche Art essen, sind Sie bereits auf dem richtigen Weg zum achtsamen Essen.

Reflexionsfragen

» Was ist Ihr Leibgericht? Wann haben Sie es das letzte Mal gegessen? Wie war das? Wie wäre es, wenn Sie das mal wieder essen würden?

» Wie oft essen Sie Lebensmittel und Gerichte, die Sie noch nicht so gut kennen? Wie wäre es, das häufiger zu tun?

» Wie oft essen Sie, ohne richtig zu merken, was Sie da gerade essen und wie es schmeckt? Wie wäre es, das zu verändern?

Welche Alternativen gibt es?

» **Mehr zum achtsamen Essen.** Die Bücher der Psychologin Susan Albers sind ein guter Wegweiser für alle, die sich mehr Anregungen wünschen, um ihre Mahlzeiten auf eine bewusste und doch genussvolle Weise zu gestalten. Zum Beispiel: *Der achtsame Weg zum Idealgewicht. 50 Alternativen zum Essen als Seelentröster* (Arbor).

» **Mehr zum intuitiven Essen.** Die Ökotrophologin Maike Ehrlichmann erarbeitet mit vielen ihrer Klienten*innen Pläne, mit denen sie lernen, wieder mit mehr Bauchgefühl zu essen. In Ehrlichmanns Konzept sind nicht nur Aufmerksamkeit und Genuss wichtig, es geht auch darum, sich sättigende und vollwertige Mahlzeiten zuzubereiten und immer wieder Lebensmittel so auszuwählen – zum Beispiel nach Farben oder nach Geschmäckern –, dass man auf natürliche Weise alle wichtigen Pflanzenstoffe, Spurenelemente und Vitamine zu sich nimmt, die der Körper braucht. Termine für Beratungen können Sie auf der Webseite ausmachen: www.ehrlichessenmethode.de.

» **Mehr zu psychischer Gesundheit und Essen.** Manche Menschen

155

essen so viel, dass sie manchmal das Gefühl haben, die Kontrolle zu verlieren. Dieser erlebte Kontrollverlust ist Anzeichen dafür, dass das Essverhalten in eine nicht ganz so gesunde Richtung geht. Unter dem Begriff »Binge-Eating« ist eine Essstörung bekannt geworden, bei der Betroffene einfach gar nicht mehr aufhören zu essen. Wenn Sie das Gefühl haben, dass das eigene Essverhalten eher in diese Richtung geht, kann Ihnen intuitives und achtsames Essen ebenfalls helfen. Oft ist aber auch weiterführende Hilfe nötig. Ein empfehlenswertes Buch hier ist zum Beispiel: Simone Munsch, Andrea Wyssen, Esther Biedert: *Das Leben verschlingen? Hilfe für Betroffene mit Binge-Eating-Störung* (Beltz).

August

———

LUST AUF NEUES

ODER:

UND JETZT LASS LOS!

ANNES AUFGABE

—

Etwas Neues ausprobieren und neue Dinge lernen! Das ist die Aufgabe für diesen Monat:

Such dir eine kleine Herausforderung, eine Sportart, eine Trekkingtour, eine Sprache, die du noch nicht kennst, oder eine Kurzreise in eine Stadt, in der du noch nicht warst. Die Idee dabei: Wer etwas Neues ausprobiert und sich auf unbekanntes Terrain begibt, der kann auch etwas Neues über sich selbst erfahren, entwickelt sich weiter, erlebt einen Schub in Sachen Lebensfreude.

Der Ausspruch »Besuche einmal im Jahr einen Ort, den du noch nicht kennst« wird dem Dalai Lama zugeschrieben. Und irgendwie passt das auch: Neue Wege zu gehen, neue Erfahrungen zu machen, das hilft dabei, sich selbst zu verstehen und zu bilden, sich herauszufordern und infrage zu stellen. Viel Spaß bei neuen Abenteuern!

Liebe Anne,

»Und jetzt lass los!« – ein harmloser Satz, der noch immer in meinem Kopf nachhallt, während ich sitze und schreibe. Dabei war es gar nicht so schwer zu verstehen, was der Vermieter an der Stand-up-Paddling-Station an einem kleinen Wasserlauf im Spreewald damit meinte: Klar, dass man nicht starten kann, solange man zusammengeklappt auf dem Board kauert, Füße hüftbreit, Po hochgestreckt, Hände unten, mit den Fingern rechts und links die Ränder umklammernd. Trotzdem hat es einen Moment gedauert, die Anweisung umzusetzen, die Finger zu lösen und mich in die Senkrechte zu begeben. Auch, weil mir ein Gedanke in die Quere kam. Mir wurde schlagartig klar, worum es bei dieser Sportart geht: nicht nur um eine Kombi aus gemächlichem Ganzkörpertraining und Naturerlebnis, sondern um etwas, was man auch sonst im Leben gut gebrauchen kann: den festen Stand auf schwankendem Untergrund üben, das Gleichgewicht halten, auch wenn es hoch hergeht.

Darüber musste ich nachdenken, als ich dort so kopfüber auf dem Brett hing, und vielleicht wollte ich auch ein wenig Zeit gewinnen. Weil ich fürchtete, dass ich gleich vor einer ganzen Gruppe sportlicher Jungspunde einen höchst uneleganten Abgang in einen jener unzähligen Wasserläufe machen würde, die das Wald- und Sumpfgebiet südöstlich von Berlin durchziehen. Auch wenn mir klar war, dass mir nichts passieren konnte, außer mich zum Affen zu machen. »Wer hier ertrinkt, ist nur zu faul zum Aufstehen« – diesen Scherz kennt jeder, der schon einmal die flachen Kanäle (künstlich angelegt) und Fließe (natürlich entstanden) zwischen Burg und Lübbenau durchkreuzt hat. Egal, auf welchem Untersatz. Die Sache ging dann doch noch gut aus, das Aufrichten war leichter als gedacht. So ist das ja meistens bei ersten Malen: Die Nervosität im Moment davor ist das Schlimmste.

Je älter wir werden, desto seltener werden die Premieren in unserem Leben. Anfangs kommen sie ganz von allein – Fahrrad fahren ohne Stützräder! Seepferdchenprüfung! Das erste Mal allein von der Schule nach Hause laufen! –, später muss man sich aktiver um sie bemühen. Manche passieren auch jetzt noch von selbst, aber man muss es leider sagen, sie werden nicht schöner. Die erste Krampfadernverödung, das erste Mal in der Umkleidekabine, bei dem man sich eingestehen muss, dass die Jeans in der gewohnten Größe endgültig kneift. Und man kann zwar mit seinem Liebsten immer wieder nach Venedig fahren und auf dem Campo Santa Margherita das beste Eis der Stadt essen, aber man kann eben nur einmal zum ersten Mal zusammen in Venedig ankommen.

War das jetzt 2011 oder 2021?

Nicht nur, dass wir irgendwann einfach vieles schon mal erlebt haben, behäbiger werden wir auch. Der Veränderung, die wir als jüngerer Mensch meist freudig begrüßen, stehen wir mit zusätzlichen Jahren eher misstrauisch gegenüber: Was willst denn du hier, stör meine Kreise nicht! Die Folge: Unser Leben erscheint uns als langer, ruhiger und auch ein wenig langweiliger Fluss und gleichzeitig als verstörend beschleunigt. Denn wenn wir jeden Donnerstag mit derselben Freundin Tennis spielen gehen, jedes Jahr zu Silvester mit denselben Freunden das gleiche Käsefondue mit den gleichen Zutaten auftischen und jeden oder jeden zweiten Samstag mit dem Mann schlafen, mit dem wir seit Jahrzehnten zusammen sind, dann ist das zwar keine freudlose Existenz.

Aber wir müssen uns auch nicht wundern, wenn wir uns beim Anblick unserer Handyfotos kurz mal fragen: War das jetzt Sommer
2011 oder 2021? Deshalb ist es eine ziemlich gute Methode, ab
und zu mal etwas ganz Neues zu tun, die eigene Komfortzone zu
verlassen und uns auszuprobieren.

Für den einen Abenteuer, für den anderen Routine

Der Begriff »Komfortzone« ist allerdings so dehnbar wie die Sehnen eines Artisten aus dem chinesischen Nationalzirkus, weil wir
Menschen so unterschiedlich sind – nicht ohne Grund gilt »Offenheit für neue Erfahrungen« als eines der entscheidenden fünf
Merkmale, die zusammen unsere individuelle Persönlichkeit ausmachen. Ziemlich weit am unteren Ende der Skala stehen jene ge-
nügsamen Zeitgenoss*innen, die sich im Bewährten am wohlsten
fühlen, mit dem immer gleichen Urlaubsziel, dem immer gleichen
Kleidungsstil, den lang gewachsenen Beziehungen. Für sie ist es
schon ein Wagnis, ein Wochenende an einen unbekannten Ort
zu verreisen, am Ende auch noch allein, oder beim Lieblingsgrie-
chen auf der Karte mal nicht die Nummer 47 zu bestellen.

Auf der anderen Seite stehen Abenteurertypen, die überall den
zusätzlichen Kick suchen, sich in neue Sportarten und neue Beziehungen stürzen, auch mal alles stehen und liegen lassen und ihr
Leben über den Haufen werfen, ohne lang nachzudenken. Die
sich oft schwertun mit Treue und Beständigkeit, manchmal auch
leiden an den Hummeln im eigenen Hintern. Und ich bin, wie
so viele, irgendwo in der Mitte: möchte gerne häufiger mal etwas Neues sehen, erleben, kennenlernen, werfe aber auch gern
für immer den Anker, wenn ich das Gefühl habe, angekommen
zu sein. Bei einem Menschen, an einem Wohnort, aber auch bei

guten Gewohnheiten, Lieblingsgerichten, Tätigkeiten, die mich ausfüllen. Ich muss mich auch nicht ständig neu erfinden, ich bin ja nicht Madonna.

Es gab Zeiten in meinem Leben, mit Mitte, Ende 20, da war die rasche Abfolge an Veränderungen fast zu rasant: Damals war ich als Journalistin so viel unterwegs, dass ich manchmal morgens im Hotelzimmer nicht wusste, in welchem Land ich bin, und verliebte mich im Dreimonatsrhythmus neu. Aufregende Zeiten, die ich nicht zurück haben will. Aber ein bisschen mehr Abwechslung wäre mal wieder ganz schön.

Mein Motto: Liebe auf den zweiten Schwung

Körperlich bin ich eher bequem, allzu sportliche Herausforderungen wie ein Halbmarathon oder eine Radreise in den Bergen wären für mich eher quälende Vorstellung als motivierende Challenge, aber was mein Sozialleben angeht, klopfe ich gern an unbekannte Türen: Ich reise gerne ohne Begleitung, würde jederzeit eine neue Sprache lernen oder ein unbekanntes Gericht probieren und bin auch gern dabei, wenn es gilt, etwas Neues zu testen: Highwaist- statt Hüfthose, Clubhouse- statt Facebook-App, Shiatsu- statt Sportmassage.

Und so kommt mir die Aufgabe des Monats gerade recht. Ohnehin habe ich mich gerade ohne Begleitung in ein Hotel im Spreewald zurückgezogen, um zu schreiben, und wenn ich schon allein bin in einer bisher unbekannten Landschaft, kann ich auch gleich einen Selbstversuch daraus machen. Jeden Tag einen neuen Weg gehen oder mit dem Leihfahrrad an einen neuen Ort fahren oder eine neue Sportart ausprobieren. Und abends im Restaurant einen neuen Wein bestellen, denn die Karte ist viel zu gut sortiert, um immer bei Merlot oder Chardonnay zu landen. Jeder Moment ein kleines Abenteuer, jede Entscheidung für etwas auch die Entscheidung gegen das Vertraute. »Jetzt lass los« – anders hat man die Hände nicht frei für Neues.

Treiben lassen, aber den Kurs bestimmen

Ein bisschen Herausforderung gehört natürlich dazu, sie macht mich wach. Etwa beim Stand-up-Paddling zwischen Weiden, Schwarzerlen und Birken: Schaffe ich es, gleichzeitig die laminierte Karte zu lesen, an den entscheidenden Stellen richtig abzubiegen? Den langen Holzkähnen auszuweichen, die mit feuchtfröhlicher Besatzung unterwegs sind? Je länger ich an diesem ersten Tag unterwegs bin, desto mehr scheint mir meine Tätigkeit als ein Sinnbild des Lebens: sich treiben lassen, nicht gegen die Strömung ankämpfen, aber dennoch das Ruder fest in der Hand halten und den eigenen Kurs bestimmen – in meinem eigenen Tempo. Weil mich keiner antreibt, aber auch keiner bremst. Eine Haltung, von der ich mir etwas mitnehmen kann in mein Alltagsleben.

Schon bald habe ich meinen Rhythmus gefunden, tausche bei jedem zweiten Paddelschlag das lange Ruder zwischen meinen Händen hin und her, eine fast tänzerische, leichte Bewegung. Es erscheint mir mühelos, und ich bin auch ein wenig stolz darauf, dass ich trotz meiner legendär schlechten Leistungen früher im Schulsport und den ewigen demütigenden Teilnehmerurkunden bei den Bundesjugendspielen offenbar mal wieder etwas gefunden habe, was mir entspricht: Ich kann zwar nicht mit Bällen, bleibe beim Sprint zurück und stark bin ich auch nicht, aber ich konnte schon immer ganz gut mit Körperspannung, Balance und Koordination umgehen. Als Kind beim Skifahren, als Teenager beim Tanzkurs, in den Neunzigern beim Aerobic-Training, später beim Inlineskating mit meinen Kindern. Und dieser Vertrauensbeweis meines eigenen Körpers macht auch psychisch etwas mit mir, bringt mich dazu, mich jung zu fühlen, beweglich und abenteuerlustig.

Zurück zu Hause hält nicht nur die Erholung länger vor, sondern auch das beschwingte Gefühl, das ein neues Erlebnis in einem auslöst. Wer sagt, dass man den eigenen Wohnort verlassen muss, um etwas Neues kennenzulernen? Manchmal ist es auch nur eine Frage der Perspektive. Denn zwar kann ich kein zweites Mal zum ersten Mal ein Paddleboard mieten – aber spontan sein und meine vertraute Stadt plötzlich ganz neu wahrnehmen, das funktioniert auch beim zweiten Mal. Und gleichzeitig ist Wasser ein Ort für Instant-Erholung: ein sanfter Gegenentwurf zum Festland, ein fließendes Element, das mich in Schwung bringt.

Meine Kinder sind ganz angefixt von meiner Entdeckerfreude, mein Sohn tut geheimnisvoll und verspricht mir einen Ausflug mit Picknick und unbekanntem Ziel. Mit S-Bahn und Bus geht es an den Deich von Moorwerder, wo Hamburg aussieht wie ein idyllisches Küstenörtchen, und wir breiten unsere Decke bei einem grünen Leuchtturm an der Bunthäuser Spitze aus, wo sich Süder- und Norderelbe teilen. 20 Jahre Hamburg, und von diesem Ort habe ich nichts geahnt! Da muss schon mein Kind kommen und mir zeigen, wohin es in der Grundschule seine erste Klassenreise gemacht hat. Ohnehin eine der schönsten Erfahrungen am Elternsein: dass Kinder im Aufwachsen die eigene Lebenszeit verlangsamen, weil man alle ihre ersten Male, vom ersten bewussten Lächeln bis zur Abschlussprüfung, so hautnah miterleben darf. Und weil sie einem manchmal nicht nur die eigene Umgebung von einer unbekannten Seite zeigen, in einem anderen Tempo, sondern auch einen anderen, frischen Blick auf das Leben werfen.

Und wenn die Kinder es nicht tun, dann tut es vielleicht der innere, wohlmeinende Freund, der einen an die Hand nimmt und hochzieht aus dem bequemen Liegestuhl: Hallo, jemand zu Hause? Lass uns gehen und was spielen!

Eine zusätzliche Handbreit Wasser unter dem Kiel

Und so gleite ich am Ende dieses Monats mit einer kleinen, aber feinen Veränderung durch meine Tage, auch wenn sie wieder von den alltäglichen Verrichtungen eingerahmt sind, vom Schulbrotschmieren, Einkaufen, Arbeiten, Abenden auf dem Balkon oder Joggen: als hätte ich plötzlich eine zusätzliche Handbreit Wasser unter dem Kiel. Flottgemacht, unbeschwert. Bereit, auch im Vertrauten etwas Neues zu entdecken, und sei's, dass ich auf dem Weg zum Einkaufen eine andere Nebenstraße nehme, in einem Café raste, das ich sonst links liegen lasse, eine Freundin anrufe, mit der ich lange nicht gesprochen habe. Du hattest recht, Anne: Manchmal braucht es wirklich nur eine ganz kleine Kurskorrektur, um sich sehr viel lebendiger zu fühlen.

Der Paddleboardvermieter im Spreewald hat mir übrigens noch ein Kunststück gezeigt, später, als ich das Brett zurückbrachte. Er nahm es mir ab, kniete sich hin, aber statt sich auf seine Füße zu stellen, nahm er den umgekehrten Weg und landete in einem perfekten Yoga-Kopfstand. Sicher auch eine interessante Perspektive. Aber für die muss ich noch viel üben.

Vielen Dank und liebe Grüße
Verena

Liebe Verena,

habe ich dir mal erzählt, wie es war, als ich vor vielen Jahren, als ich noch nicht so lange Journalistin war, einmal die Filmemacherin Doris Dörrie interviewt habe? Das Gespräch lief damals etwas aus dem Ruder, weil ich als glühender Fan zwar sehr gut vorbereitet war, der Regisseurin aber ziemlich viele neugierige Fragen gestellt habe, die sie scheinbar alle schon kannte. Irgendwann fragte sie mich mit ungeduldigem Unterton, ob ich ihr vielleicht auch mal eine Frage stellen könnte, die nicht ihre Vergangenheit beträfe. Ich war kurz ein bisschen gekränkt, fragte sie aber dann aus meinem Schreck heraus und ins Blaue hinein, was sie gern in der Freizeit mit ihrer Tochter unternimmt. Daraufhin erzählte Dörrie, plötzlich ganz auskunftsfreudig, dass sie und ihre Tochter gern mit der Münchener Straßenbahn an die verschiedenen Endhaltestellen fuhren und dort ausstiegen, spazieren gingen, sich umschauten und gelegentlich sogar picknickten. In einem anderen Stadtteil zu sein, den man nicht kennt, erklärte sie mir damals, das sei für beide interessant und eine Art Reise in der eigenen Stadt. Ich fand die Idee inspirierend und dachte: Hey, das mache ich auch mal! Heute, fast zwei Jahrzehnte später, habe ich noch einmal daran gedacht, und mir ist aufgefallen, dass dies das erste Mal war, dass mir jemand etwas vom Prinzip der »Mikroabenteuer« erzählte. Denn in den Jahren danach gab es immer mehr Leute, die ähnliche Ideen formulierten und sich überlegten, welche kurzen, leicht und ohne viel Zeit- und Organisationsaufwand zu bewerkstelligenden Mini-Abenteuer man in den Alltag einbauen könnte.

Viele der ersten Ideensammlungen für solche Mikroabenteuer stammten von Outdoor-Fans, die zum Beispiel vorschlugen, dass man nach der Arbeit mit einem Zelt in einen nahe gelegenen

Wald fährt, dort eine Nacht lang campt und dann morgens gleich wieder zur Arbeit geht. Heute gibt es auch eine ganze Reihe niederschwellige und beschauliche Ideen für kleine Abenteuer, Miniaturreisen und neue Impulse direkt vor der Haustür. Gestern habe ich zum Beispiel den Vorschlag gelesen, dass man nach der Arbeit in ein Café gehen könnte, in dem man noch nie war, und dort in einem Buch lesen könnte, das man noch nicht kennt. Eine andere Idee war es, neue sportliche Aktivitäten wie Nordic Walking, Zumba oder Tischtennis auszuprobieren und dabei genau zu erleben, wie man sich fühlt. Dass all diese kleinen Abenteuer beleben, kann sich fast jeder schon beim Lesen vorstellen.

Doch Mikroabenteuer sind nicht nur ein spannender Zeitvertreib, sondern haben auch erwiesenermaßen einen Einfluss auf das seelische Wohlbefinden. Das hat verschiedene Gründe. Zum einen gilt es heute als belegt, dass uns Erlebnisse langfristig glücklicher machen als Dinge. Der Psychologe Thomas Gilovich von der Cornell University erforscht seit Jahren, wie sich unser Konsumverhalten auf das seelische Wohlbefinden und die eigene Identität auswirken. Durch verschiedene Befragungen hat er herausgefunden, dass Menschen von Erlebnissen wie Konzerten, kurzen Reisen oder Sport- oder Sprachkursen noch Jahre später erzählten, sich davon bereichert fühlten und diese Momente auch als einen Bestandteil ihrer Lebensgeschichte und Identität ansahen. Ging es dagegen um den Kauf von Möbeln, Kleidungsstücken oder Fahrzeugen, stellten Gilovich und seine Kollegen fest, dass diese Anschaffungen nur kurzfristig zufrieden machten und die emotionale oder identitätsstiftende Wirkung nicht lange anhielt. Bekannt geworden ist schließlich der Slogan »Erlebnisse machen glücklicher als Dinge«. Und obwohl das sicher nicht immer gilt bzw. erst ab einem bestimmten Level von persönlichem Wohlstand greift, so ist die Tendenz doch eindeutig: Eine persönliche und emotionale Bereicherung entsteht durch Erlebnisse und neue Eindrücke.

Noch wichtiger ist aber etwas anderes: das Neue selbst wirkt belebend! Alles, was wir noch nicht kennen, sei es eine Landschaft oder eine neue motorische Tätigkeit, wie zum Beispiel Stand-up-Paddling trainiert unser Gehirn und hält es gesund. Die Forschung zu dem Thema füllt Bibliotheksregale. Am Max-Planck-Institut für Bildungsforschung in Berlin hat beispielsweise die Wissenschaftlerin Elisabeth Wenger Experimente gemacht, in denen Rechtshänder*innen immer wieder mit der ungeübten Hand, also mit links, schrieben. Diese ungewohnte Neuerung führte zu einer Zunahme an grauer Substanz im Gehirn. Die neuen synaptischen Verschaltungen werden nach der Übungsphase auch wieder etwas ausgedünnt, doch die Wissenschaftlerin geht davon aus, dass durch das Training der nicht dominanten Hand neue Verschaltungen im Gehirn entstehen.

All diese neuen Verschaltungen kommen der Hirngesundheit und zum Teil auch dem Denkvermögen zugute. So sind ganz bestimmt auch das SUP-Abenteuer im Spreewald und die weitergehenden Übungen auf dem Board in Hamburg für dich, Verena, Erlebnisse, die nicht nur froh machen, es entstehen auch ein paar neue Synapsen im Gehirn. Das Lernen von Neuem gilt – neben Bewegung – als bestes Training für die grauen Zellen. Neue Sprachen, neue Sportarten, neue Reiseziele, neue Menschen, die wir kennenlernen, und neue Interessensgebiete machen uns geistig agiler. Aber auch auf die Seele wirkt sich das Ausprobieren von Neuem positiv aus – Neugier und Lebensfreude nehmen zu.

Die englische Psychologin Karen Pine von der Universität Hertfordshire hat mit Versuchsteilnehmer*innen eine Art Neuheits-Training durchgeführt. Sehr einfache Aufgaben, zum Beispiel einen anderen Weg nach Hause gehen, neue Gerichte im

Lokal bestellen, neue Sportübungen ausprobieren, mit einem Fremden sprechen, führten dazu, dass die Teilnehmer*innen mehr Lebensfreude und Mut empfanden, gleichzeitig immer mehr Neugier fühlten, sich freudiger ins Leben aufmachten und auch alte, ungute Gewohnheiten überwinden konnten. Ich mag diese Studie. Sie ist für mich selbst immer ein Ansporn, regelmäßig etwas Neues zu machen und zu probieren, statt einzurosten in den immer gleichen Gewohnheiten und Bewegungen stecken zu bleiben. Wie du schon schreibst, Verena, die Gefahr ist da ja manchmal groß.

Aber du beschreibst in deinem Selbstversuch in diesem Monat auch, dass aus einer Neuerung – Stand-up-Paddling – schnell mehrere Neuerungen wurden. Du hast mit dem Paddeln weitergemacht und mit den Kindern viele zusätzliche Ausflüge in die Umgebung unternommen, die ihr belebend fandet, auch wenn es nur kleine Erkundungen waren. Dass man bei alldem natürlich nicht nur mutig und neugierig wird, sondern auch sich selbst stärker spürt und quasi die Seele mit neuen Eindrücken und Ideen, mit Ausblicken und Inspirationen füllt, versteht sich von selbst. Ach so: Vielen Dank für den Reisebericht. Ich bin wie jedes Jahr auch dieses Jahr wieder an der Nordseeküste in Holland – und sag da jetzt mal nichts weiter zu.

Herzlichen Gruß
Anne

Mikroabenteuer für Ihren Alltag

Wir alle haben die Coronapandemie mit mehreren Lockdowns und Einschränkungen erlebt. In der Phase der Einschränkungen sind Sie sicher schon mit dem Gedanken der Mikroabenteuer in Kontakt gekommen: Urlaub machen in Deutschland um die Ecke statt auf der anderen Seite der Welt. Zu Hause einen Spieleabend veranstalten, statt auszugehen. Einen langen Spaziergang mit einer Freundin in unbekannte Viertel machen, statt zu einer Party in einer anderen Stadt zu gehen. Es kann daher sein, dass Sie nach diesen Erfahrungen durchaus eher Lust haben, statt mit Mikroabenteuern auch mal wieder Zeit mit Makroabenteuern zu verbringen. Falls Sie ein Typ sind, der normalerweise gern größere Reisen macht, sich in waghalsige Touren und Sportarten stürzt oder generell gern extreme neue Erfahrungen macht, sind Sie mit den kleinen, feinen Neuerungen, die hier beschrieben werden, wahrscheinlich nicht zufrieden. Dann wäre es für Sie nicht gerade selbstfürsorglich, Ihre Abenteuerlust zu begrenzen. Machen Sie ruhig so weiter wie bisher und brechen Sie zu großen Zielen auf! Es kann aber auch sein, dass Sie unter anderem auch in der Zeit der Einschränkung durch die Pandemie erlebt haben, dass es Ihnen guttut, Mikroabenteuer und kleine Neuerungen auszuprobieren, sich in neue Lernvorhaben zu stürzen und durch kleine Reisen aufzublühen. Falls Sie merken, dass das für Sie etwas ist: nur zu!

Übung: Anfänger sein

Etwas machen, was Sie noch nie vorher gemacht haben? Manchmal ist es gar nicht so leicht, etwas zu finden, was man noch gar nicht kennt, oder auch etwas anzugehen, von dem man nicht genau weiß, ob es einem gelingen wird. Doch genau in dieser Ergebnis-offenheit liegt auch immer der Reiz des Neuen. Probieren Sie deshalb in der nächsten Zeit einmal etwas aus, von dem Sie denken, dass es Freude macht oder interessant ist, das in Ihrem bisherigen Kosmos aber nicht vorkommt. Um etwas zu finden, stellen Sie sich einmal folgende Fragen: Was würde ich tun, wenn ich genug Zeit, Geld und Möglichkeiten dazu hätte? Was würde ich tun, wenn ich weniger Angst hätte, mich dabei zu blamieren? Egal, ob sie auf Skilaufen oder Spanischsprechen, Singen oder Kampfsport kommen, probieren Sie aus, wie es ist, einen kleinen Schritt auf dieses Thema zuzugehen. Eine Schnupperstunde Karate, eine Stippvisite in einem Chor oder eine Fremdsprachen-App kann ein Einstieg sein und Ihnen etwas Neues über sich selbst beibringen. Wichtig: Wählen Sie die Aktivität möglichst so, dass die kleine Neuerung nicht zu viel Geld oder Zeit kostet und Sie mühelos beginnen können.

Reflexionsfragen

» Wenn Sie drei weitere Leben hätten, was würden Sie dann gern mal ausprobieren? Wie wäre es, das jetzt zu tun?
» Was haben Sie im letzten Jahr gemacht, das Sie vorher noch nie gemacht haben? Wie war das?
» An welchen Ort im Umkreis von fünf bis 100 Kilometern, an dem Sie noch nie waren, würden Sie gern mal fahren? Wann könnten Sie das tun?

Welche Alternativen gibt es?

» **Für Outdoor-Fans:** Das Wort Mikroabenteuer wurde von Menschen aus dem Bereich Outdoor und Reise geprägt. Die ersten Bücher zum Thema beschäftigen sich deshalb auch schwerpunktmäßig mit Wanderungen und Campingabenteuern, die zwar leicht durchführbar sind, aber auch schon gewisse Nehmerqualitäten erfordern. Wenn Sie Natur lieben und ohnehin outdooraffin sind, könnte es für Sie passend sein, sich von solchen Abenteuern inspirieren zu lassen. Der Blogger und Trainer Christo Foerster verwaltet zum Beispiel eine Community, in der man sich mit anderen zum Thema Mikroabenteuer austauschen bzw. sich einfach Anregungen holen kann: https://www.facebook.com/groups/mikroabenteuer.

» **Für Kreative:** In Kapitel zwei, im Monat Februar, ist Verena in verschiedene Museen gegangen und hat sich dort in Ruhe Kunstwerke angeschaut. Diese Art Ausflug ist ebenfalls ein Mikroabenteuer, schließlich schaut man sich unterwegs Bilder an, die man noch nicht kennt. Deshalb hier einfach mal eine Erinnerung daran. Weiterlesen dazu ab Seite 39.

» **Für Lernwillige:** Sprachen lernen mit einer App und zwar möglichst unaufwendig? Das kann man zum Beispiel mit *Duolingo* ausprobieren. Diese Sprachlern-Plattform ist kostenfrei und vor allem für den Einstieg in eine neue Sprache gut geeignet. Für Fortgeschrittene empfehlen sich andere Programme. https://de.duolingo.com.

September

—

FILME ZUR STÄRKUNG DES SELBSTMITGEFÜHLS

ODER:

AKUTE VERKOPFUNG

ANNES AUFGABE

Mut, Optimismus, Freundlichkeit, Dankbarkeit, Aufrichtigkeit. Das sind Beispiele für sogenannte Charakterstärken, die in der Positiven Psychologie wichtig sind. Der Grundgedanke: Wenn man diese Stärken ausbaut, fühlt man sich im eigenen Leben wohler und zufriedener und kann auch mit Krisen besser umgehen.

Das Bauen auf die eigenen Charakterstärken hilft uns also, stabiler im Leben zu stehen. Ryan M. Niemiec und Danny Wedding, zwei filmbegeisterte Wissenschaftler und Psychologen, haben untersucht, inwiefern bestimmte Spielfilme solche Charakterstärken festigen und ansprechen können. Entstanden ist aus ihrem Forschungsinteresse eine Art Medien-Apotheke mit verschiedenen Filmen – mal Klassiker, mal Art-House, mal Blockbuster –, mit der man bestimmte Gefühle und Potenziale verstärken kann.

Aus dem Blickwinkel der Positiven Psychologie ist beispielsweise aus den letzten Jahren der Film »Life of Pi: Schiffbruch mit Tiger«, dazu geeignet, eine positive, selbstwertschätzende Lebenshaltung zu stärken. Der Science-Fiction-Film »Interstellar« kann Mut, Selbstmitgefühl und den Kontakt zu sich selbst und anderen beflügeln. Und »Mary Poppins' Rückkehr« empfehlen die Forscher, um eine optimistische Einstellung zu entwickeln und beherzt in der Gegenwart zu leben. Jeder der Filme ist also mit einem etwas anderen Schwerpunkt in der Lage, den Kontakt, den Menschen zu sich selbst haben, zu vertiefen.

Du kannst dir also in diesem Monat als Einstieg einen der oben genannten Filme anschauen. Aber auch von älteren Streifen kannst du dich inspirieren lassen. Ich denke da für dich etwa an den Animationsfilm »Corpse Bride – Hochzeit mit einer Leiche«, weil ich glaube, dass er dir Freude machen wird. Falls du den nicht magst, kannst du auch die Liste der »Most Inspiring Movies of American Cinema« durchschauen – von »Ein Offizier und Gentleman« bis »Casablanca« sind dort einige wunderbare Filme vertreten. Such dir insgesamt drei, vier Filme aus, die dich ansprechen und von denen du das Gefühl hast: Das kann ich gerade brauchen.

Beobachte dich selbst während des Filmabends und versuche mitzubekommen, was diese Erfahrung beim Schauen – aber auch in den Stunden und Tagen danach – in dir auslöst. Viel Spaß im Heimkino!

Liebe Anne,

»The drugs work« – so hast du's neulich genannt, als wir uns zu einem Spaziergang getroffen haben. Nicht im Sinne von Drogentrip, sondern im Sinne von: Die geistige Medizin, die du mir seit Monaten in immer neuen Varianten verabreichst, ist die passende Therapie zur Diagnose. Du sagst, ich wirke verändert, und ich finde das auch. So unterschiedlich die Ansätze sind – allein die selbst erteilte Erlaubnis, mich mit mir zu beschäftigen, gibt mir mehr Gelassenheit und ein gutes Gefühl für mich und andere.

Vor allem auf Geschichten, Erzählungen, Symbole spreche ich an, das haben wir beide gemerkt. Auf Kunst, Träume und Tagträume. Das hast du sicher im Hinterkopf gehabt, als du mir ein paar Abende im Heimkino verordnet hast. Auf den ersten Film habe ich mich besonders gefreut, den wollte ich schon lange sehen. »Life of Pi«, die Verfilmung eines Romans, der mich vor Jahren sehr begeistert hat. »Für eine positive, selbstwertschätzende Lebenshaltung«, so steht es auf deiner Liste – davon kann man nie genug haben, gerade, wenn nach den Sommerferien wieder der Alltag beginnt. Und wenn ich mich recht erinnere, hat die Geschichte alles für einen großen Kinoabend: Drama, Wahnsinn, Erlösung.

Der Plot: Ein halbwüchsiger Junge namens Pi treibt wochenlang auf einem Rettungsboot im südchinesischen Meer. Seine Familie hat er beim Untergang des Schiffes verloren, das sie von Indien nach Kanada bringen sollte. Seine einzigen Gefährten sind ein paar Tiere aus dem Zoo seines Vaters, die sich mit ihm haben retten können. Da aber ein Tiger unter ihnen ist, bleiben aus naheliegenden Gründen am Ende nur zwei Lebewesen übrig: das Raubtier und der Protagonist.

Das ist der Kern der Erzählung, und klar, darin geht es um die Fähigkeit, auch in Krisen aus sich selbst heraus Trost zu finden.

So weit, so selbstfürsorglich. Denn tatsächlich eignen sich einige der Überlebensstrategien auch dann, wenn man nicht zufällig mit einem dezimierten Vorrat an Trinkwasserdosen und einem ausgewachsenen, hungrigen Jagdtier in tropischer Hitze auf den Wellen treibt. Struktur schaffen, die eigenen Erlebnisse, Gedanken und Gefühle aufschreiben, das Elend portionieren und mit Geschichten, Gesang und Musik der Ausweglosigkeit trotzen – das kann auch helfen, wenn man trauert, arbeitslos wird, eine beängstigende Diagnose erhält oder anderweitig auf sich selbst zurückgeworfen wird.

Nackte Frau, blond, hübsche Blumen

Aber ist das schon alles? Diesen Film auf so ein Schlagwort zu reduzieren (#thinkpositive, #lifeisbeautiful), ist ungefähr so akkurat, als wollte man ein Kunstwerk nur anhand dessen beschreiben, was es darstellt (»nackte Frau, blond«, »hübsche bunte Blumen«). Für mich sind es gerade die doppelten Böden und die vielen möglichen Lesarten, die ihn interessant machen (und den zugrunde liegenden Roman umso mehr). Denn ohne zu viel zu verraten: Der Zoo auf See, das ist nur die oberflächliche Versuchsanordnung. Die Geschichte ist auch eine Parabel auf die tierische Natur des Menschen, die durch Kultur nur notdürftig übertüncht wird, auf die Kraft der Fantasie, auf Spiritualität, auf das Unsichtbare, Ungreifbare, Abgründige. Der Film setzt ja nicht zufällig immer wieder Wasseroberflächen in Szene – Schwimmbäder, Ozeane, Teiche – und zeigt, was darüber und was darunter vor sich geht. Wie viel Tiger steckt in unserem Protagonisten? Ich mag es, wenn Geschichten nicht eindeutig sind, wenn es Lücken und Leerstellen gibt, Gut und Böse nicht eindeutig zuzuordnen sind. Viel Futter für meinen Kopf. Aber macht mich das zu einem besseren, mitfühlenderen Menschen?

Diagnose: akute Verkopfung

Die meisten Leute können in Geschichten eintauchen, ob Film oder Buch, so wie man in einen dieser XXL-Kinosessel einsinkt, Popcorn links, Cola rechts, und alles um sich herum vergisst. Wenig denken, dafür mitbangen, mitlachen, am Ende erleichtert sein. Die Katharsis, die sich schon die Menschen im antiken Griechenland vom Theaterbesuch versprachen. Selbst von Franz Kafka ist ein passender Tagebucheintrag überliefert (»Im Kino gewesen. Geweint«). Das haben wohl auch die Vertreter der Positiven Psychologie im Sinn.

Mir fällt das schwer. Vielleicht eine Berufskrankheit. Wenn ein Statiker sich die Golden Gate Bridge anschaut, denkt er nicht einfach »Wow, hoch!«, sondern hat Konstruktionspläne im Kopf, ahnt, welche Kräfte wo wirken und wie hoch die maximale Belastung sein dürfte. Wenn eine Profiköchin essen geht, denkt sie in anderen Kategorien als jemand wie du und ich (»Hm, lecker! Schmeckt wie im Urlaub!«). Und bei Filmen, Romanen, Theaterstücken frage ich mich als Autorin, welche Motive wie gearbeitet sind, was der offensichtliche und der verborgene Antrieb der Figuren ist, achte auf Dramaturgie. Das macht nicht weniger Vergnügen, erschwert aber die Identifikation. Ich weine auch so gut wie nie im Kino. Vielleicht ist also in dem Fall nicht deine Medizin das Problem, sondern ich, die Patientin. Ich leide unter einer Nebenwirkung, die so selten ist, dass sie nicht mal auf dem Beipackzettel steht: akute Verkopfung.

Knietief im Mythenkitsch

Umso mehr, wenn man einen Film vor sich hat, der so ungeniert die amerikanische Mythenkiste plündert wie der nächste auf der Liste: »Interstellar«. »Zur Stärkung von Mut, Kontakt zu mir und anderen, Selbstmitgefühl« – so stand es auf dem Beipackzettel. Und ich war neugierig, allein, weil ich dieses Genre sonst weiträumig umfahre. Es geht nämlich um eine Weltraummission, mit dem Ziel, die Welt zu retten. Das Szenario ist futuristisch und dystopisch: In den vom Klimawandel verwüsteten USA kämpfen die letzten Farmer ums Überleben, während sich schließlich eine Gruppe wagemutiger Astronaut*innen auf den Weg zu weit entfernten Galaxien macht – auf der Suche nach einem neuen Heimatplaneten für die Menschheit. Ohne zu wissen, ob sie jemals zu ihren Liebsten zurückkehren können, um derentwillen sie auf diese halsbrecherische Geheimmission aufgebrochen sind.

Der Film ist eine Materialschlacht an Tricktechnik und Bildbearbeitung, und ja, er ist spannend erzählt – aber er lässt mich fast durchgehend kalt. Gerade weil er so angestrengt die großen Themen der Menschheit verhandelt: Kann Erfindungsgeist über Materie triumphieren? Was ist Zeit, was ist Raum? Gibt es ein Leben nach dem Tod, und ist Liebe die wahre Transzendenz? Dabei ist er zentnerschwer bepackt mit den klassischen Narrativen aus dem »Land of the Free«: Die Überwindung von Grenzen, die wuchtige Bedeutung von Familie, der soldatische Zusammenhalt der Besatzung, der Glaube an die Machbarkeit. Auch als sich am Ende herausstellt, dass eine Frau die wahre Heldin ist, packt mich die Story nur wenig. Der Blick aus dem Wurmloch ist kein neuer auf mich selbst.

Allmählich habe ich einen Verdacht: Einige Filme auf der Liste sind wie Breitband-Antibiotika, die man auf Tropentrips in seine

Reiseapotheke packt und die quasi gegen alles helfen sollen, von Bandwurm über Malaria bis Reiseübelkeit. Oder – für Anhänger der Alternativmedizin – wie diese Universal-Globuli, die man Babys gibt. Wirken mal zufällig und mal gar nicht.

Vielleicht ist es auch schlicht eine Geschmacksfrage. Genau so, wie mich Singer-Songwriter-Pop eher anspricht, mir eher Gänsehautmomente beschert als Symphonieorchester-Soundtracks, habe ich eine Allergie gegen filmischen Bombast.

Die Rettung ist schwarz-weiß

Vielleicht muss ich etwas anderes versuchen, was besser zu mir passt. Ein anderes Genre, eine andere Farbigkeit. Einen dieser gleichzeitig düsteren und lustigen Musik-Animationsfilme von Tim Burton vielleicht – »Corpse Bride«. Diesmal lasse ich den Hinweis für mein Seelenleben erst mal weg und konzentriere mich aufs eigene Erlebnis. Wird ja was dran sein am Prädikat »Besonders wertvoll für die Selbstfürsorge«, wenn du ihn mir aufgeschrieben hast. Was löst die Geschichte in mir aus? Mit wem fühle ich, und was sagt mir das über meine eigenen Wünsche, Sehnsüchte, Bedürfnisse?

Die Geschichte ist schnell erzählt, es ist ja auch die älteste der Welt: Ein Mann, zwei Frauen, die Liebe, die Eifersucht. Der Held Victor ist mit Victoria verlobt – zwar von den Eltern arrangiert, aber durchaus voller Gefühl –, es kommt ihm aber eine andere aus der Unterwelt in die Quere. Die Leichenbraut Emily zerrt ihn in die Gruft, lässt ihn nicht los und beschließt: Den finde ich gut, den will ich haben. Denn zu Lebzeiten hat ein Mann ihr übel mitgespielt, sie ermordet und um ihr Erbe gebracht, und sie hofft auf ausgleichende Gerechtigkeit. Victor ist hin- und hergerissen, denn im Gegensatz zum schwarz-weißen Alltag ist die Unterwelt erstens bunt und zweitens überhaupt ein coolerer Ort, an dem es Musik, Tanz und Drinks gibt. Achtung, Spoiler: Am Ende triumphiert die Liebe von Victor und Victoria, dem Sieger und der Siegerin. Und der Schurke, der erst der einen, dann der anderen Frau Böses wollte, ist am Boden.

Die Sehnsucht ist ein Schmetterling

Aber vor allem, und das ist wohl der schönste Moment von allen: Emily – ihr Name kommt vom lateinischen Wort für »Rivalin« – verzichtet schließlich freiwillig. Sie gibt ihrer Konkurrentin den Segen, versucht nicht mehr, das Glück zu erzwingen, und verwandelt sich in einen Schwarm sehnsuchtsblauer Schmetterlinge, erlöst durch die Liebe und ihre eigene Großzügigkeit. Ja, das ist auch ein bisschen kitschig. Aber es rührt etwas in mir an, bringt eine Saite zum Klingen.

Wie oft habe ich versucht, das Glück zu erzwingen, früher wie heute – indem ich einen Mann aufhalten wollte, der innerlich längst abgereist war, indem ich feste Vorstellungen hatte, wie meine Kinder zu sein hätten oder wie man im Beruf erfolgreich wird. Loslassen, gönnen können und die Hände frei haben – das ist für mich die stärkste Message des Films. Und hat am meisten mit Selbstfürsorge zu tun, weil es eine Lektion für viele Situationen ist: Ich muss meine eigenen Kränkungen erst anerkennen, um sie hinter mir lassen zu können. Etwa, wenn ich neidisch bin auf andere Menschen, weil sie erfolgreicher in ihrem Tun sind oder ein materiell leichteres Leben haben. Es bringt nichts, das einfach wegzuwischen – man muss sich erst mal eingestehen: »Ja, verdammt, ich fühle mich ungerecht behandelt, nicht gesehen, nicht gewürdigt.« Erst aus diesem Eingeständnis entsteht Bewegung und Befreiung.

Erst danach werfe ich einen Blick auf die Liste der Filme und wundere mich über das Attribut, das Psycholog*innen ihm geben: »Ehrlichkeit«! Echt jetzt? Ja: Es ist auch beeindruckend, wie Victor seine Gefühle offenbart und mit offenen Karten spielt. Doch das ist für mich nur ein Nebenschauplatz.

Aber genau darin besteht für mich auch die faszinierende Wirkung von Kunst: Sie trifft jeden an einer anderen Stelle, weil jeder eine eigene Geschichte mitbringt. Es ist ein Austausch, den aber keine Seite kontrollieren kann: Wer Filme macht, Bücher schreibt, Kunst oder Musik produziert, möchte damit einen bestimmten Eindruck vermitteln, Emotionen auslösen, und die Empfänger*innen erwarten das ihrerseits auch. Aber wie Gemeintes und Verstandenes zusammenpassen, ist Zufall und Magie.

Still the same old story

Ein und dasselbe Kunstwerk kann ein und denselben Menschen sogar im Lauf seines Lebens immer wieder neu und anders ansprechen. So geht es mir etwa mit einem meiner All-time-Lieblingsfilme »Yentl«, der Selbstfindungsgeschichte einer Frau, die sich zerreißt zwischen dem Wunsch nach Lernen und Wissen und dem Wunsch nach Liebe und Leidenschaft. Ersteres lässt die strikte Gesellschaft im osteuropäischen »Stetl« um die vorletzte Jahrhundertwende für eine Frau nicht zu, Zweiteres muss sie unterdrücken, weil sie ihr Geschlecht verleugnen muss, um studieren zu dürfen.

Als Teenager in den Achtzigern sah ich vor allem die Love Story, zehn Jahre später entdeckte ich einen Film über das Gefühl, nirgends hineinzupassen und sich nach Zugehörigkeit zu sehnen. Heute sehe ich ihn als Mutmacher: Wage es, dich neu zu erfinden und hinter dir zu lassen, was dich einengt! Und genau so habe ich Lebens-Bücher, die mir bei jedem neuen Lesen ein anderes Bild zeigen. »Still the same old story«, würde der Filmpianist Sam in »Casablanca« sagen – alt, aber eben doch immer wieder neu, weil ich nicht mehr die Alte bin.

Mit »Casablanca« endet auch mein Monat der Film-Selbsterfahrung. Wir erinnern uns: Der Held, Rick Blaine, ist ein verbitterter, unglücklicher Charakter, der über sich hinauswächst, mit seiner Vergangenheit abzuschließen lernt und darüber neuen Lebensmut und neue Lebensziele findet. Aber, Moment mal: Habe ich das nicht neulich erst gesehen? Ein Verzicht, der jemanden zu sich selbst zurückführt? Die Erkenntnis: Man kann durchaus vom Opfer zum Helden werden – aber nicht, ohne das bittere Gefühl zu verdrängen und zu überspringen. Haben Rick Blaine und die Leichenbraut am Ende etwas gemeinsam – miteinander und mit mir?

Noch mal zum Mitschreiben, was passiert: Rick sorgt dafür, dass seine frühere Geliebte Ilsa und ihr Mann, der Widerstandskämpfer Victor László, unbehelligt von Nazi-Schergen aus Marokko nach Lissabon ausreisen können. Damit verzichtet Rick auf sein persönliches Glück mit Ilsa und bezieht auch politisch Position. Die letzten Worte zwischen ihm und dem Polizeipräsidenten sind Legende: »Ich glaube, das ist der Beginn einer wunderbaren Freundschaft.« Das ist es: Genau wie die Leichenbraut Emily sich in Leichtigkeit auflöst und auf Liebe verzichtet, hat Rick sich nicht nur mit der Welt versöhnt, sondern kann sich anfreunden – mit anderen, mit sich selbst. Er hat sich seiner Verletzung gestellt und damit seiner weicheren, durchlässigen Seite. Und daran ist etwas, was mich interessiert und mitfühlen lässt. Warum eigentlich?

Ich bin Rick!

Vielleicht ist das einfach gerade ein wichtiges Thema für mich, in meiner jetzigen Lebensphase: zu früh, um die große Lebensbilanz zu ziehen, aber auch Zeit, um mit Tiefschlägen und Enttäuschungen abzuschließen und anzuerkennen, dass ich nicht mehr alles haben und alles werden kann. Auch wenn das Leben im Ganzen gut zu mir ist, mich von Schicksalsschlägen und Krankheit weitgehend verschont hat, mir eine Familie geschenkt hat und eine Tätigkeit, die ich mag, irgendwo ist die Decke immer zu kurz. Weil andere immer von irgendetwas mehr haben: finanzielle Leichtigkeit, Gemeinsamkeiten mit ihren Kindern und Partnern, mehr Abenteuer, mehr ... ach, lassen wir hier den Raum frei für Notizen. Ich glaube, das ist der Kern des Selbstfürsorge-Gedankens. Nicht: Du kannst alles haben, du musst es nur wollen! Sondern: Du kannst lernen, mit deinen Defiziten und Schattenseiten zufrieden zu leben. So funktioniert auch das Spiegelungs-Spiel mit Filmen für mich. Do-it-yourself-Medizin, individuell abgemixt und mit etwas weniger Pathos.

Jetzt kommt der Herbst. Und damit viel Zeit, mal wieder einen Blick in mein DVD-Regal und ins Streamingangebot zu werfen: Da verbirgt sich sicher noch einiges, das mich weiterbringt!

Liebe Grüße
Verena

Liebe Verena,

Filme als Medizin, als Balsam für die Seele? Die Vorstellung, dass ein Regal voller DVDs oder eine Online-Mediathek voller Spielfilme zu einer Art Apotheke für jede Lebenslage werden könnte, gefällt mir zugegebenermaßen ziemlich gut. Und dir, was ich so aus deinen Zeilen herauslese, scheinbar auch! Dass Filme und generell fiktionale Geschichten auf Zuschauer*innen oder Leser*innen großen Einfluss haben, dass Menschen sich empathisch in tragische und strahlende Held*innen hineinversetzen, dass sie mit ihnen leiden und weinen und sogar, so das Konzept der Katharsis, selbst durch das Erleben von Emotionen durch eine Art Heilungs- oder Läuterungsprozess gehen können, damit beschäftigen sich zahlreiche Studien.

So hat beispielsweise die Pflegewissenschaftlerin Bonnie Raingruber von der California State University in Studien herausgefunden, dass Studierende ihre Empathie schulen und besser in Reflexionsprozesse über ethische und moralische Dilemmata einsteigen können, wenn sie vorher Spielfilme geschaut haben. Eine andere Studie, in der es eher um die Wirkung von Geschichten und Figuren generell geht, zeigte, dass Fünftklässler*innen, die im Unterricht bestimmte Passagen aus Harry Potter vorgelesen bekamen, nach der Lektüre empathischer und toleranter gegenüber Minderheiten waren.

Dies sind nur zwei von vielen Studien, die belegen, dass Filme und Geschichten tatsächlich Emotionen bewegen und Werte stärken, dass sie die Empathie erhöhen und dass sie Zuschauer*innen oder Leser*innen helfen können, eigene Probleme und gesellschaftliche Schwierigkeiten reflektierend zu betrachten. Solche Studienergebnisse und wahrscheinlich auch die Praxiserfahrung einiger Psychotherapeut*innen und Psychiater*innen haben dazu geführt, dass es immer mal wieder Bestrebungen gab, eine Art »Filmtherapie« ins Leben zu rufen und Menschen mit Depressionen, Ängsten, in Trauerprozessen oder in Momenten des Scheiterns spezielle, passende Filme mit auf den Weg zu geben, die ihnen helfen könnten.

In den 1990er-Jahren waren allerdings viele dieser Filmempfehlungen vor allem an Störungen orientiert, für bestimmte Schwächen und Probleme wurden bestimmte Filme verordnet. Die beiden Psychologen Ryan M. Niemiec und Danny Wedding, beide Vertreter der sogenannten Positiven Psychologie, haben auf die früheren Ideen der Cinema-Therapie aufgebaut und zwei Fachbücher herausgegeben, in denen sie Klassiker und aktuelle Filme den sogenannten »Charakterstärken« aus der Positiven Psychologie zuordnen. Diese 24 Stärken oder Ressourcen – die von Mut über Spiritualität, von Freundlichkeit über Dankbarkeit bis Ehrlichkeit und Integrität reichen – sind ein zentraler Bestandteil der Positiven Psychologie und wurden auch vom Psychologen Martin Seligman immer wieder beschrieben und hervorgehoben. Wenn man bestimmte Charakterstärken, zu denen man ohnehin schon Zugang hat, immer weiter ausbaut, dann ist das eine gute Voraussetzung, um gelassener, zufriedener und letztlich auch selbstfürsorglicher durch die Welt zu gehen.

Die beiden Psychologen und offensichtlichen Filmfans haben sich nun die Mühe gemacht und in jedem ihrer Bücher über 1000 Filme den verschiedenen Charakterstärken zugeordnet. So kann man jetzt Filme für mehr Mut, für mehr Weisheit, für mehr Gelassenheit, für Freundlichkeit oder eine grundlegende positive Einstellung zu den Gegebenheiten des Lebens gucken. Wie schon gesagt: Das Buch *Positive Psychology at the Movies* (Hogrefe) ist eine Fundgrube und eine Inspirationsquelle. Ich denke, man darf von der Verordnung der Filme in bestimmten Problemlagen keine Wunder erwarten. Dennoch kann man einen hilfreichen Blickwinkel auf Probleme gewinnen, außerdem werden positive Emotionen und Lebenshaltungen gefördert.

Ich selbst habe diese Art der Veränderung oder Verstärkung bestimmter Lebenseinstellungen durch Filme jedenfalls schon oft gespürt. Einer meiner persönlichen Lieblingsfilme ist etwa die Komödie »Willkommen bei den Sch'tis«. Die Geschichte von Gastfreundschaft, Understatement, Herzlichkeit und Humor führt nicht nur dazu, dass sich meine Laune aufhellt, die Geschichte erinnert mich immer wieder von Neuem daran, dass für mich nicht nur ein enger Kontakt zu meiner Familie wichtig ist, sondern dass mir auch die Menschen in meiner Nachbarschaft und in meinem Alltag wichtig sind, ich Kontakt pflegen, eine Art Gemeinschaftsgefühl fördern will. Der bekannte französische Film ist in Niemiecs und Weddings Verzeichnis nicht aufgeführt, dort ist das europäische Kino ein wenig unterrepräsentiert. Doch mit ein bisschen Übung kann man möglicherweise auch selbst einordnen, welche positiven Stärken und Emotionen ein Film anspricht.

Warum ich dir das erzähle?

Na, vor allem, um dir zu sagen, dass ich glaube, dass wir selbst genau wissen, welcher Film uns wann und warum gut tut. Wir mussen uns nur erlauben, diesen Aspekt zuzulassen und Filme als Seelentröster, als Mahnung oder Stärkung einzusetzen, statt uns immer nur am Familiengeschmack oder an Paarkompromissen entlangzuhangeln oder Filme, die neu sind und viel diskutiert werden, zu schauen, damit man mitreden kann. Ich freue mich jedenfalls, dass die Filme zum Teil bei dir eine gewisse Weisheit und Stärke angestoßen und gefestigt haben. »Corpse Bride« und »Casablanca« haben dir die Augen geöffnet und helfen dir – einer Frau mit viel Elan und Biss –, vielleicht auch manchmal einen

Schritt zurückzutreten und zu sagen: »Okay, das kann ich jetzt nicht ändern.« Ich finde, das ist schon ein ganz schön großer Gewinn.

Was Filme generell können, sehe ich übrigens an meinem Sohn. Er ist ein jugendlicher Cineast, und ich glaube, wir haben uns so ziemlich allen Themen, die in den letzten Jahren für ihn wichtig waren, über Filme genähert – Gespräche über Loyalität und Freundschaft, Weltflucht und Mut, Klassengesellschaft und Ungerechtigkeit sind nach dem Schauen von Filmen wie »Tschick«, »Titanic«, »Gemini Man«, »Das Boot« oder »Gilbert Grape – Irgendwo in Iowa« entstanden. Für mich war Film vorher gar kein so wichtiges Medium, aber ich habe dazugelernt. In diesem Sinne, meine Liebe: Warum gehen wir eigentlich nicht mal zusammen ins Kino?

Bis bald
Anne

Filmtherapie für Ihren Alltag

Filme sind ein Massenmedium. Anders als auf Bücher, die natürlich auch von vielen konsumiert und gelesen werden, können sich noch mehr Menschen leicht darauf einlassen. Große Filmgeschichten können also noch mehr Gemüter bewegen als Bücher. Wenn Sie selbst gern Spielfilme gucken oder ausgeklügelte Serien verfolgen, dann wissen Sie längst, dass es mehr als pure Berieselung ist, wenn wir auf der Leinwand oder auf dem Bildschirm zu Hause Figuren lieben und leiden, lügen und sich offenbaren sehen. Manche Filme, besonders die Blockbuster mit vielen Wow-Effekten, sind vielleicht in ihrer Wirkung schneller verpufft, andere Filme gehen einem überraschend lange nach. Daher meine Anregung: Achten Sie doch in den nächsten Wochen und Monaten einmal bewusster darauf, welche Filme, Serien oder Serienfiguren bei Ihnen besonders viel auslösen, an welchen Szenen oder Dialogen Sie hängen bleiben, an welche Figuren oder Filme Sie viel denken, weil es Sie amüsiert, schockiert, nachdenklich macht oder überrascht, weil Sie es nicht verstehen oder wirklich keine einzige Person kennen, die sich so verhält wie diese eine, faszinierende Filmfigur. Kurz: Lassen Sie die Wirkung der Filme und Serien noch mehr an sich heran, schreiben Sie, wenn es für Sie passt, vielleicht sogar ein paar Sätze dazu auf oder führen Sie ein Filmtagebuch. Ansonsten ist es meiner Meinung nach wichtig, dass Sie ab und zu – zum Beispiel einmal im Monat – einen Film ganz alleine schauen, ohne andere, ohne Kompromisse, und sich dabei wirklich eine Geschichte aussuchen, die zu Ihnen passt.

In der folgenden Übung bekommen Sie nun einige Beispiele für Filme, die von den beiden Psychologen Ryan Niemiec und Danny Wedding empfohlen werden, weil sie verschiedene Charakterstärken zeigen und festigen – von Mut bis Weisheit. Ich wünsche Ihnen viel Freude, gute Erkenntnisse und einen kleinen Energieschub in Richtung der eigenen Kraft und Stärke.

Übung: Stärke durchs Zuschauen

Auf der Liste mit Filmen unten finden Sie eine Reihe bekannter Klassiker. Jeder der Filme spricht laut Niemiec und Wedding einen anderen Aspekt der Charakterstärken an. Suchen Sie sich einen Film aus, den Sie mögen könnten oder, falls Sie ihn schon kennen, den Sie auch tatsächlich ganz gut finden, und wählen Sie den Film gleichzeitig auch danach aus, welche der Stärken Sie gerade für sich interessant finden oder brauchen könnten. Was fehlt Ihnen? Womit beschäftigen Sie sich? Wo könnten Sie einen kleinen Schub brauchen? Also los:

Billy Elliot. I Will Dance – Kreativität
Schindlers Liste – Mut
Singing in the Rain – Lebendigkeit
Der Vagabund und das Kind (Charlie Chaplin) – Liebe und Menschlichkeit
African Queen – soziale Intelligenz
Gandhi – Weisheit
High Noon – Gerechtigkeit
Dead Man Walking – Vergebung
Rain Man – Bescheidenheit
Forrest Gump – Selbstregulation
Ist das Leben nicht schön? – Leben im Augenblick
Wilde Erdbeeren – Hoffnung
Weitere Filmideen finden Sie hier: Niemiec/Wedding:
Positive Psychology at the Movies. Hogrefe 2008.

Haben Sie sich einen von diesen alten Schinken ausgesucht? Gut, dann probieren Sie einmal aus, ob der Film Ihnen tatsächlich mehr von diesen Stärken vermittelt, und probieren Sie, das Gefühl nicht nur in der ersten Stunde nach dem Film zu halten, sondern denken Sie im Lauf der nächsten Tage immer mal wieder daran, was Ihnen an den Geschichten und Bildern mehr Antrieb, Stärke oder ein Gefühl von Optimismus gegeben hat.

Reflexionsfragen

» Welche drei Lieblingsfilme fallen Ihnen ein? Welche Themen haben diese Filme?
» Gibt es eine Figur aus einer Serie oder einem Spielfilm, die Sie schon immer beeindruckt? Wenn ja, warum?
» Wann waren Sie mal nach einem Filmerlebnis verändert oder verstört? Was hat Sie emotional beeindruckt?

Weiterführende Infos

» **Noch mehr inspirierende Geschichten.** Wenn Sie mehr Filme schauen wollen. Auf der Seite www.positivepsychologynews.com kann man unter dem Stichwort »Positive Psychology Movie Award« für verschiedene Jahre Listen mit aktuellen Filmen finden, die bestimmte Charakterstärken fördern. Diese sind ebenfalls vorgeschlagen und empfohlen von Ryan M. Niemiec.
» **Ein Test der eigenen Stärken.** In diesem Kapitel war nicht nur viel von Filmen die Rede, sondern auch von Charakterstärken. Die weitere Beschäftigung mit Charakterstärken kann sich lohnen, wenn Sie genauer wissen wollen, wo Ihre eigenen Res-

sourcen liegen – und welche Lebenshaltungen Sie so ausbauen könnten, dass es Ihnen mehr Kraft und Sicherheit gibt. Wichtig ist, dass es nicht nur immer die üblichen Stärken wie Freundlichkeit oder Optimismus sein müssen. Wenn Sie sich genauer mit dem Thema beschäftigen, merken Sie vielleicht, dass eher Durchsetzungsstärke, Teamgeist oder Weisheit Sie ansprechen. Einen Test zu den Charakterstärken können Sie machen unter: https://charakterstaerken.org.

Oktober

NATUR INTENSIV ERLEBEN

ODER:

STADT, LAND, FLUSS

ANNES AUFGABE

———

In diesem Monat geht es darum, Zeit in der Natur zu verbringen. Versuche in den nächsten Wochen, so oft wie möglich Spaziergänge und kleine Ausflüge zu machen, durch Parks, Wälder oder ländliche Gegenden zu streifen. Dabei ist es wichtig, dass du versuchst, die Natur mit allen Sinnen aufzunehmen, zu schmecken, zu riechen, zu sehen, zu hören und so in dem Naturerlebnis auch wirklich anzukommen.

So weit die Grundübung. Darüber hinaus könntest du versuchen, in der Natur noch mehr mit Bäumen, Büschen oder dem Boden in Kontakt zu kommen. Da bereits Herbst ist, kannst du dich zwar nicht auf bloßen Waldboden legen, aber vielleicht kannst du barfuß über Blätter laufen oder dich an den Stamm eines Baumes lehnen. Sinn der Sache ist es, in der Verbindung zur Natur einerseits zur Ruhe zu kommen und andererseits zu Kräften.

Lass dich inspirieren und treiben. Wichtig ist nur, dass du die Natur eben möglichst bewusst erlebst und dich für die Eindrücke wirklich öffnest. Denn das, so viel sei schon mal vorweggenommen, ist eine Voraussetzung dafür, dass die Wirkung der Natur auf die Seele sich auch tatsächlich entfalten kann.

Liebe Anne,

es gibt Szenen im Leben, die kann man nicht erfinden. Die dürfte man in keinem Roman schreiben und keinem Drehbuch, weil sie einem sonst um die Ohren gehauen würden: total unglaubwürdig! Zum Beispiel diese: Da lehnst du im dünnstbesiedelten Landkreis der alten Bundesländer ganz allein am Stamm einer Stieleiche, barfuß an einem frostigen Tag, trägst deine Schuhe in der Hand und hast deine Augen geschlossen. In einem Wald, in dem es beinahe wahrscheinlicher ist, einem Wolf zu begegnen als einem Spaziergänger. Und ausgerechnet in diesem Moment privater Versenkung, während du dich von den schmutzigen Fußsohlen bis zur Krone des Kopfes eins fühlst mit allen Lebewesen um dich herum, schreckt dich eine Wandergruppe in bunten Funktionsjacken aus deiner Trance.

Du blinzelst dümmlich aus der Wäsche, die anderen sehen dich an, als überlegten sie fieberhaft, welcher Rettungsdienst für dich zuständig ist, und laufen dann schnell und mit gesenkten Blicken an dir vorbei. Murmeln nicht mal einen Gruß. Jetzt ist es so weit, du bist offiziell eine wunderliche Alte.

Stadt-Quickies bringen's auch – vielleicht

Aber von vorn. Der Oktober gehört zu meinen liebsten Monaten, weil er so viel Farbe und Veränderung mit sich bringt, so viel überraschendes Oszillieren zwischen Doch-noch-mal-Sommer und Echt-schon-Herbst. Und weil er selbst in der Stadt so gut riecht – erdig, pilzig, würzig. Natur als Tankstelle für die Seele und als Selfcare-Maßnahme – dafür muss ich gar nicht so weit reisen, das kann ich einfach auf mich wirken lassen. Dieses Jahr als besondere Intensivkur.

Wie du es mir empfohlen hast, fange ich damit vor meiner eigenen Haustür an. Nicht mit meiner üblichen Joggingrunde durch den nächstgelegenen Grünstreifen, denn das reicht nicht aus für so ein umfassendes Eintauchen. Da bin ich mehr mit meinem Puls und meiner Atmung beschäftigt oder kann, wenn es im Wortsinn »gut läuft«, währenddessen meinen Gedanken nachhängen. Die Natur im Hintergrund nehme ich dabei nur wahr wie eine Fototapete, ähnlich wie bei diesen Fitnessstudio-Anwendungen, bei denen man am Bildschirm durch ein virtuelles New York trabt. Nicht sinnlich und auch nicht ganzheitlich. Deshalb gehe ich heute besser gemächlich im Park spazieren und konzentriere mich auf alle Eindrücke, die da kommen.

Als Erstes schaue ich genau hin, neugierig, als sähe ich das zum ersten Mal: wie sich die Blätter des Ahorns von innen nach außen verfärben, wie das grüne Birkenlaub schon von kleinen gelben Flecken durchzogen ist, und ... ach, das groß gewachsene Mädchen da drüben an der Tischtennisplatte, ist die nicht früher mit meinem Sohn in dieselbe Klasse gegangen? Wie hieß sie, Lena, Laura, Lotta? Schon bin ich abgelenkt. Also neuer Versuch, diesmal mit anderem Sinnesorgan: schnuppern. Erdig, pilzig, würzig, und ... ah! Der Duft muffiger Kinderturnschuhe. Kommt wohl vom Sportplatz am Rand des Parks. Wieder bin ich raus. Dritter Versuch: lauschen. Möwengeschrei vom nahen Fluss, Blätterrascheln und ... ein Rettungswagen mit Sirene. Hoffentlich schafft er es rechtzeitig ins Altonaer Krankenhaus! Ich kann mir nicht helfen, aber: intensive Naturerfahrung geht irgendwie anders. Mache ich etwas falsch?

Es stimmt schon: Wer sonst vor allem Fassaden, Schaufenster und Straßen vor Augen hat, für den sind schon kleine Dosen

Natur eine willkommene Abwechslung. Deshalb mag ich auch meinen Arbeitsplatz im heimischen Wohnzimmer so gern, von dem aus ich auf ein paar mächtige Baumkronen auf einer unbebauten Wiese gegenüber blicke. Großstadtluxus. Aber so richtig befriedigend ist das noch nicht – nicht der Blick aufs Grün vor dem Fenster und auch nicht der Kurztrip in den Park. Ein wenig, als sehnte man sich nach zehn Stunden Schlaf, dürfte aber nur für fünf Minuten auf dem Sofa dösen. Schnell wird mir klar: Es sind nicht nur die Geräusche und Gerüche, die mich von einem intensiven Naturerlebnis mitten in Hamburg ablenken, es sind vor allem die Menschen. Meine Neugier auf sie, aber auch das Bewusstsein, selbst für andere sichtbar zu sein. So kann ich mich nicht fallen lassen. Genau das, was ich eigentlich am Stadtleben schätze und was mir auf dem Land sehr schnell fehlen würde, würde ich dort hinziehen, steht mir bei diesem Selbstversuch im Weg. Nein, ich brauche ein schwereres Gegengewicht: eine Landschaft, in der ich mich verlieren und finden kann.

Allein mit Wald und Wolken

Ich weiß auch schon, wo ich nach einem solchen Ort suchen muss. Elbaufwärts, rund 100 Kilometer südöstlich, im Landkreis Lüchow-Dannenberg. Dort, wo im Sommer Störche durch die Elbauen staken und Biber ihre Burgen bauen, Atomkraftgegner aus den Siebzigern auf Resthöfen sesshaft geworden sind und es in den Fachwerkstädtchen ebenso viele aus der Zeit gefallene Ausflugslokale gibt (»draußen nur Kännchen!«) wie Shiatsu-Praxen und Yogastudios. Vor zehn Jahren haben wir uns dort eine Blockhütte zwischen Fluss und Anhöhe gekauft, ein Abenteuerspielplatz für die Kinder und ein größtmöglicher Kontrast zum

Stadtleben. Damals haben Freunde sich gewundert: Wieso so weit draußen, das lohnt sich ja gar nicht für einen Nachmittag, da muss es schon ein Wochenende sein! Eben drum: weil die Entfernung auch Abstand schafft, zum Alltag, zu uns selbst.

Und im Wendland liegen große, naturbelassene Waldgebiete, in denen man sich fühlt wie Hänsel, Gretel und das Rotkäppchen in einer Person. Handy? Bleibt im Handschuhfach meines Autos. Bindet mich zu sehr an die Welt, aus der ich gern abtauchen möchte. Also los.

Keine zehn Schritte nachdem ich vom Waldparkplatz aus losgegangen bin, weiß ich: Das ist mein Weg, in doppelter Hinsicht. Weil ich mich hier auf ein Erlebnis einlassen kann, ohne dass mich dabei jemand beobachtet (nehme ich jedenfalls an). Als trüge ich auf einmal eine Tarnkappe, die mich unsichtbar macht und gleichzeitig meine eigene Wahrnehmung steigert. Mich umfängt auf Schritt und Tritt ein Duft, ähnlich wie in meinem Hamburger Park, nur viel intensiver. Umschließt mich von allen Seiten, durchdringt mich. Ein sinnliches Gefühl, das mich ermutigt: Ich möchte nicht nur sehen und hören, ich möchte auch etwas anfassen.

Und was gibt es nicht alles zu erfühlen im Wald. Wie unterschiedlich schon die verschiedenen Blätter sind: die der Buchen und Linden weich und zart wie Stoff, die der Eichen fest, hart, kaum biegsam, die der Brombeersträucher auf der Unterseite mit feinen Stacheln gespickt. Das Holz der Baumstämme: rissig und alt, glatt und jung, seidenweich auf der Innenseite eines abgebrochenen Astes. Das nachgiebige, feuchte Moos. So habe ich den Ort unserer Wochenendausflüge noch nie erlebt.

Immer wieder schließe ich die Augen, um intensiver wahrzunehmen. Schritt für Schritt, Berührung für Berührung werde ich andächtiger, als ginge ich durch eine Gemäldegalerie oder ein

Kirchenschiff. Ein ehrfürchtiges Staunen, das mich selbst verblüfft – als hätte ich noch nie einen richtigen Wald gesehen! – und das mich auf meinem Alleingang begleitet. Auch hier ist sie also zu finden: diese magische Verbindung, die ich aus der Meditation (siehe Kapitel 1) und dem Museum kenne (siehe Kapitel 2). Bald fängt es leicht an zu regnen, aber gleichzeitig bricht auch das Sonnenlicht durch die Wolken und verwandelt die Tropfen in flüssiges Silber. Ein feines Sprühen auf meiner Haut, angenehm, nichts, was man mit Schirm oder Kapuze abwehren müsste. Irgendwo im Wald klopft ein Specht, ein Vogel singt (würde ich mich doch nur mit den Stimmen auskennen!), eine blau schillernde Libelle fliegt tief und lenkt meinen Blick auf das Springkraut am Wegrand. Da kann ich nicht widerstehen: Die prall gefüllten Samenkapseln mit Daumen und Zeigefinger explodieren lassen, das konnte ich schon als Kind stundenlang tun, ohne dass es mich langweilte.

Baumhafte Gefühle

An einer Gabelung bleibe ich stehen und habe plötzlich den Impuls: Ich möchte mich anlehnen. Sind ja genügend freundliche Bäume da, die sich dafür anbieten. Für einen Augenblick lasse ich mir von einer hochgewachsenen Fichte den Rücken stärken, schließe erneut die Augen und merke erst jetzt, wie viel Anspannung sich in meinem Körper versteckt: von Waden und Schultern bis zu meiner Zunge, die sich an den Gaumen presst. Ob ich noch besser loslassen kann, wenn ich selbst versuche, wie ein Baum zu stehen? Am besten barfuß, die Fichtennadeln unter meinen nackten Fußsohlen, dabei breitbeinig, wie angewurzelt? Schon als Kind wollte ich am liebsten ohne Schuhe gehen, so früh im Frühjahr und so spät im Herbst wie möglich. Ein anderer Kontakt, eine andere Sicherheit, eine andere Freiheit. Nach der sehne ich mich auch in diesem Moment.

Und weil keiner da ist, der es mir verbieten kann (»Bei dem Wetter? Kind, du holst dir ja den Tod!«), probiere ich es einfach aus. Ich spüre meine Festigkeit, spüre auch, wie der leichte Wind alles nimmt, was lose ist – meine Haare, meinen Schal –, und damit spielt. Standfestigkeit und Beweglichkeit, die Grundbausteine für ein gutes Leben. So erinnert mich der Wald an wesentliche Wahrheiten. Und ich, mittendrin, spüre für ein paar Minuten, wie ich Teil bin eines Kreislaufs, eingebunden in die Zyklen von Werden und Vergehen, von ... äh: Oh, Entschuldigung, stehe ich im Weg? Denn ausgerechnet jetzt und ausgerechnet hier taucht die bunt gewandete Wandertruppe auf und reißt mich heraus aus meiner Naturverbundenheits-Meditation. Immerhin haben die sich nachher was zu erzählen beim Picknick, von der wunderlichen Frau, die da nacktfüßig und allein die Füße in den Boden stemmte, als wollte sie Wurzeln schlagen. Ein Weiblein steht im Walde, ganz still und stumm ...

Auf bloßen Füßen gehe ich weiter, biege willkürlich mal rechts, mal links ab. Verfolger abschütteln, falls es noch welche gibt. Der Boden unter meinen Füßen ist nasskalt, Steine und Nadeln pieksen mich, aber nach wenigen Schritten geschieht etwas Erstaunliches: Die unangenehmen Gefühle werden weniger, stattdessen habe ich den Eindruck, dass meine Füße schwerer, sicherer und wärmer werden. Einbildung? Als ich mich schließlich auf eine morsche Bank setze, um meine Schuhe wieder anzuziehen, fühlen sich meine nackten Füße tatsächlich durchblutet und warm an, als hätten sie aus der Berührung mit dem Waldboden neue Energie getankt.

Ein Himmel voller Glücksdrachen

Ich bleibe noch einen Moment sitzen und sehe den Wolken zu. Der Himmel ist jetzt wieder blau, schnell hat sich die schwarze Wand von vorhin verzogen, und eine Lichtung vor mir gibt den Blick frei auf die Wolken. Glücksdrachen, Monster, erstaunt aufgerissene Münder – eine ganze Armee von Märchenfiguren zieht da vorbei, und ich folge ihnen für eine Weile. Der Zauber des Zufalls. Der Soziologe Hartmut Rosa sagt sinngemäß: Was sich unserer Kontrolle entzieht, das Unverfügbare, lässt uns zugleich in Resonanz mit der Welt treten. Etwa, wenn plötzlich der erste Schnee fällt. Oder wenn wir für eine Weile gar nichts tun, als den ziehenden, ausfransenden, verschiedenfarbigen Himmelswesen zu folgen. Noch so ein Andocken an die Kindheit. Wer hat früher keine Zeit damit verbracht, Gesichter in den Maserungen eines Holzfußbodens zu entdecken oder ein Tier in dem Schatten, den eine Bluse auf der Wäscheleine auf den Boden wirft? Zwischendrin schließe ich die Augen und nehme wahr, wie sich der unterschiedliche Lichteinfall hinter den Lidern bemerkbar macht. Als säße ich in einer rot ausgepolsterten Höhle, die immer wieder von einem starken Scheinwerfer angestrahlt wird. Ich habe den Eindruck, der große Freiraum um mich herum lässt mich sogar neue Räume in meinem eigenen Körper entdecken.

Schließlich gehe ich weiter. Biege links ab, noch mal und noch mal, ohne noch einen weiteren Menschen zu treffen. Am Wegrand wachsen mächtige Farne, und ich erinnere mich auf einmal daran, wie meine Großmutter mir solche gezeigt hat, vor vielen Jahrzehnten. Wie sie mir erklärt hat, dass es sich um Urzeitgewächse handelt, die selbst die Dinosaurier überlebt haben. Plötzlich fühlt sich alles ein wenig surreal an, als wäre ich aus der Zeit gefallen. An einem Waldweg, der vermutlich im Jahr meiner Geburt nicht viel anders ausgesehen hat als heute und vermutlich auch in weiteren 50 Jahren noch so aussehen wird. Alles ist an seinem richtigen Platz, so kommt es mir vor. Auch ich. Oder?

Denn dann, an der nächsten Biegung, muss ich mir eingestehen: Ich habe mich verirrt. Bin vom Weg abgekommen wie Rotkäppchen, das Handy mit der Ortungs-App im Auto und nicht mal mit einer Notration Kuchen und Wein ausgestattet. Keine Ahnung, wo es zum Parkplatz geht. Nichts kommt mir bekannt vor.

Ich bleibe stehen. Spüre meinen Herzschlag, wie er sich kurz beschleunigt und dann wieder auf Normaltempo zurückschaltet, gleichmäßig, unaufgeregt. Und merke auf einmal: Es macht mir nichts aus. Nicht nur, weil mein Kopf sagt: Hey, du bist in Mitteleuropa! Das Schlimmste, was dir passieren kann, ist, dass du der fröhlichen Wandertruppe noch mal über den Weg läufst und du sie nach dem Weg fragen musst. Sondern auch, weil mein Herz sagt: Das passt. Der Wald verschluckt dich nicht, er umarmt dich eher, er macht sich einen Scherz mit dir, wie ein übermütiger Vater, der sein Kind in den Schwitzkasten nimmt: Was, ich soll dich loslassen? Na warte! Und bald fällt mir ein praktischer Tipp meines Sohnes ein: »Wenn du in einem Labyrinth bist, geh einfach an jeder Biegung links, dann findest du wieder heraus.« Das sollte in der analogen Welt so gut funktionieren wie in der digitalen.

Tut es auch. Eine halbe Stunde später, als ich benommen zurücktaumle auf den Parkplatz, bin ich beinahe enttäuscht, wie schnell der Wald mich aus seiner Umarmung entlassen hat.

Alles fließt und der Atem wird wärmer

Die Nacht verbringe ich waldumschlungen in unserer Campingplatzhütte und bin am nächsten Morgen schon früh wieder auf den Beinen. Ich habe den Eindruck, dass meine Sinne durch den Ausflug geschärft sind, dass ich besser sehe, höre, spüre als gewöhnlich. In diesem Hyperwachzustand möchte ich noch mehr von der Landschaft wahrnehmen, die mir so lang vertraut ist, die ich aber noch nie auf diese hautnahe, beinahe intime Art und Weise betrachtet habe.

Diesmal nehme ich trotz der frostigen Temperaturen meine Schuhe gar nicht erst mit und begebe mich auf den Weg zum Fluss, in Richtung einer kleinen Sandbucht, in der wir im Sommer manchmal picknicken. So ein Ort, in den man ganz einsinken kann, innerlich und buchstäblich. Ich achte beim Gehen auf meine Fußsohlen, wie unterschiedlich sie auf Fichtennadeln, Gras und Sand Halt finden, und habe den Eindruck, ich bin noch mehr im Gleichgewicht als gestern. Und ich nehme tatsächlich mehr wahr, auch mit offenen Augen: wie sich das Gefühl auf der Haut verändert, wenn die Sonne hinter einer Wolke hervorkommt, wie die Luft kühl in meine Nasenlöcher hinein- und erwärmt wieder hinausströmt. Ganz ohne Absicht gehe ich langsamer als sonst. Vielleicht, weil ich kein festgesetztes Ziel habe, vielleicht einfach, weil ich jeden Schritt genieße, auf dem ich mit mir und der Landschaft allein bin. Um mich eine Herbstwelt in Pastell, die Farben mal ein wenig hochgedreht und mal ein wenig heruntergedimmt, je nach Lichteinfall.

Natur mit Dolby-Surround-Sound

Schließlich erreichen meine nackten Sohlen den Ufersand. Graben sich tief herein in das ergonomischste Fußbett, das man sich denken kann, weil sich der Sand jeder Länge und jeder Krümmung der Sohlen anpasst, auch meiner. Als hätte er auf mich gewartet.

Vor mir zieht metallisch glänzend die Elbe vorbei, kräuselt sich am Rand, und von allen Seiten dringen Laute an mich heran, als wär's ein natürliches Dolby-Surround-System: kreischende Wildgänse, die sich am anderen Ufer zum Rasten niedergelassen haben, ein Hund, der im nächsten Dorf bellt, entfernte Stimmen. Tatsächlich: Schon wieder bin ich nicht ganz allein. Ein Paar sitzt auf einer Buhne in der Morgensonne, Rücken an Rücken, unterhält sich leise. Kümmert mich, ob sie mich sehen, was sie über mich denken? Ach was, kümmert mich nicht: Ich lasse mich rücklings in den Sand sinken, der wärmer ist als erwartet, als trüge er noch die Sonne des Sommers in sich, grabe mir das passende Lager für Rücken, Po und Beine, lasse die Wolken über mich ziehen.

Alles um mich herum macht sich winterfest, denke ich. Die Bäume, die ohne Blätter die kalte Jahreszeit besser überstehen, ihren Stoffwechsel zurückfahren; die Gänse am anderen Elbufer, die nach Süden ziehen. Und ich? Ich möchte dieses Gefühl in meinen Fußsohlen mit in den Winter nehmen, den realen, der bald beginnt, und genauso in andere Zeiten, in denen alles freudlos und grau erscheint. Das Wissen, dass meine Füße mich auch tragen, wenn es kälter wird, dass sie sich durch Bewegung erwärmen und dass ich meiner eigenen Standfestigkeit trauen darf. Weil ich mich nach meinen beiden Ausflügen stabiler fühle. Geerdeter.

Und dann denke ich: Eigentlich ganz gut, dass ich in den letzten Tagen mal nicht so viel gedacht habe. Nicht alles interpretiert oder in einen größeren Zusammenhang gestellt habe. Die Welt eher erfasst, erfühlt und bestaunt habe, statt sie und mich selbst erklären zu wollen. Bisher war das die beste Entspannungsübung für den Kopf, die ich auf meiner Reise erlebt habe. Fast so, als wäre ich noch einmal in das magische Denken des kleinen Mädchens eingetaucht, das ich einmal war. Sicher kein Zufall, dass es auch die längste zusammenhängende Übung war – ich habe mir diesmal besonders viel Zeit genommen, rauszukommen, anzukommen, zurückzukommen. Und bin deshalb in tiefere Schichten vorgedrungen. Offenbar tragen wir auch als Erwachsene einen Rest dieser vorurteilsfreien Durchlässigkeit in uns und können es lernen, uns noch mal auf die gleiche Weise beeindrucken zu lassen. Ohne einzuordnen, zu relativieren, zu problematisieren. Ich bin ja nicht naiv, ich weiß, dass auch niedersächsische Wälder vom Klimawandel betroffen sind, mit Dürre, Borkenkäfern, den Auswirkungen von Monokultur zu kämpfen haben, dass ich mit meiner Autofahrt einen problematischen ökologischen Fußabdruck hinterlasse. Ich weiß auch, dass selbst ein Biosphärenreservat letztlich menschengemacht ist. Aber das nimmt ihm nichts von seiner tiefen Tröstlichkeit.

Im Auge des Sturms

Zwei Wochen später. Ich bin mit meiner Familie ans Meer gefahren und die Ostsee tut so, als wäre sie die Nordsee: türmt sich zu grauen Riesenwellen, verschluckt den Strand mitsamt Volleyballnetzen und Kinderspielplatz, lasst sich von Sturmtief Gisela durchpeitschen. Der starke Wind nimmt alles mit sich, was nicht niet- und nagelfest ist, zerrt an den Blättern, als wollte er die Bäume schon jetzt total entlauben, macht es schwer, gegen ihn anzugehen. Der perfekte Tag, um ein vorläufig letztes Naturerlebnis anzuschließen: nach Sonne und Regen, Wald und Fluss jetzt der Sturm am Meer.

Schaumflocken treiben über den Spülsaum, unter meinen Füßen knirscht Sand, ich spüre die Wölbungen der glatt geschliffenen Steinchen unter meinen Sohlen. Und bei alldem habe ich wieder ein ähnliches Gefühl wie zwei Wochen zuvor im Wald: So mittendrin in dieser urwüchsigen, natürlichen Kraft bin ich geborgen. Heil. Ein Teil davon. Es könnte sogar sein, dass ich nach diesem tiefen Eintauchen in verschiedenen Landschaften auch einen Hauch davon in dem kleinen Park bei mir um die Ecke wiederfinden kann, zum Auffrischen für Zwischendurch. So, wie man auch von kurzen Powernaps mehr hat, wenn sie nicht lange aufgestauten Schlafmangel ersetzen sollen, sondern einem ausgeschlafenen Körper ab und zu eine kleine Extraportion Entspannung gönnen.

Lust bekommen auf die magischen Orte? Dann lass uns gern mal ans Meer fahren. Oder ins Wendland.

Herzlich
deine Verena

Liebe Verena,

als vor ein paar Jahren in den Medien das erste Mal der Begriff »Waldbaden« auftauchte, stellte ich mir zuerst eine altmodische Badewanne mit Füßen vor, gefüllt mit warmem Schaumbad, in das man sich reinlegen kann – und über einem ein dichter Nadelwald und Vogelgezwitscher. Kurz, ich fand die Idee und die Bilder, die dazu entstanden sind, sehr schön. Dass sich hinter dem Trend aus Japan auch aufwendige Forschung verbirgt, habe ich erst ein bisschen später mitbekommen. Qing Li, Gesundheitswissenschaftler von der Nippon Medical School, hat in vielen Studien untersucht, welche Effekte kurze Aufenthalte im Wald auf die Gesundheit und das Wohlbefinden haben. Li konnte zeigen, dass allein die chemische Zusammensetzung der Waldluft eine günstige Wirkung auf Atemwege und Lunge hat, das Immunsystem stärkt und auch Herz und Kreislauf stabilisiert. Neben diesen körperlichen Wirkungen hat der Aufenthalt im Wald und in der Natur aber auch psychische Wirkungen: Depressive Verstimmungen und Ängste wurden deutlich weniger, wenn Versuchsteilnehmer*innen mehr Zeit im Wald verbringen, zeigen unterschiedliche Studien.

Diese Erkenntnisse sind einerseits spektakulär, andererseits überraschen sie nicht. Denn im Grunde weiß jeder, der schon einmal mit offenen Sinnen durch die Natur gegangen ist, wie beruhigend und stressreduzierend das ist. Umweltpsycholog*innen haben sich schon vor einigen Jahrzehnten gefragt, wie diese beruhigende, entspannende und stärkende Wirkung der Natur zustande kommt. Die beiden Psychologen Stephen und Rachel Kaplan von der University of Michigan formulierten in dem Zusammenhang die sogenannte Aufmerksamkeitserholungstheorie. Sie konnten zeigen, dass Naturlandschaften anders als beispielsweise Medien oder eine Großstadt unseren Sinnen zwar Anregungen geben, diese aber eher mild wirken. Die Gerüche, die Geräusche der Tiere und Pflanzen, der Lichteinfall durch die Bäume, das alles ist für die Sinne interessant und faszinierend – aber auch nicht zu aufregend. So können wir uns von Anspannung und Überreizung erholen.

Auch andere Faktoren in der natürlichen Umgebung führen dazu, dass Menschen sich nach einem kurzen Waldbad wieder besser konzentrieren können, sich inspiriert und gleichzeitig beruhigt fühlen. Neuere Studien, beispielsweise von Jason Duvall, ebenfalls von der University of Michigan, legen allerdings nahe, dass dieser erholsame und konzentrationssteigernde Effekt der Natur umso stärker ist, je bewusster man die Reize des Waldes oder anderer Naturlandschaften aufnimmt, je mehr man also mit allen Sinnen dabei ist. Auch deshalb wird immer wieder betont, wie wichtig es ist, sich sinnlich für die Erfahrung zu öffnen.

Für dich, Verena, hat diese Aufforderung im Grunde gut funktioniert, es fiel dir alles scheinbar sehr leicht. Der Unterschied zwischen dem Wald als Fototapete und dem Wald als etwas, womit man sich verbunden fühlt, hast du in deinem Brief ja deutlich beschrieben, und ich glaube, diese Unterscheidung trifft es gut: Gehe ich durch die Welt und bekomme mit, was um mich herum passiert? Oder bin ich zu sehr in meinen Gedanken, mit einer sportlichen Aktivität beschäftigt, dass die Natur nur ein zweitrangiges Erlebnis ist oder sogar ganz in den Hintergrund tritt? Dann kann sich der erholsame Effekt nicht gut ausbreiten.

Übrigens betonen einige Umweltpsycholog*innen, dass man intensive Naturerlebnisse nicht nur im tiefen Wald des Wendlandes, in den Bergen oder an verlassenen Stränden haben kann, sondern dass auch eine tägliche Minirunde im Park oder in einem Stadtwäldchen diesen Effekt haben kann. In deinem Selbstversuch ist dies nicht geglückt, du konntest im städtischen Grün nicht gut abschalten. Dennoch ermuntern Expert*innen oft dazu, lieber die Natur aufzusuchen, die vor der Nase liegt, als gar keine. Die Architektur- und Umweltpsychologin Antje Flade sagte mir einmal in einem Interview:»Es ist verblüffend, wie wenig Grün nötig ist, um Effekte auszulösen.« Flade bezog sich dabei zum Beispiel auf Studien, die zeigten, dass eine einzige Grünpflanze in einem Krankenzimmer die Genesung von Patient*innen beschleunigen kann. Und eine niederländische Studie konnte belegen, dass es für die Gesundheit von Menschen einen großen Unterschied macht, ob sie in der Nähe von städtischem Grün leben oder weit entfernt.

Nun hast du, Verena, im Wald und am Flusslauf aber nicht nur ein Gefühl von Entspannung und Erholung erlebt, sondern auch tiefer gehende Empfindungen wie die Idee, gehalten und mit einem größeren Ganzen verbunden zu sein. Naturerlebnisse können ein Gefühl von Transzendenz auslösen – auch dazu gibt es Studien. Die Forscherin Kathryn Williams von der Universität Melbourne befragte beispielsweise Versuchsteilnehmer*innen, welche Erfahrungen sie bei Aufenthalten im Wald machten, und sehr viele antworteten ihr, dass sie sich in der Natur geschützt und aufgehoben fühlten und den Eindruck hatten, es gebe eine Art Einheit zwischen ihnen und der Natur. Diese Gefühle der Verbundenheit bringen Menschen auch näher zu sich selbst. Dass dieses Erleben für dich etwas Tröstliches hat, verstehe ich. Doch auch ohne diese, nennen wir es »höhere Ebene«, haben Stunden in der Natur einen sehr starken und zum Teil paradoxen Effekt: Sie wirken gleichzeitig anregend und entspannend. Das macht ihren Reiz aus. In diesem Sinne hoffe ich, dass du weiterhin immer genug Vitamin N (wie Natur) tanken kannst!

Beste Grüße
Anne

Naturerlebnisse für Ihren Alltag

In diesem Kapitel halte ich Ratschläge kurz. Denn ganz sicher wissen Sie selbst am besten, wo und wie Sie sich in der Natur am einfachsten erholen können. Es gibt Fans von Küstenlandschaften, Freunde des Bergwanderns und Flaneurinnen, die durch die Großstädte, durch Parks und über Friedhöfe laufen. Dazu gibt es Millionen Menschen, die leidenschaftlich gärtnern und auf diese Weise die Verbindung zum Grün regelmäßig pflegen. Falls Sie also bereits einen Lieblingszugang zur Natur gefunden haben, ist dieser Text eher eine Erinnerung, mehr davon ins eigene Leben zu holen. Falls Sie sich nicht im eigenen Garten entspannen können, ist der regelmäßige Bezug zur Natur etwas schwieriger zu halten. Das Meer ist weit weg, die wirklich tolle Landschaft eine Autostunde entfernt. Deshalb könnte es hilfreich und empfehlenswert sein, die greifbare Natur vor der Haustür etwas mehr wertzuschätzen, auch wenn sie unspektakulär erscheint. Wichtig ist dann, dass Sie sich wirklich auf das, was an Natureffekten da ist, konzentrieren und dass sie diese Eindrücke aufsaugen und genießen. Stadtmenschen unter den Leser*innen: Es lohnt sich, das zu lernen. Landmenschen unter den Leser*innen: für Sie ist das wahrscheinlich absurd. Sie wissen möglicherweise besser als die Naturpsychologen, was man draußen vor der Haustür alles an Nahrung für die Seele finden kann. Und Sie wissen auch eher als die Städter*innen, wo die Grenzen der Erholung durch Grün liegen.

Übung: Fünf Kilometer

Der Philosoph Friedrich Nietzsche soll mal gesagt haben: »Ich würde nur einem Gedanken vertrauen, der mindestens zehn Kilometer gewandert ist.« Ich verstehe seine Worte so: Wer spaziert, der hilft sich selbst beim Denken, Abschalten und orientiert sich neu. Nehmen wir Nietzsche einmal beim Wort: Packen Sie sich jetzt sofort einen kleinen Rucksack mit einer Flasche Wasser, ein paar Münzen, Taschentüchern etc. und stellen Sie den Rucksack an eine gut sichtbare Stelle in Ihrer Wohnung. Wenn Sie in den nächsten Tagen irgendwann einmal das Gefühl haben, dass Sie in deprimierte Gedanken abtauchen, sich Sorgen machen oder von irgendeinem Problem, das sich scheinbar nicht lösen lässt, nicht loskommen, dann schnappen Sie sich sofort den Rucksack, und machen Sie einen längeren Spaziergang in der Natur bzw. durch das Grün vor Ihrer Haustür. Testen Sie die Wirkung: Was ist anders, wenn Sie wieder zurückkommen? Haben sich die Sicht auf Ihr Problem oder die düsteren Gedanken verändert? Falls ja, spazieren Sie demnächst wieder durch die Natur. Wichtig: Der gepackte Rucksack in der Wohnung ist vor allem eine Erinnerungshilfe. Ähnlich wie Laufschuhe, die man sich zentral hinstellt, die Wahrscheinlichkeit erhöhen, dass man eine geplante Joggingroutine auch wirklich einhält, hilft der kleine Wanderrucksack, sofort loszugehen, wenn einem danach ist.

Reflexionsfragen

» Welche Landschaft mögen Sie besonders gern? Was haben Sie dort schon erlebt, welche Empfindungen und Eindrücke haben Sie dort gehabt?
» Wie pflegen Sie eine Verbindung zur Natur? Ist Ihnen das genug oder hätten Sie gern mehr von diesen Erfahrungen?
» Wo können Sie ohne viel Aufwand Erlebnisse in der Natur haben? Gibt es eine Art Natur-Notlösung, die nicht so toll ist wie Ihre Lieblingslandschaft, aber dennoch einen Effekt hat?

Welche Alternativen gibt es?

» **Garten, wo es geht.** Immer mehr urbane Gärten entstehen in den Ballungsgebieten. Dabei ist nicht nur die Samen-Bombe auf der Grünfläche oder das Bepflanzen von Dächern und Balkonen denkbar, es gibt auch immer mehr Gemeinschaftsgartenprojekte im öffentlichen und urbanen Raum. Ein Überblick über einige dieser Projekte finden Sie etwa auf der folgenden Webseite: https://urbane-gaerten.de/urbane-gaerten/gaerten-im-ueberblick.

» **Flora und Fauna beobachten.** Für Kinder gibt es spielerische Naturkundebücher, in denen sie Tiere und Pflanzen, die sie gesehen hatten, abhaken und dafür Punkte bekönnen können. Der Gedanke dahinter ist natürlich, dass sie etwas über die heimische Natur lernen und genauer hinschauen. Auch für Erwachsene gilt: Wenn man mit Fernglas oder Bestimmungsbuch loszieht wie ein Forscher, entdeckt man auch gleich viel mehr. Probieren Sie es doch mal mit Birdwatching, Blättersammeln oder einem Ausflug mit der Becherlupe (okay, das passt eher, wenn man Kinder hat...). Auch das stärkt die Verbindung zur Natur. Hinweise zu Entdeckertouren in der Natur oder zu Aktionen wie das Vogelzählen einmal im Jahr im Mai findet man etwa auf der Internetseite des Naturschutzbund Deutschland e. V., www.nabu.de.

November

ODER:

MEINE UNSICHTBAREN FREUNDE

ANNES AUFGABE

—

Mein Vorschlag für diesen Monat: freiwilliger Verzicht! Nimm doch den zweiten Lockdown im November des ersten Corona-Jahres zum Anlass, um einmal zu testen, wie es ist, wenn du das Prinzip »Weniger ist mehr« auf etwas anderes anwendest als nur das Ausmisten des eigenen Kleiderschranks. Die Aufgabe ist, deine Kontakte und Begegnungen auf ein Maß zu beschränken, das nicht nur gut ist für Gesundheit und Gesellschaft, sondern auch für dich und deine Seele.

Benenne für dich im Vorfeld wesentliche Kontakte, also Menschen, mit denen du im November in Verbindung bleiben willst oder mit denen du den Austausch eher intensivieren willst. Bei den anderen meldest du dich ab. Dazu gehört auch eine Social-Media-Diät. Mails brauchst du beruflich, die kannst du checken, aber auf Facebook und Instagram könntest du verzichten.

Spüre nach, wie es dir bekommt, auf diese Ablenkungen zu verzichten und mehr im analogen Alltag anzukommen, im viel beschworenen Hier und Jetzt.

Liebe Anne,

verstehe: ein Rezept für die sprichwörtliche Limonade, die man aus den Zitronen macht, die einem das Leben hinwirft. In diesem Fall ist die Zitrone der Lockdown, in dem wir uns momentan pandemiebedingt sowieso befinden. Zwangslagen sind nie angenehm, klar. Egal, ob es ein bedrohliches Virus ist oder ob uns tatsächlich eine Krankheit ereilt und einschränkt, unsere erste Reaktion ist oft Auflehnung. Mein rebellisches Kind-Ich plärrt auch sofort los: Was, ich? Einschränken? Von euch lass ich mir doch nichts sagen, ich weiß selbst am besten, was gut für mich ist! Obwohl mein vernünftiges Erwachsenen-Ich die Maßnahmen gut und richtig findet. Ein interessanter Gedanke, davon ausgehend: Was, wenn ich nicht nur bereit bin, die unangenehme Situation einfach hinzunehmen, statt mich dagegen aufzulehnen – Krisen-Coaches sprechen gern von »radikaler Akzeptanz« –, sondern einen Dreh finde, wie ich sie mir zu eigen machen und positiv ummünzen kann? Ich könnte mir sogar einbilden, dass es meine eigene Idee war: »Was, echt, es gibt staatliche Kontaktbeschränkungen? Das hab ich gar nicht mitbekommen, ich wollte sowieso gerade ein bisschen kürzer treten.« Wie in der Fabel vom Fuchs, dem die Trauben zu hoch hängen und der sich tröstlich in die Tasche lügt: Pah, das Obst dort oben ist mir sowieso zu sauer. Auf jeden Fall hilft es gegen das Gefühl von Kontrollverlust, wenn man sich als weniger passiv erlebt.

Rudeltier auf Kontaktdiät

Jetzt also, inspiriert von Covid-19, vier Wochen Kontaktdiät. Aber zu erweiterten Bedingungen. Nicht nur die Beschränkung auf wenige Besuche und sparsam ausgesuchte Einzelgäste, wie es die Politik will, sondern ich setze noch einen drauf und streiche nicht nur die Bildschirm-Meetings mit Freundinnen inklusive Home-Drinking, die sonst im Lockdown Kneipenabende ersetzen, sondern mache auch noch meinen Social-Media-Kanal vorübergehend dicht. Obwohl Facebook und Co. mir die Büro-Teeküche ersetzen und den Kollegenschnack, den ich nicht mehr habe, seitdem ich mich vor vielen Jahren selbstständig gemacht habe und allein vor meinem Bildschirm sitze. Ich habe meine Abstinenz vorher angekündigt und war überrascht, wie überschwänglich die Reaktionen waren: »Oh, genieß es, das tut so gut!« Ein warmes Gefühl, das mich erleichtert: Freunde und Bekannte lassen mich ziehen und geben mir die Gewissheit, dass ich jederzeit wieder bei ihnen willkommen bin und sie mir die Abkehr nicht übel nehmen.

Ein soziales Tier bin ich trotzdem. Jemand, der den Austausch braucht, beruflich wie privat und in allen Zwischenformen. Wie wird mir das bekommen? Denn üblicherweise hält mich ein lose geknüpftes, dafür umso ausgedehnteres Netz von Freundschaften und Bekanntschaften zusammen. Und: Was wird es mit der Beziehung zu meinem Mann und meinen Kindern machen, wenn wir uns nicht nur hauptsächlich im Halbschlaf morgens beim Frühstück begegnen? Auch sie trifft ja der softe Hausarrest per Verordnung, das bringt uns schon räumlich und zeitlich mehr Nähe ein als sonst.

Als ich mein Facebook-Fenster schließe (ich kann mir förmlich vorstellen, wie ich einen schweren Fensterladen zuklappe und mit einem quietschenden Metallriegel sichere), denke ich darüber nach, wie selten solche kontaktarmen Zeiten in meinem Leben geworden sind. Weil ich, wie die meisten Menschen, meine eigene Kontaktbörse in Form eines Smartphones ständig mit mir herumschleppe. Ganz anders war es, als ich jünger war. Ich erinnere mich gut: Mit 19, als ich zum Studium von zu Hause auszog, verbrachte ich die ersten paar Tage in einer fremden Stadt in einem möblierten Zimmer mit Kühlschrank, aber noch ohne Telefonanschluss. Gespräche? Aufs Nötigste beschränkt und am besten erst nach 22 Uhr, zum Mondscheintarif. Von der Telefonzelle aus rief ich immer mal meine Familie und meinen Freund an, solange die 50-Pfennig-Münzen reichten. Und ich verwickelte die Verkäuferin in der Bäckerei an der Ecke in immer längere Small Talks (»Die Brezeln sehen aber ganz besonders gut aus heute!«). Vermutlich hielt sie mich irgendwann für etwas kontaktgestört.

Selten habe ich jemanden so sehnlich erwartet wie den Techniker der Bundespost, die damals noch per Hand neue Telefonanschlüsse verlegten. Ich war kurz davor, mir vor lauter Verzweiflung ein paar unsichtbare Freunde anzulachen – ein Hobby, das normalerweise keine Erstsemesterstudentinnen betreiben, sondern eher Kinder zwischen drei und sieben.

Die Balance zwischen Nähe und Alleinsein

Solche Erfahrungen sind so gut wie ausgestorben, und auch wenn ich diese Herbsttage von vor drei Jahrzehnten nicht zurückhaben will, denke ich in diesem Moment: schade. Vielleicht tut uns diese Abwechslung zwischen Zeiten des Kontakts und Zeiten des Rückzugs ganz gut. Genau wie unser Steinzeitkörper eigentlich darauf eingerichtet ist, in Zeiten des Überflusses Energie für Zeiten des Mangels zu speichern. Und vielleicht sind Smartphones, Facebook und Co. das geistige Äquivalent zu 24-Stunden-Essenslieferdienst und Innenstädten voller Imbissbuden: Man hat gar nicht die Chance, wieder richtig hungrig zu werden und dann bewusst jeden Bissen zu genießen. So, wie ich es bei meinem Juli-Experiment zum intuitiven Essen erfahren habe. Oder wie ich es auch einmal beim Heilfasten erlebt habe, als der erste Apfel nach fünf Tagen schmeckte wie eine kulinarische Offenbarung.

Auch mein Sozialleben, ich gebe es zu, hat bei aller Lust am Austausch manchmal diesen Fast-Food-Charakter: Ich treffe sehr viele Leute, beruflich wie privat, führe manchmal fast den halben Tag lang Gespräche, und oft weiß ich schon kurze Zeit später nicht mehr so richtig, wer mir was erzählt hat. Systemoverload. In Facebook-Threads kann ich das heimlich noch mal nachlesen, im wirklichen Leben wird es schwieriger. Das führt auch zu peinlichen Situationen, wenn ich Leute auf der Straße nicht wiedererkenne, mit denen ich erst zwei Tage vorher auf einer Party geplaudert habe. Oder jemandem exakt dieselben Fragen noch mal stelle wie beim letzten Mal. Das wird mir in diesem Monat nicht passieren!

Leichter als gedacht: Der Verzicht ist ein Gewinn

Die größte Überraschung nach der ersten Woche: Es fällt mir leichter, als ich dachte. Viel leichter sogar. Als wäre ein innerer Zwang von mir abgefallen, mich beweisen zu müssen, mir meine Liebenswürdigkeit von außen bestätigen zu lassen. Offenbar musste ich mir aktiv die Erlaubnis zu ein wenig Eigenbrödelei erteilen, um Abende ganz für mich genießen zu können.

Ein einziges Mal habe ich mich bisher mit einem Bekannten außerhalb meines Hausstandes getroffen, und auf meinem Sofa haben wir uns über Theater unterhalten und Reisen. Also all die gemeinsamen Sehnsüchte in dieser eingeschränkten Phase. Ich habe mich nicht nur vorher viel mehr auf den Abend gefreut als üblich, er blieb mir auch länger präsent. Weil unser Gespräch Zeit hatte nachzuhallen. In der zweiten Woche ein ähnliches Erlebnis: ein Spaziergang mit einer Freundin an der Elbe, und auch heute, drei Wochen später, weiß ich genau, worüber wir gesprochen haben. Dass ich genauer hingeschaut habe: Sieht sie müde aus, hat sie einen neuen Mantel an, wie bewegt sie sich? Sonst habe ich manchmal so einen Fast-forward-Blick auf die Welt und auf Menschen, dass mir sogar entgeht, wenn sie eine neue Brille haben oder eine andere Frisur (es sei denn, sie färben ihre Haare blau).

Es ist nicht so, dass aus dem Kontaktfasten automatisch besonders tiefe Gespräche entstehen würden. Meine Freundin und ich haben keine Antworten auf die letzten Fragen des Daseins gesucht, sondern uns über unsere Töchter unterhalten, eine Lehrerin, Silvesterpläne. Aber trotzdem hatte ich das Gefühl, dass meine Antennen besser ausgerichtet waren, dass ich besser zuhören konnte. Als würden Gespräche sonst manchmal von diesem Grundrauschen in meinem Kopf überlagert, als würde mein innerer Speicher sonst oft vor Überlastung löschen, was eigentlich wichtig ist.

Und tagsüber, beim Arbeiten am Bildschirm, während ich mir den Gang in meine virtuelle Teeküche verweigere? Eigentlich bilde ich mir ein, dass ich Social-Media-Kanäle ganz vernünftig und erwachsen nutze: Statt beifallheischender Kuchenfotos oder gefilterter Selfies teile ich eher Links zu Artikeln oder klinke mich in Diskussionen ein. Mal Recherche, mal gehobener Blödsinn, halb Arbeit und halb Privatvergnügen, so wie ja auch in der echten Büro-Teeküche manchmal die besten Ideen entstehen. Aber vielleicht trügt mich mein Selbstbild auch: Jedenfalls stelle ich fest, dass auch meine Tage offensichtlich mehr von diesem fiesen kleinen Zeitfresser angenagt werden, als ich mir eingestehe. Und dass ich vorübergehend bestens ohne klarkomme. So, ganz ohne Social Media, könnte ich wahrscheinlich sogar die von dir empfohlenen Fünf-Minuten-Pausen beim Arbeiten einhalten. Wenn's denn sein muss.

Auf jeden Fall tut es dem konzentrierten Schreiben gut, wenn ich mich nicht in diese Reiz-Reaktions-Falle hineinzerren lasse: Nur noch einmal kurz gucken, was die schlaue Kollegin zur Diskussion um Schulschließungen geschrieben hat oder wer meine Antwort gut fand oder ... das lasse ich mal schön bleiben.

Nur mal gucken, nicht mitspielen – geht das?

In der dritten Woche meines Selbstversuches stelle ich fest: Ich kann sogar die inneren Fensterläden ein klein wenig lockern. Vorsichtig wage ich einen Blick auf meine Facebook-Startseite, weil es mich wirklich interessiert, wie meine Social-Media-Blase auf aktuelle politische Entwicklungen reagiert, und fühle mich wie ein Schokoladenjunkie, der zaghaft probiert, ob das geht: mal nur ein Stückchen knabbern, nicht die ganze Tafel. In meinem Fall also: nur ein bisschen mitlesen, still und leise.

Es geht verblüffend gut, ich schließe das Bildschirmfenster wieder, ohne mich einzumischen, zu kommentieren, zu liken, zu diskutieren. Zu meiner Verblüffung fühle ich mich nicht gefesselt, sondern befreit: Aha, ich kann also wie bei einer Party einfach mal an den Grüppchen vorbeischlendern und mitlesen, ohne mich gleich ins Getümmel stürzen zu müssen! War es nicht Odysseus, der sich an den Mast binden ließ, um den Sirenengesängen zwar lauschen zu können, aber ihnen nicht gleich mit Haut und Haaren zu verfallen? Auf diese Weise fühle ich mich genügend informiert über die Gedanken meiner Filterbubble, aber lasse sie bewusst nicht in meinen inneren Speicher einsickern. Denn darin ist jetzt wieder mehr Platz für meine Beziehung zu meinen Kindern und zu meinem Mann.

Eine japanische Comicsaga? Warum nicht!

Grundsätzlich sind wir alle vier ganz gut darin, unsere unterschiedlichen Bedürfnisse nach Nähe und Distanz auszuhandeln – auch jetzt, da wir mehr Zeit am Stück unter einem Dach verbringen als jemals in unserem gemeinsamen Leben zuvor. Beide Eltern im Homeoffice, die Kinder nachmittags fast immer zu Hause, weil auch Hobbys brachliegen und Verabredungen auf ein Mindestmaß reduziert sind. Ich schlage zaghaft Spieleabende vor und bekomme ein Augenrollen als Antwort. Aber am nächsten Nachmittag fragt mein Sohn, ob ich mit ihm zum Sportplatz im Park gehe, während er mir auf dem Weg eine japanische Comicsaga in drei Generationen erzählt. Kann ich mir zwar nicht merken, nicht mal die Namen, aber darauf kommt es nicht an: Das Wesentliche ist, dass er mich an seiner Welt teilhaben lässt und ich ihn an meiner.

Mit meinem Mann verabrede ich seit längerer Zeit mal wieder regelrechte Dates. Das verbinden wir sonst meistens mit Ausgehen, aber wenn die Lieblingsweinbar auf unabsehbare Zeit geschlossen hat, tut es auch die Hausbar und das Sofa, um sich mal wieder ungestört zu unterhalten. Auch hier wieder: keine bahnbrechenden, keine lebensverändernden Konversationen wie im Hollywoodfilm (»Was sind deine verborgenen Träume, deine geheimen Sehnsüchte?« »Oh, Schatz, ich dachte, du fragst nie!«), sondern eher eine leise Schärfung der Aufmerksamkeit: Wer bist du eigentlich, vertrauter Mensch an meiner Seite, was beschäftigt dich gerade, wie geht es dir, worauf freust du dich? Und gehe ich recht in der Annahme, dass du gar nicht sonderlich unter der Kontaktsperre leidest – einfach, weil du ein anderer Typ bist als ich?

Das Kind in mir muss Höhlen finden!

Das nämlich lese ich am Ende dieses Monats in einem Interview mit einer Psychiaterin in einem großen Nachrichtenportal. Während die Pandemiekrise Menschen mit Depressionen und Angststörungen sehr zusetzt, gibt es auch introvertierte Typen, die kommunikative Druckbetankung generell schlecht aushalten und sich sogar wohler fühlen, wenn sie niemand zwingt, ihre Höhle zu verlassen. Mein Mann ist eher von der ruhigen Sorte, das lässt ihn gut durch die kontaktarmen Wochen kommen und sicher auch durch andere Krisen, in denen ähnliches Verhalten gefragt ist. Dasselbe gilt für unsere Tochter: Die wird ganz hibbelig in großen Menschengruppen und braucht immer wieder ihren Rückzugsort. Den macht ihr jetzt keiner madig.

Dazu kommt, dass sie ohnehin gerade in so einer Art Pubertätskokon steckt, wie die kleine Raupe, die noch nicht genau weiß, welche Art von Schmetterling sie werden will. Früher habe ich sie häufig genötigt, doch mal mehr rauszugehen, sich zu verabreden, Dinge zu unternehmen – jetzt ist ihr Dauerchillprogramm plötzlich auch politisch »übelst angesagt«. Und sie mein großes Vorbild.

Denn gleichzeitig wird mir am Ende meiner Fastenphase auch zum ersten Mal klar: Ganz so unterschiedlich, wie ich immer dachte, sind sie und ich gar nicht. Ich habe diese Seite in mir nur fast völlig vergessen in diesen Jahrzehnten seit meiner eigenen Teenagerzeit, in denen rund um mich herum immer neue

Kommunikationskanäle gegraben wurden. Mobilfunk, E-Mails, Chats, Smartphones, Social Media. Als ich in ihrem Alter war, habe ich ebenfalls viele Nachmittage lümmelnd auf meinem Bett verbracht, nur ohne technisches Endgerät in der Hand, sondern eher lesend, schreibend, Musik hörend.

Ich finde, ich sollte diesem Teenager in mir wieder etwas mehr Raum geben, auch nach Ende dieses Selbstversuches und ebenfalls nach dem Ende der Coronabeschränkungen. Mich weniger treiben und fremdbestimmen lassen, sondern eher mit hoheitlicher Geste selbst auswählen: Das will ich, das will ich nicht, und darauf verzichte ich, weil ich lieber ganz allein einen Tag lang durch einen niedersächsischen Wald spazieren will. Oder mit meinem Mann auf dem Balkon sitzen statt mit fünf Freundinnen in einer Bar.

Deshalb freue ich mich auch ganz egoistisch auf den Dezember, obwohl schon abzusehen ist, dass sich an den Kontaktbeschränkungen nichts ändert. Ich werde Tee trinken und an einem Romanentwurf weiterschreiben. Außerdem: mal wieder mit meinem Mann kochen und mal wieder abends bei meinen Kindern am Bett sitzen, weil im Halbdunkel so viele Worte leichter fallen und auch das Schwierige leichter wird. Ganz ausnahmsweise wird es wirklich eine stille Zeit, für uns alle. Sicher werde ich die Kontakte auch wieder hochfahren, aber ich muss nicht so schnell wieder bis zum Anschlag gehen. Alles hat seine Zeit. Jetzt ist eine andere.

Liebe Grüße
Verena

Hallo liebe Verena,

ich freue mich, dass du in diesem Monat die Lage der Nation genutzt hast, um dich nicht nur mit weniger Leuten zu treffen als bisher, sondern auch noch auf die digitalen Fenster zur Welt verzichtet hast. Denn eins ist klar: Die Sehnsucht danach, weniger als bisher durch digitale Endgeräte oder Summ- und Pieptöne von Nachrichten gestört zu werden, ist im Grunde riesig. Bei uns beiden, aber auch bei sehr vielen anderen Menschen. Oder, einmal umgekehrt formuliert: Verschiedene Studien zum Erleben der Pandemie, etwa von der Fachhochschule Dortmund oder vom Marktforschungsinstitut rheingold in Köln, haben gezeigt, dass sehr viele Befragte den ersten Lockdown im März 2020 als etwas erlebt haben, was sie einerseits belastet hat, ihnen andererseits aber auch mehr Freiheit und Entschleunigung ermöglicht hat, sie also mehr Raum für sich hatten.

Dass diese Art der Entlastung nur aufkommt, wenn Menschen keine nennenswerten wirtschaftlichen oder gesundheitlichen Sorgen in der Pandemie erleben mussten, sollte man natürlich mitbedenken, bevor man den Lockdown als neue Art der Entspannung verklärt. Dennoch: Auch wenn es kein Dauerzustand sein darf, hast du die kontakt- und reizarme Zeit für dich genutzt und erlebt, wie es ist, sich mehr Zeit für das zu nehmen, was im Alltag passiert, und dich aus dem Trubel der sozialen Medien ausgeklinkt. Ich wundere mich nicht, dass du die Zeit ohne den ständigen Griff zu digitalen Geräten als eine Erleichterung wahrgenommen hast. Denn normalerweise, so einige Zahlen von der Zeit vor dem Lockdown, greifen wir pro Tag 88 Mal zum Handy, schauen alle 18 Minuten, ob etwas Neues passiert ist oder jemand einen Betrag gelikt hat. Das tut nicht gut. Der Psychologe Adrian Ward von der University of Texas hat belegen können, dass Menschen, die ihr Mobiltelefon auf dem Schreibtisch liegen haben, sich weniger gut konzentrieren können und in kognitiven Tests schlechter abschneiden als eine Vergleichsgruppe. Die Aufmerksamkeit zerstreut sich und fließt in die digitalen Welten. Und der amerikanische Wissenschaftsautor und Psychologe Daniel Levitin zitiert häufig Studien, die zeigen, dass Multitasking uns unter Stress setzt, uns fahrig macht und die Entscheidungsfähigkeit herabsetzt.

Erschöpfung und eine chronisch herabgesetzte Aufmerksamkeitsspanne sind also die Folge von exzessivem Konsum von Social Media und überhaupt von digitalen Geräten. Blättert man durch einen Stapel Studien zu den Folgen von ständigem Handykonsum, fragt man sich natürlich schon, warum wir dennoch so an den Geräten kleben. Doch natürlich ist ständige Verbindung mit dem digitalen Kosmos keine rationale Wahl, das beschreibst du ja auch, Verena: Soziale Medien sind eine bittersüße Art der Ablenkung und eine Methode, mit der wir sehr schnell positive Rückmeldungen bekommen. Wie die Macher von sozialen Medien mit dem Prinzip der intermittierenden Verstärkung arbeiten und uns mit kleinen, aber keinesfalls garantierten positiven Kicks wie beim Glücksspiel bei der Sache halten, ist mittlerweile hinlänglich bekannt.

Du beschreibst sehr treffend, wie befremdet man sich nach einer längeren Medienabstinenz wieder auf Facebook oder Instagram umsieht und sich seltsam immun fühlt – schließlich ist man noch nicht wieder in den Kreislauf aus Posten und Bestätigtwerden eingetaucht, das Suchtpotenzial hat sich noch nicht wieder entfaltet. Auch wenn man nach ein paar Wochen wieder im Netz der Nachrichten und Likes hängt – die zeitweise Distanz zu den Medien tut gut und verändert das Verhältnis dazu. Ich freue mich übrigens nicht nur daran, dass es dir leichtfällt, dich von den Medien fernzuhalten, sondern finde es auch gut, wie aufmerksam du für die wenigen Kontakte wirst, die du hast – sie werden einfach intensiver. Und dass du erlebt hast, dass in dir auch eine Person steckt, die gern allein ist, sich zurückzieht, liest und an eigenen Geschichten bastelt, das ist für mich eine Extraerwähnung wert. Denn: Mehr Selbstmitgefühl und Selbstfürsorge geht eigentlich nicht, als sich klarzumachen, dass man gern mit sich selbst allein ist – ohne Ablenkung oder Bestätigung. Auch für den Dezember wünsche ich dir noch ein paar schöne Momente des selbst gewählten Alleinseins.

So long,
Anne

»Weniger ist mehr« für Ihren Alltag

Fragen Sie sich einmal, was Ihnen in Ihrem Alltag zu viel ist: Haben Sie zu viele Dinge, zu viele Verpflichtungen, zu viele Termine oder zu viel Medienzeit? Fangen Sie mit dem Reduzieren und Kürzertreten doch einfach da an, wo es Ihnen leicht und schlüssig erscheint. Und gucken Sie, was sich verändert, wenn Sie ausmisten, Termine absagen oder Freizeitgewohnheiten in Bezug auf Medien verändern. Falls Sie nicht so richtig wissen, wo Sie für sich anfangen sollen – oder falls Sie in der Pandemie-Phase schon genug Zeit mit Entrümpeln verbracht haben –, könnte es vielleicht empfehlenswert sein, wie Verena mit einem kleinen Versuch zum Digital Detox zu starten. Ob Sie eher auf die sozialen Medien wie Facebook, Instagram oder Whatsapp verzichten oder ob Sie normalerweise eher zu viel vor dem Fernseher oder dem Streamingangebot sitzen, wissen Sie selbst am besten. Bedenken Sie: Noch immer verbringen die Deutschen durchschnittlich vier Stunden täglich vor dem Fernseher. Wer hier Gewohnheiten verändert, bekommt auf einfache Weise eine ganze Menge freier Zeit. Sie können diese für Entspannung und Ruhe, aber auch für Anregung und Hobbys oder zum Treffen von Freunden nutzen.

Übung: Medienfreier Tag

Eltern unter den Leser*innen kennen das: Mit Kindern verabredet man gerne mal medienfreie Tage. Das ist sinnvoll. Und doch fällt es vielen Erwachsenen gar nicht so leicht, die Regeln, die sie ihrem Nachwuchs verordnen, selbst einmal auszuprobieren oder einzuhalten. Versuchen Sie es deshalb einmal mit einem Tag ohne Smartphone. Legen Sie das Telefon in eine Schublade, ausgeschaltet. Suchen Sie sich dazu einen Tag aus, an dem das grundsätzlich möglich ist, es darf natürlich kein trubeliger Tag im Job sein. Suchen Sie aber auch nicht nach Ausreden. Jeder kann Lücken in seinem Alltag finden, in denen er auf das Smartphone auch mal 24 Stunden verzichten kann.

Versuchen Sie, sich auf das zu konzentrieren, was sonst in Ihrer Umgebung stattfindet, oder arbeiten Sie an einem Projekt, für das Sie Konzentration gut brauchen können. Manchen Menschen fällt das übrigens so leicht, dass sie nach dem ersten Versuch regelmäßige Offline-Tage einführen. Anderen fällt es so schwer, dass sie ins Grübeln kommen. Falls Sie merken, dass Sie den Tag ohne Smartphone – oder ohne Streaming oder TV – gar nicht gut durchhalten können, machen Sie sich keine Vorwürfe. Registrieren Sie einfach, dass es Ihnen offenbar im Moment schwerfällt, auf die Geräte zu verzichten. Und überlegen Sie in einer ruhigen Minute einmal, warum das so sein könnte.

Reflexionsfragen

» Weniger ist mehr, das ist das Motto dieses Monats: In welchen Lebensbereichen würden Sie gern mehr vereinfachen und ausdünnen?
» Was ist für Ihr Leben wirklich wesentlich, was kann weg?
» Wann haben Sie das letzte Mal einen Abend ohne Medien verbracht? Wie war das?

Welche Alternativen gibt es?

» **Weniger Onlinezeit per App.** Auch wenn es paradox klingt: Es gibt mittlerweile einige Apps, die dabei helfen können, Offline-Zeiten leichter zu bewerkstelligen. Apps wie *Offtime* sind zu empfehlen. Auch die App *Forest* ist hilfreich – sie zeigt einen kleinen Baum, der wächst und immer größer wird, je länger man die medienfreie Zeit durchhält.

» **Weniger Sachen.** Ausmisten und mit weniger Sachen leben – das ist eine andere Alternative, um das Prinzip »Weniger ist mehr« ins eigene Leben zu holen. Wichtig dabei ist, nicht nur Sachen wegzugeben, sondern die wenigen Sachen, die man hat, auch bewusster zu würdigen und zu pflegen. Wer sich in dem Bereich versuchen will, dem hilft das Buch von Marie Kondo: *Magic Cleaning: Wie richtiges Aufräumen Ihr Leben verändert* (Rowohlt).

» **Weniger Aufgaben.** Die Frage, was wirklich wichtig ist und was wegkann, wurde bereits im Monat April behandelt, als es um achtsames Zeitmanagement ging. Wenn man sich im Alltag überlegt, welche Aufgaben, Termine und Verpflichtungen lästig oder unwichtig sind und welchen man Vorrang geben will, steht man allerdings häufig vor einem Problem: Die Dinge, die man loswerden möchte, müssen zum Teil dennoch getan werden. Überlegen Sie deshalb, was Sie leicht delegieren können. Ein Buch, das Ihnen dabei hilft, hier neue Wege zu finden, ist von der Trainerin Cordula Nussbaum und heißt: *Lass mal andere arbeiten. Wie Du Aufgaben gekonnt abgibst* (Gabal).

Dezember

GROSSZÜGIG UND DANKBAR SEIN
ODER:
WIE ICH DIR, SO ICH MIR

ANNES AUFGABE

In diesem Monat, zum Ende unserer Reise, geht es darum, großzügig zu handeln. Zum Beispiel Wohnungslosen Kleingeld in die Hand zu drücken oder kleinere Beträge zu spenden, auch wenn dir deine innere Stimme vielleicht sagt: »Ich hab nichts übrig.« Probiere in den nächsten Wochen außerdem, jemandem gezielt etwas Gutes zu tun, der es braucht. Auch dann, wenn du das Gefühl hast, dass es dir selbst nicht so gut geht oder du eher ein Abwehrgefühl hast, dir alles zu viel ist.

Vorsicht: Es geht hier nicht darum, sich für andere zu verausgaben, sondern darum, immer auch einen Schritt auf die Bedürfnisse von anderen zuzumachen und zu sehen, dass solche Gesten eine Verbindung schaffen und guttun.

Und es gibt noch eine weitere Übung für diesen Monat: Schreib jeden Abend drei Dinge auf, für die du dankbar bist. Wie geht es dir dabei? Verändert sich etwas?

Liebe Anne,

hast du eigentlich auch manchmal ein Engelchen und ein Teufelchen auf deinen Schultern sitzen, die sich streiten? Meine bewerfen einander ab und zu mit Schneebällen, manchmal chillen sie auch, gehen auf ein Bier oder einen Glühwein aus, aber als ich deine Anregungen für Dezember las, waren sie sofort auf Zinne. Alle beide.

Das Engelchen griff demonstrativ zur Gitarre, klampfte »Stille Nacht« und flüsterte mir zwischen zwei Strophen eindringlich ins Ohr: »Das nenne ich mal eine sinnvolle Idee! Schau, wie gut es dir geht und wie reich dein Leben ist, umgeben von Menschen, die dich gernhaben, mit einer Arbeit, die du liebst, in einer gemütlichen, gut geheizten Wohnung in einer Stadt, die du dir selbst ausgesucht hast. Du bist durch einen glücklichen Zufall in einem wohlhabenden Land mit funktionierenden sozialen Netzen geboren. Aber du weißt, selbst um dich herum gibt es nicht nur eine Menge schicke Villen und altes Geld, sondern auch einen beträchtlichen Prozentsatz an Kinderarmut, Obdachlosigkeit, Suchtkrankheiten, elenden Existenzen. Sicherlich sind auch in deiner Familie und unter deinen Freunden solche, die mehr brauchen als eine gelegentliche Whatsapp-Nachricht mit Gute-Laune-Emojis. Hast du nicht noch was abzugeben – an Geld, an Zeit, an Mitgefühl?«

Das Teufelchen tanzt Pogo und hört Punkrock

Der Satz ging noch weiter, aber das war nicht mehr zu verstehen. Denn währenddessen hatte das Teufelchen laut Punkrock aufgedreht, tanzte Pogo und schrie gleichzeitig das Engelchen an: »Ey,

Alter, weißt du eigentlich, was hier los ist? Wir sind in einer Millionenstadt, nicht in Klein-Kleckersdorf! Heißt: Schon auf dem Weg zum Supermarkt kommt die gute Frau in der Fußgängerzone an mindestens fünf Spendensammler*innen vorbei, die alle nach regelmäßigen Geldgeber*innen suchen, um das Artensterben zu bekämpfen, medizinische Unterversorgung im Globalen Süden zu beenden und den Klimawandel. Alles unterstützenswerte Anliegen. Auf dem Rückweg begegnet sie noch mal mindestens so vielen Obdachlosen, und doppelt so vielen, wenn sie U- und S-Bahn fährt. Das ist doch ein Fass ohne Boden! Reicht es nicht, dass sie jeden Monat Geld an eine Hilfsorganisation überweist?«

Das Engelchen wollte etwas erwidern, aber das Teufelchen war nicht mehr zu bremsen: »Außerdem ist sie seit bald 15 Jahren abwechselnd Kitagruppen- oder Klassensprecherin, mal bei ihrer Tochter, mal bei ihrem Sohn, wäscht für den Fußballverein die Trikots, steht morgens backend in der Küche, wenn ein Kuchen für alle Klassenkamerad*innen verlangt wird, und überlegt bei jedem Auftrag, den sie selbst nicht annehmen kann, an welche Kollegin sie ihn weiterreicht. Reicht's bald mal? Was soll sie denn noch tun, persönlich den Weltfrieden herbeiführen?«

»Aber, Teufelchen …«

»Quatsch keine Opern, Engelchen. Isso.«

Danach schwiegen wir alle drei ermattet. Das Engelchen, das Teufelchen und ich. Glücklich sah keiner von uns aus. Recht hatten irgendwie beide.

Großzügigkeit? Ein Minenfeld!

Ich glaube, das Thema Großzügigkeit ist nur an der Oberfläche harmlos, menschenfreundlich und adventszeitkompatibel. Darunter liegt vermintes Gelände, besonders für Frauen. In unserer Kindheit hat man uns vielfach noch gelehrt, hilfsbereit und freundlich zu sein, und unsere raue, vitale, durchsetzungsstarke Seite gestutzt wie einen Fliederbusch im November. Danach, schon so etwa ab den späten Achtzigern, war das Gegenteil gefragt: Böse Mädchen kommen nicht nur in jedes Bett, sondern überallhin! Weg mit dem lästigen Helfersyndrom! Endlich auch mal Nein sagen! Und schon gar nicht ausnutzen lassen – nicht vom Chef, nicht von den Kindern, nicht von den Kerlen! Nicht zufällig hieß einer der Megabestseller dieser Zeit *Wenn Frauen zu sehr lieben*. Gleichzeitig wuchs aber auch das Bewusstsein: Es gibt so etwas wie ein Gemeinschaftsglück, das aus Freigiebigkeit entsteht, zum Beispiel in Bezug auf berufliche Zusammenarbeit. Netze sind nur dann belastbar, wenn nicht nur jeder und jede versucht, den dicksten Hecht herauszuziehen, sondern wenn alle ihre Kräfte vereinen. Nicht nur nehmen, sondern auch geben. Sich nicht nur an die heranwanzen, die etwas zu verteilen haben, sondern auch die mit hochziehen, die Hilfe brauchen.

»What goes around comes around«, sagt man im Englischen. In ihrem lesenswerten Essayband *Die Kunst der Großzügigkeit* vergleicht die Autorin Susanne Kippenberger diese Haltung mit einem Muskel, den man trainieren kann: Übt man sich im Geben – emotional, zeitlich, materiell –, provoziert man damit eine gute Gegenreaktion. Und das tut der Seele genauso gut wie dem Körper der Wechsel zwischen An- und Entspannung beim Yoga oder Hanteltraining.

So gesehen ist die Frage nach Dankbarkeit und Großzügigkeit für mich vor allem eines: eine Gleichgewichtsübung. Schon ganz zu Beginn meiner Experimentreihe, bei meinen Meditationsübungen, habe ich grundsätzlich verstanden, wie das zusammenhängt: eine liebevolle Haltung sich selbst gegenüber, ein Gefühl für die eigenen Grenzen und gleichzeitig mehr Verständnis für die Bedürfnisse und Unzulänglichkeiten der anderen.

Jetzt also das nächste Level: Raus aus dem eigenen Kopf, rein in die Wirklichkeit und sehen, wie es sich anfühlt, wenn den Gedanken (noch mehr) Taten folgen. Susanne Kippenberger bezeichnet eine menschenfreundliche Haltung als Medizin, die auch bei eigenen Krisen hilft. Weil die Zuwendung anderen gegenüber auch das Grübelkarussell im eigenen Kopf anhält.

Wenn das soziale Gewissen anklopft

Erster Punkt: das Schenken. Ein guter Anfang, nicht nur zur Weihnachtszeit, wenn wir überarbeitete und unterbezahlte Paketbot*innen zu Überstunden zwingen. Die erste Gelegenheit ergibt sich prompt: Als mir am nächsten Morgen eine besonders schmächtige uniformierte Frau im Hausflur entgegenkommt, schwer bepackt, biete ich ihr an, die Sendungen für den Nachbarn entgegenzunehmen, und drücke ihr einen Zehneuroschein in die Hand. Für ihre Mühe, vor allem in diesen Zeiten.

Sie freut sich, klar. Mein gutes Gefühl ist dagegen flüchtig. Im Gegenteil, je länger ich nachdenke, desto eher schäme ich mich ein wenig. Weil ich gleichzeitig weiß: Als halbwegs gut bezahlte Mittelschichts-Akademikerin profitiere ich an vielen Stellen von einem Wirtschaftssystem, in dem sie kaum eine Chance zum Weiterkommen hat.

Immerhin ist mein Trinkgeld kein reines Almosen: Geben ist immer dann würdevoll, wenn Beschenkte und Schenkende zumindest in diesem Moment auf einer Ebene sind. Schließlich arbeitet sie hart für ihr Geld und hat eine zusätzliche Aufmerksamkeit in jeder Hinsicht verdient, so wie jeder Kellner oder jede

Taxifahrerin. In manchen Monaten kaufe ich auch fünf Mal das gleiche Obdachlosenmagazin und lege noch zwei, drei Euro extra drauf. Das fühlt sich gut an und nach Augenhöhe, nach einem fairen Tauschgeschäft. Lege ich einem Wohnungslosen dagegen ein, zwei Euro in seine Mütze, habe ich immer das Gefühl, mich freizukaufen. Als gäbe mir das Kleingeld die Lizenz zum Wegsehen. Das Machtgefälle ist für beide unangenehm. Das lässt sich nicht wegmeditieren, die innere Spannung bleibt.

Wie schaffe ich einen Wärmekreislauf?

Aber ich habe mir ja vorgenommen, Menschen im Blick zu behalten, die es schwerer haben. Nicht wegzusehen. Nach dem Aufruf eines lokalen Gastronomen versuche ich, im Freundeskreis gebrauchte Schlafsäcke, Winterjacken und feste Schuhe für Menschen ohne Wohnsitz aufzutreiben – leider erfolglos –, und ich spende Geld für eine Crowdfunding-Aktion zugunsten einer Mutter, zwei Kleinkinder und wieder schwanger, die plötzlich ihren Mann verloren hat. Wie furchtbar, vielleicht kann das zusätzliche Finanzpolster ihr wenigstens ein bisschen Trauerzeit und Ruhe erkaufen, wenn viele mithelfen.

Unzulänglich fühle ich mich aber noch immer. Genug ist es nie, und je aufmerksamer man wird, desto mehr Not entdeckt man. Aber ich schaffe mir selbst auch ein paar schöne Momente, die mir das Gefühl eines geschlossenen Wärmekreislaufes geben. Verschenke Kleinigkeiten, auch um mich an der Freude der Beschenkten zu erfreuen. Stelle einen Post in meine Facebook-Stadtteilgruppe und frage nach, ob jemand den alten Schlitten meiner Kinder haben möchte, das unbenutzte Hochstühlchen, das Puppenhaus. Ich könnte damit sicher noch ein paar Euro verdienen, aber ist es nicht viel schöner zu sehen, dass ich jemanden glücklich machen kann? Das Stühlchen holt eine ältere Dame ab, die Sachen für eine Familie von Geflüchteten sammelt; der Schlitten erfreut ein Nachbarskind; eine Erzieherin aus dem Viertel holt das Puppenhaus ab, das ich selbst als Kind zu Weihnachten bekommen habe und mit dem später auch meine Kinder gespielt haben. Wie schön zu wissen, dass etwas in gute Hände kommt, an dem man hängt, aber für das es keinen Platz mehr gibt – fast möchte ich behaupten, das kleine Haus selbst strahlt, als es endlich fort darf aus dem dunklen, kalten Keller.

Geschenkte Zeit und schöne Worte

Einmal in Geberlaune, geht es geradeso weiter. Meine Tochter, obwohl schon im Teenie-Alter, strahlt über ein Lebkuchenherz, das ich von einer Bude mitbringe; mein Sohn ist glücklich, dass ich ihm vor dem Schlafengehen ungefragt den Nacken massiere; mein Mann freut sich über ein Buch mit dem schönen Titel *Von Idioten umgeben*, in dem es darum geht, sich und seine Kollegen am Arbeitsplatz besser zu verstehen. Eigentlich fällt es mir beim Weihnachtseinkauf ins Auge, doch er bekommt es einfach so, an einem Dienstag. Um ihm zu zeigen: Ich höre dir zu, ich weiß, was dich gerade beschäftigt.

Dazu besorge ich zehn hübsche Weihnachtskarten – das habe ich seit Jahren nicht gemacht! –, die ich aber nicht an die üblichen Verdächtigen schreibe. Sondern an zehn Menschen, denen ich besonders dankbar bin für etwas, was sie in den letzten zwölf Monaten für mich getan haben. Mich einfach so ihre Ferienwohnung haben nutzen lassen, mich bei einem Projekt mit ins Boot geholt haben, als die Auftragslage mau war, mir mit Tipps und Kontakten weitergeholfen haben, oder nur mit einem Anruf: »Hey, lass uns heute Abend treffen, das kannst du gebrauchen.«

Anschwung fürs Karma-Karussell

Und denke dabei: Ja, ich habe viel Grund für Dankbarkeit – aber ich trage auch meinen Teil bei zum Karma-Karussell, jedenfalls gebe ich mir Mühe. Wie oft habe ich in meinem Leben Freunden, sogar Leuten, die ich kaum kannte, den Schlüssel für meine Wohnung in die Hand gedrückt und gesagt: »Ich bin nicht da, kommt und fühlt euch wie zu Hause, Hauptsache, ihr lasst nicht den Herd an und schließt hinterher wieder ab«? Wie oft habe ich Schulkameraden meiner Kinder Eis ausgegeben, wenn ich als einzige Mutter mit im Park war? Ich bin keine perfekte Freundin, keine perfekte Mutter, keine perfekte Ehefrau. Aber ich kann sagen, ich bin freigiebig und rechne nicht auf. Darüber bin ich froh und dankbar, schließlich kommt es nicht von ungefähr: Meine eigene Mutter ist einer der großzügigsten Menschen, die ich kenne, in jeder Hinsicht. Das prägt. Mittlerweile sogar meine Kinder. Jedes Jahr geben sie zu viel Taschengeld für Weihnachtsgeschenke aus. Vielleicht nicht die beste Vorbereitung für einen schlauen Umgang mit Geld, und reich gemacht hat es mich auch nicht – aber ich glaube, budgetieren kann man später im Leben leichter lernen als Großzügigkeit.

Ich finde, diese Grundhaltung führt dazu, dass man sich kraftvoll fühlt, aktiv, als Teil eines Wärmestroms. Mich irritieren erwachsene Menschen, die sich die Summe für jeden ausgelegten Kaffee zurückzahlen lassen. Die geizig sind mit Unterstützung, Gastfreundschaft oder Zeit. Solche Momente fühlen sich für mich an, als würde einem vor der Nase ein Fenster zugeschlagen. Und ich frage mich gleichzeitig: Wer leidet eigentlich am meisten darunter? Vielleicht sie selbst? Denn wer knauserig ist mit Unterstützung, Geld, Gefühlen, der ist es oft allen gegenüber. Das schließt die eigene Seele mit ein. Sich selbst nichts gönnen zu können, das stelle ich mir traurig vor. Es ist ein Geschenk, sich selbst diese Erlaubnis zu geben.

Dankbar für überraschende Begegnungen

Einmal in Schwung, fällt auch die nächste Dankbarkeitsübung leicht: das Tagebuch. Jeden Tag passiert Gutes, das nicht selbstverständlich ist. Wenn der Sohn sich schlapp fühlt, aber dann ist es nur eine gewöhnliche Erkältung, nicht das gefürchtete Virus. Wenn nach Tagen die graue Wolkendecke endlich aufreißt. Wenn die Freundin eine Kanne Tee und selbst gebackene Kekse mitbringt zum Spaziergang, wenn mein Mann mir nach einem stressigen Tag meine Lieblingsmusik anmacht. Im Grunde, so fällt es mir auf, nutze ich diese Anlässe für Dankbarkeit aber auch sonst schon, wenn ich mich mutlos fühle, gestresst, deprimiert. Nur, dass ich sie nicht ritualisiert jeden Abend notiere. Offenbar bin ich mir in dieser Hinsicht schon länger selbst eine gute Freundin.

Bemerkenswert sind auch einige Begegnungen mit Fremden. Zufallsmomente, die guttun, gerade weil man sie nicht erwartet. Etwa mit dem Verkäufer in der Herrenabteilung des Kaufhauses, in dem meine burschikose Tochter nach Hosenträgern und Fliege für ihr Weihnachts-Outfit sucht. Während ich noch versuche, ihr einen Rock schmackhaft zu machen oder ein eleganteres Top, lobt der Verkäufer ihren Eigensinn: »Trag, was du willst, das wichtigste ist, du bist du selbst!« Manchmal braucht es Fremde, um einen anderen, vielleicht sogar besonders liebevollen Blick auf das eigene Kind zu werfen. Wie mutig sie ist, sich so von der Menge abzuheben und zu zeigen: Ich bin anders und stolz darauf.

Und nun, liebe Anne? Nun bleibt mir nur noch, dir noch mal von Herzen Danke zu sagen. Nicht nur, weil es der Dankbarkeitsmonat ist, auch nicht, weil Weihnachten vor der Tür steht. Sondern weil du mich auf diese besondere Weise in den letzten zwölf Monaten begleitet hast, Übungen für mich vorbereitet, mein Tun kommentiert, mich an die Hand genommen hast auf dem Weg zu mir selbst. Ich hoffe nur, dass auch du im Stillen genügend Zeit gehabt hast, ein wenig mitzuspielen. Ich glaube, es ist bald Zeit für einen seelischen Kassensturz. Gerne wüsste ich, wie dein Fazit aussieht – und auch ich würde gern noch einmal resümieren, was ich für mich mitnehme. Treffen wir uns bald? Kaffee, Tee oder Wein gehen natürlich auf mich – das ist ja wohl das Mindeste.

Lieben Gruß
Verena

Hey liebe Verena,

in einem Buch des amerikanischen Psychologen Martin Seligman mit dem schönen Titel *Flourish – Wie Menschen aufblühen* habe ich eine Anekdote gelesen, die mich ziemlich beeindruckt hat. Seligman erzählt von der Mutter eines Freundes, die immer, wenn es dem Jungen oder jungen Mann schlecht ging oder er sich deprimiert fühlte, zu ihm sagte: »Du siehst angefressen aus. Warum gehst du nicht los und hilfst jemandem?« Die Idee, anderen Menschen zu helfen, ihnen etwas Gutes zu tun und sich damit selbst zu stabilisieren, ist später in Seligmans Konzept der Positiven Psychologie eingegangen. Auch in Studien konnte der Wissenschaftler belegen, wie kraftvoll es fürs Wohlbefinden und den gelungenen Umgang mit belastenden Situationen ist, wenn man immer wieder auch anderen hilft. Wenn wir anderen etwas geben, sind wir in dem Moment mit ihnen verbunden. Neuropsychologen haben herausgefunden, dass in Momenten des Gebens das Belohnungszentrum im Gehirn aktiviert ist, wir fühlen uns freudig, zuversichtlich und im weitesten Sinn als Teil einer sozialen Gemeinschaft.

Die Gewissheit, mit anderen in Resonanz zu sein, spielt also bei der Großzügigkeit eine große Rolle – ganz nach dem Motto: Kein Mensch ist eine Insel. Und das ist auch gut so. Wie zufrieden es macht zu geben, belegen auch Studien. Die Sozialpsychologin Elizabeth Dunn von der University of British Columbia hat in einem Experiment festgestellt, dass Versuchsteilnehmer*innen, die einen Geldbetrag geschenkt bekamen und damit innerhalb eines Tages Gutes für andere tun sollten, am Ende dieses Tages zufriedener und glücklicher waren als die Gruppe von Versuchsteilnehmer*innen, die den Betrag schlicht behalten durfte. Ich finde das sind recht eindeutige Ergebnisse. Dass du, Verena, in einem Schaukampf von Engel und Teufel dennoch noch einmal darauf hingewiesen hast, dass dem Helfen auch ein bedenklicher Aspekt anhaftet, finde ich wichtig. Besonders Frauen hat man in vergangenen Jahrhunderten immer wieder eingeredet, dass sie ihre Bestimmung in der Aufopferung für andere finden sollten. Diese Zeiten wollen und werden wir immer mehr hinter uns lassen! Dennoch kann es nur im Interesse aller sein, wenn sich Großzügigkeit, Freundlichkeit und Wohlwollen in der Welt verbreiten. Und damit das gelingt, hilft es auch, sich klarzumachen, dass es auch selbstfürsorglich ist, wenn wir anderen Gutes tun.

Ich muss sagen, liebe Verena, dass man die zufriedene Stimmung auch in deinem Brief von diesem Monat ein bisschen spürt. Ich glaube, auch weil du bewusst entdeckt hast, dass es manchmal genauso schön ist, Dinge zu verschenken oder wegzugeben wie Dinge zu bekommen.

In dem Zusammenhang möchte ich noch auf einen anderen Effekt des Gebens hinweisen: Es stärkt unser Gefühl, selbstwirksam zu sein. Wenn man selbst etwas tut, spendet, gibt, hilft, andere aufmuntert, spürt man, dass man nie ganz hilflos ist. Das Geben erinnert uns also daran, dass wir oft eine Wahl haben, Dinge zu verbessern und zu verändern. Werde ich jetzt zu salbungsvoll? Ich hoffe nicht. Denn so meine ich es nicht. Niemand muss helfen, wenn er oder sie nicht will. Und wer das Helfen gönnerhaft stilisiert, der hat auch etwas falsch verstanden. Für dich, liebe Verena, scheint die Aufgabe dieser Woche zu passen. Du bist eh großzügig – und diesen Monat eben mal noch freigiebiger als sonst.

Gruß mit Tannenzweig und Kerze drauf
Anne

Großzügigkeit für Ihren Alltag

Sie haben sicher schon beim Lesen gemerkt: Mit der Großzügigkeit ist es ein bisschen heikel. Nicht jeder Mensch ist gern großzügig, nicht jeder findet es toll zu helfen. Sehr viele Menschen, die in ihrer Kindheit und Jugend zu sehr dazu angehalten wurden, anderen, etwa bedürftigen Familienangehörigen, zu helfen, empfinden bei der Aufforderung Groll und Trotz. Auch wenn Sie gerade erst anfangen, sich mit dem Thema Selbstfürsorge zu beschäftigen, kann es für Sie paradox erscheinen, sich nun »schon wieder« um andere zu kümmern. Deshalb überlegen Sie in diesem Monat selbst einmal genau, ob es für Sie passt, eine Übung in Großzügigkeit auszuprobieren, oder ob Sie sich auf andere Weise mehr um sich selbst kümmern wollen.

Dennoch heißt Selbstfürsorge auf Dauer auch, sich nicht komplett von anderen abzuschotten, sondern auch die Verbundenheit und den Kontakt zu spüren, zu genießen und zu gestalten. Diese Resonanz zur Welt oder zu anderen könnten Sie aber auch pflegen, ohne sich für andere ins Zeug zu legen, etwa, indem Sie sich in Dankbarkeit üben. Sogenannte Dankbarkeitstagebücher sind leicht zu führen: Man schreibt jeden Abend drei Dinge auf, die einem am Tag gefallen haben, oder nennt Personen, mit denen man etwas Schönes erlebt hat oder die einem geholfen oder einen inspiriert haben. Wie sehr dieses tägliche Aufzählen der Dinge, für die man dankbar ist, stärkt, hat vor fast 20 Jahren der Psychologe Robert Emmons von der University of California in Studien festgestellt. Diese Tagebuch-Übung auszuprobieren kann sehr hilfreich sein, wenn Sie einen Schritt auf die Verbundenheit mit anderen Menschen zugehen wollen – ohne sich zu überfordern.

Übung: Überraschend nett

Geben muss nicht Spenden oder Schenken sein. Versuchen Sie in den nächsten Tagen, anderen im Alltag unerwartet mit freundlichen oder hilfreichen Gesten entgegenzukommen: Halten Sie jemandem die Tür auf, lassen Sie jemandem in der Einkaufsschlange den Vortritt, oder helfen Sie jemandem mit Kleingeld aus, tragen Sie einen Kinderwagen oder Einkaufstüte, oder fragen Sie jemanden, ob Sie helfen können. Probieren Sie an drei Tagen in der kommenden Woche jeweils drei solcher kleinen Freundlichkeiten aus. Sehen Sie es als ein Experiment für sich selbst, und schauen Sie unbedingt, wie Sie sich dabei fühlen. Gucken Sie also nicht nur darauf, »was rauskommt«, also ob andere sich gefreut haben oder dankbar waren, sondern auch auf das, was »reinkommt«, also was Sie spüren, wenn Sie diese kleinen Gesten für andere aufbringen. Wenn Sie merken, dass dieses Verhalten Sie stabilisiert und Ihre Stimmung hebt, fahren Sie damit ruhig weitere Wochen fort.

Reflexionsfragen

» Wofür sind Sie dankbar? In Ihrem Alltag, in Ihrem Leben?
» Was können Sie anderen geben, wo können und wollen Sie helfen? Wählen Sie eine Option, die für Sie leicht und wenig aufwendig ist.
» Wann haben Sie das letzte Mal gemerkt, dass Sie für jemand anderen hilfreich waren? Was hat das für Gefühle in Ihnen ausgelöst?

Welche Alternativen gibt es?

» **Verzeihen.** Sie haben sich mit einer Kollegin gestritten, fanden eine Bemerkung Ihres Partners blöd oder sind als Kunde von einem Produkt nur mäßig überzeugt? Wie wäre es, wenn Sie einmal versuchen, mit einer »Schwamm-drüber«-Haltung zu reagieren und die Sache einfach beiseitezulegen. Gehen Sie auf die anderen zu oder lassen Sie es auf sich beruhen. Auch das ist eine Form der Großzügigkeit.

» **Gönnen können.** Eine Freundin hat sich ein Haus gekauft, ein Kollege bekommt eine Auszeichnung, die neue Nachbarsfamilie ist voller Energie und scheint nie gestresst zu sein. Versuchen Sie doch mal, den anderen ihr momentanes Glück zu gönnen. Versuchen Sie auch, sich klarzumachen, dass andere Ihnen nichts wegnehmen, weil sie gerade etwas bekommen.

» **Mehr Einsatz.** Viele Menschen würden gerne mehr helfen, haben im Alltag aber wenig Zeit und schieben den Gedanken auf später. Oft hilft es, sich in einer stillen Stunde klarzumachen, dass man in diesem Leben wohl nicht mehr hauptberuflich Kämpfer in Sachen Klimaschutz oder Flüchtlingshilfe wird. Diese ehrliche Einsicht kann dabei helfen, sich verbindlichere Wege zu suchen, um zu helfen: eine regelmäßige Spende oder eine Mitgliedschaft in einem Verein, die gut mit dem Alltag vereinbar ist. Übrigens: das Deutsche Zentralinstitut für Soziale Fragen hält auf seiner Website eine Liste mit seriösen Spendenorganisationen bereit: www.dzi.de.

Ausblick

ICH BLEIB DANN MAL BEI MIR

Liebe Anne,

während ich dir diese Zeilen schreibe, kommt der Frühling. Jedenfalls behaupten das die komplementärfarbenen Krokusse, die draußen vor meinem Fenster ihre Köpfe aus der Erde strecken. Und obwohl hinter meinem Sofa in unserem Ferienhäuschen noch der Ofen bollert, sehe ich jeden Tag, dass es heller wird. März, drei Monate nach dem Ende unserer einjährigen gemeinsamen Reise, auf der du mir eine so kundige und sensible Reiseführerin gewesen bist. Was bleibt? Bin ich jetzt wirklich bei mir, ein für alle Mal? Und ist das schon der Zielort, von dem aus es nicht mehr weitergeht?

Du sagst, es interessiert dich, was sich bei mir verändert hat, nicht nur vorübergehend, sondern dauerhaft. Was ich mitgenommen habe in mein Leben. Das ist gar nicht so leicht zu beantworten. Vielleicht erinnerst du dich an den ersten Traum, über den ich im Mai-Kapitel gesprochen habe – das völlig untaugliche Mietfahrzeug, das ich unbedingt haben wollte, die ausgeschlagene Einladung einer Freundin, die mir eine Mitfahrgelegenheit angeboten hat und die, wie ich gelernt habe, auch ein Teil meines Ichs ist. Ich glaube, ich sitze jetzt im richtigen Wagen, und außerdem habe ich ihn auf eine Weise steuern gelernt, die gar nicht viel gedankliche Konzentration kostet. Jeder, der irgendwann einmal den Führerschein gemacht hat, weiß, wie unerreichbar es einem anfangs scheint, alles zusammenzubringen: lenken, schalten, kuppeln, auf den Verkehr achten, Rückspiegel oder Bordkamera checken, auf Warnlämpchen schauen. Aber irgendwann kann man am Steuer sitzen und ganz nebenbei auch noch über Impfstofftechnologie diskutieren, Gummibärchen essen oder entspannt ein Lied im Radio mitsingen. Am Anfang der Reise hatte ich ein wenig die Befürchtung: »Au weia, wenn jeden Monat etwas Neues dazukommt, dann soll ich also am Ende des Jahres regelmäßig morgens an meine Meditationsübung denken, danach achtsam arbeiten, zwischendrin selbstfürsorglich essen und nachts bewusst träumen – das ist ja zusätzlicher Mental Load!« Aber im Gegenteil: Ich kann mich leichter durch mein Leben bewegen und ganz nebenbei einbeziehen, was ich gelernt habe. Ob ich beim Arbeiten zwischendurch einmal aufstehe, eine Atempause mache und mich frage, was ich da gerade tue und ob es wesentlich für das ist, was ich erreichen will. Ob ich jemandem gute Wünsche schicke, der mich eigentlich ärgert, mich mit Dankbarkeit auffülle an Tagen, an denen alles schwer scheint, oder mich ganz simpel beim Einkaufen von den Farben in der Obstabteilung verführen lasse, statt immer nur die paar Äpfel zu kaufen, die auch meine Kinder essen.

Um bei der Auto-Metapher zu bleiben: Auch früher habe ich mich zielgerichtet durchs Leben bewegt, aber dabei erstens zu wenig darauf geachtet, was eigentlich rechts und links ist, und zweitens die blinkende Tankanzeige ignoriert. Vielleicht war sie auch kaputt. Jetzt sehe ich früher, wenn das Lämpchen rot leuchtet, und suche mir eine dieser zahlreichen Tankstellen, die ich vorher gar nicht als solche erkannt habe: meine imaginären mitfühlenden Freunde, einen Nachmittag im Museum (manchmal tut's auch ein Kunstbuch), einen Morgen allein im Wald, einen Film oder Roman aus meiner literarischen Hausapotheke oder zwei, drei Tage offline.

Es braucht nicht unbedingt ein Mehr, keine festgelegten Zeiten für Selbstfürsorge, keine täglichen Übungen (obwohl die sicher nicht schaden), sondern oft eher ein Weniger: loslassen, ausatmen, wie eine gütige Göttin über den eigenen Dingen schweben, auch: sich selbst und andere nicht so ernst nehmen. Weniger eine Sammlung von Methoden, sondern mehr eine innere Haltung von Freundlichkeit, die andere umfasst genauso wie mich selbst.

Das heißt nicht, dass ich nicht auch früher schon nah dran war an mir. Und nicht, dass ich mich nicht auch in Zukunft manchmal entfernen werde. Aber ich glaube, dass ich mir nicht mehr so schnell verloren gehen, mich nicht mehr so schnell verirren werde. Und dass ich eine neue Sicherheit gewonnen habe, mein Lebensfahrzeug zu steuern, die mir auch helfen kann, wenn's mal kälter, glatter, dunkler oder nebliger wird als im Moment. Denn solche Phasen sind unausweichlich, auch wenn sie so ungleich verteilt sind, sowohl auf die Lebensspanne als auch zwischen uns Menschen. Vielleicht hilft mir meine neu gefundene Ausgeglichenheit auch, andere besser zu stützen, die gerade in solch schwierigem Gelände unterwegs sind. Denn Selbstfürsorge, das ist vielleicht meine wichtigste Lektion, ist kein Zusatzangebot, kein Nice-to-have, kein Dekoschnörkel, nicht nur die Kirsche auf der Sahne. Sondern ein Wärmestrom, der auch andere einbezieht.

Für diese Erkenntnis danke ich dir – und hoffe sehr, dass auch unsere Leser*innen, mit ihren ganz anderen Belastungen und Glücksreserven, ihren anderen Leben und anderen Persönlichkeiten, einige Anregungen mitnehmen können für ihre eigene Reiseroute. Vielleicht schreiben sie uns ja auch mal?

Einen lieben Gruß schickt dir
Verena

Liebe Verena,

ach, ich war gespannt, was du wohl sagen würdest, wie du die Monate im Trainingslager für Selbstfürsorge im Nachhinein betrachtest und was dir von den vielen neuen Erfahrungen gerade noch geblieben ist. Wenn ich deinen Brief lese, dann springt mich gleich ein Satz an, den ich bemerkenswert finde. Du schreibst, es sei weniger eine Sammlung von Methoden als »eine innere Haltung von Freundlichkeit«, die sich verändert hat und auf die du nun mehr zurückgreifen kannst als vor deinem Selbstversuch. Ich finde nicht nur die Formulierung schön, ich glaube, dass genau das der Kern der Selbstfürsorge ist. Ich würde es etwas anders nennen – »immer wieder zu mir selbst zurückkehren«. Und ich würde auch sagen, dass es meistens keine riesigen Umwälzungen im Leben braucht, um selbstfürsorglicher zu sein, sondern dass die Veränderung einfach durch diese zugewandte und freundliche Haltung entsteht.

Die Frage ist, ob es tatsächlich stimmt, dass man es ohne regelmäßige Einheiten von Meditation oder tägliche Selbstfürsorge-Rituale schafft, sich daran zu erinnern, sich im Alltag immer mal wieder zu fragen: »Wie geht es mir eigentlich?« und »Was würde mir jetzt guttun?« Über dieses Thema haben zum Beispiel Achtsamkeitstrainer viel nachgedacht. Die meisten empfehlen durchaus, jeden Morgen so etwas wie fünf Minuten Meditation zu machen, einfach um sich einzustimmen und zu fokussieren. Ein Muss ist das allerdings nicht, solange man das Gefühl hat, es geht auch so. Für mich selbst kann ich sagen, dass ich seit unserem Projekt zwei Dinge für mich ritualisiert habe, die ich vorher schon gelegentlich verfolgt habe, aber eben nicht regelmäßig. Zum einen versuche ich, Gefühle wie Wut, Euphorie oder Traurigkeit zwar anzuerkennen und anzunehmen, sie aber auch nicht zu wichtig zu nehmen. Außerdem mache ich täglich einen Spaziergang von einer halben Stunde. Das hilft mir, mich einmal am Tag in all dem Trubel zu sammeln. Und dennoch: Das ist meine subjektive Sicht. Ich möchte dir, Verena, damit nicht sagen, dass man das unbedingt alles regelmäßig machen muss, wenn es einem nicht liegt.

Denn in der Rolle der Psychologin, die einzelne Schritte für deine Expedition ins Selbstfürsorgliche geplant und begleitet hat, geht mir im Rückblick noch eine ganz andere Beobachtung durch den Kopf, eine Art Fazit zu all den vielen Übungen für mehr Selbstfürsorge: Welche der zwölf Vorschläge und Ideen auf dich positiv wirken würden und welche nicht, konnte ich überhaupt nicht voraussehen, obwohl wir ja schon viele Jahre befreundet sind. Auch die Studienlage, die durchaus nahelegt, dass Meditation, Naturerlebnisse oder Großzügigkeit zuverlässig dazu beitragen, dass Menschen sich gelassener fühlen und mehr bei sich selbst ankommen, lassen sich nicht auf alle übertragen. Du hast dich nicht unbedingt so gefühlt und verhalten, wie es die Studien nahelegen. Und bei den Leser*innen wird es wohl ähnlich sein.

Du willst ein Beispiel? Hier kommt eins: Ich hätte etwa gedacht, dass du mit der Aufgabe, dich weniger zu ärgern, viel anfangen könntest – diese Idee, Wut und anderen überbordenden Gefühlen mit etwas mehr Gleichmut zu begegnen, sie also anzunehmen, aber nicht überzubewerten. »Du bist nicht deine Gefühle«, den Satz hielt ich zum Beispiel für einen Schlüssel für alle, die sich selbstfürsorglicher behandeln wollen. Doch diese Aufgabe hat dich nicht unbedingt umgehauen oder überzeugt, die Aha-Erlebnisse blieben aus. Andererseits hatte ich dem Traumtagebuch, der Aufgabe aus dem Monat Mai, nicht unbedingt viel zugetraut. Als ich dann aber über deine nächtlichen Fantasiewelten las und über die Erkenntnisse, die du daraus gezogen hast, hatte ich den Eindruck, dass dir diese tiefe Beschäftigung mit dir selbst Stärke und Vertrauen und noch viel mehr gegeben hat, und ich war richtig gerührt davon. Deshalb überrascht es mich auch nicht, dass du in deinem Fazit hier noch mal selbst auf den Traum vom Auto kommst, das irgendwie nicht richtig funktioniert. Aber ich gerate ins Psychologisieren. Wichtiger ist: Mehr als noch vor diesen zwölf Monaten und dem Selbstversuch gehe ich heute davon aus, dass all diese Übungen, Anregungen, Stärkungen und Ideen für Menschen gut sein können, aber nicht müssen. Und dass es deshalb umso wichtiger ist, ein paar von den Zugängen zu mehr Selbstfürsorge auszuprobieren und dann eine Bilanz für sich selbst zu ziehen. Wenn später dann nur eine kleine Veränderung übrig bleibt, etwa wie bei dir, dass du immer wieder eine freundliche Haltung zu dir selbst einnimmst und dafür kurze Pausen in den Tag einbaust, oder wie ich einen täglichen Spaziergang, dann sind das glaube ich ganz entscheidende Schritte.

Eins vielleicht noch: Die Achtsamkeitstrainerin und Autorin Heike Mayer aus Freiburg hat mir einmal in einem Interview gesagt, dass Achtsamkeit eigentlich ganz einfach sei, man müsse nur daran denken, die aufmerksame Haltung sich selbst gegenüber immer wieder einzunehmen. Ich fand das damals einleuchtend und natürlich ist es mit der Selbstfürsorge ähnlich. Solange man noch lernt, solange man Haltungen, Ideen und Gewohnheiten noch nicht richtig im Leben verfestigt hat, können sie einem auch wieder entfallen und entgleiten. Das ist wie mit dem Autofahren oder dem Ballett – kann man es, ist alles klar. Übt man noch, muss man immer wieder ganz bewusst auf die richtigen Positionen gehen, die einzelnen Schritte durchzählen, bewusst die passende Haltung einnehmen. Es ist also vor allem wichtig, immer wieder daran zu denken, Pause zu machen, in den Chor zu gehen oder das Strickzeug zur Hand zu nehmen, neue Dinge auszuprobieren oder einen Film zu schauen, der tatsächlich die Lebensqualitäten stärkt, die man in dem Moment dringend brauchen kann. Auch deshalb ist die Reise mit dem Buch hier vielleicht noch gar nicht unbedingt zu Ende. Man kann im nächsten Januar wieder anfangen (haha). Oder, was vielleicht realistischer ist, das Buch immer mal wieder zur Hand nehmen, es an irgendeiner Stelle aufschlagen und sich inspirieren lassen, wenn man gerade mal das Gefühl hat, dass man sich selbst übergeht oder an sich selbst vorbeilebt. Das ist ein Vorschlag für dich. Aber auch für mich. Und natürlich auch für unsere Leser*innen. Als Abschluss gibt es deshalb hier noch eine letzte kleine Übung, eine Art Spickzettel für das selbstfürsorgliche Leben.

Viele Grüße – ich gehe jetzt los an die Elbe.
Anne

Übung: Merkzettel

Nehmen Sie sich zum Abschluss einen Zettel und einen Stift, und schreiben Sie sich zehn kleine Ideen, Tätigkeiten oder auch Übungen aus diesem Buch auf, die Ihnen bei der Selbstfürsorge geholfen haben. Es können auch Sätze oder Haltungen sein, die Sie im Laufe der Lektüre für sich gefunden haben oder gut fanden, z. B. eine Frage an sich selbst wie »Wie geht es dir eigentlich gerade jetzt?« statt »Was muss ich heute eigentlich alles tun?«. Wenn Ihnen 15 oder 20 Punkte einfallen: umso besser. Schreiben Sie alles auf, was für Sie passend und einfach war, und lassen Sie die Sachen, die Sie irgendwie theoretisch wichtig finden, die für Sie aber nicht so passend sind, einfach sein. Haben Sie einen solchen Spickzettel gemacht? Gut. Dann hängen Sie ihn an einer gut sichtbaren Stelle in der Wohnung, in Ihrem Zimmer oder an Ihrem Schreibtisch auf. Immer wenn Sie das Gefühl haben, dass Sie an einem Tag oder während einer Woche aus der Bahn geraten, sich irgendwie verlieren oder übergehen, gucken Sie auf die Merkliste, und setzen Sie so schnell wie möglich einen der einfachen Punkte von der Liste um, einen, von dem Sie wissen, das er Ihnen hilft. So können Sie ein selbstfürsorgliches Leben nicht nur anfangen, sondern immer weiterführen.

Reflexionsfragen

» Welche Übung in diesem Buch hat Sie am meisten berührt oder ein Aha-Erlebnis ausgelöst? Weshalb hat Sie diese Übung angesprochen?

» Wie groß war Ihre Nähe zu sich selbst, bevor Sie sich mit dem Thema Selbstfürsorge beschäftigt haben? Wie groß ist diese

Nähe jetzt? (Wenn es Ihnen hilft, können Sie die Antwort jeweils auf einer Skala von eins bis zehn geben.)

» In welchen Situationen und in Kontakt mit welchen Personen vergessen Sie, freundlich und milde zu sich selbst zu sein? Warum könnte das so sein?

» Was könnten Sie in diesen Situationen oder in Kontakt mit diesen Personen anders machen als bisher? Wie könnten Sie sich daran erinnern, bei sich zu bleiben?

Zum Weiterlesen

Wir haben in diesem Ratgeber schon einige Lektüretipps gegeben. Manche inspirierenden Bücher konnten wir bisher nicht erwähnen. Hier bekommen Sie noch einmal für jeden Monat, für jeden Selbstversuch eine Leseempfehlung, mal Bücher, mal Sonderhefte von Zeitschriften:

Vorwort: Tatjana Reichhart: *Das Prinzip Selbstfürsorge*. Wie wir Verantwortung für uns übernehmen und gelassen und frei leben. Roadmap für den Alltag. Kösel, München 2019.

Januar: Christine Brähler: *Neue Wege aus der Einsamkeit*. Mit Selbstmitgefühl zu mehr Verbundenheit finden. Praktische Übungen für aktive Selbsthilfe. Irisiana, München 2020.

Februar: Frank Berzbach: *Die Kunst, ein kreatives Leben zu führen*: oder Anregung zu Achtsamkeit. Verlag Hermann Schmidt, Mainz 2021.

März: Sonderheft der Zeitschrift »Flow«: *Achtsamkeit für jeden Tag*. Gruner + Jahr, Hamburg 2019.

April: Susanne Westphal: *Die neue Lust an der Arbeit*. Wie Sie mit Genuss bessere Leistungen erzielen. Campus, Frankfurt 2018.

Mai: Sonderheft »Psychologie Heute Compact«: *Träume: Die Bilder der Nacht verstehen*. Sich selbst besser kennenlernen. Beltz, Weinheim 2014.

Juni: Andreas Knuf: *Widerstand zwecklos*. Wie unser Leben leichter wird, wenn wir es annehmen, wie es ist. Kösel, München 2018.

Juli: Elyse Resch/Evelyn Tribole: *Intuitiv abnehmen*. Zurück zu natürlichem Essverhalten. Goldmann, München 2013.

August: Cordula Nussbaum: *Geht ja doch!* Wie Sie mit 5 Fragen Ihr Leben verändern. Gabal, Offenbach 2015.

September: Martin Seligmann: *Flourish*. Wie Menschen aufblühen. Die Positive Psychologie des gelingenden Lebens. Kösel, München 2012.

Oktober: Antje Flade: *Zurück zur Natur?* Erkenntnisse und Konzepte der Naturpsychologie, Springer, Wiesbaden 2018.

November: Christoph Koch: *Digitale Balance*. Mit smarter Handynutzung leichter leben. Die 30-Tage-Challenge. Heyne, München 2021.

Dezember: Susanne Kippenberger: *Die Kunst der Großzügigkeit.* Geschichten einer leidenschaftlichen Schenkerin. Hanser, Berlin 2020.

Ausblick: Carola Kleinschmidt: *Das Intervall-Prinzip.* Die Kunst, den richtigen Rhythmus zu finden. Scorpio, München 2021.

Dank

Dankbar sein ist auch eine schöne Übung in Selbstfürsorge – warum, haben wir ausführlich im Dezember-Kapitel erklärt. Deshalb sind wir an dieser Stelle gleich doppelt froh, wenn wir einige Menschen namentlich erwähnen können, die uns bei unserem Projekt begleitet haben, in unserem Leben oder beides.

Als Allererstes möchten wir uns bei den Mitgliedern unserer kollegialen Coaching-Gruppe bedanken, mit denen uns seit bald zehn Jahren eine enge Arbeits- und Vertrauensbeziehung verbindet: Inka Schmeling, Alexandra Frank, Christiane Kolb, Bettina Laude, Esther Langmaack und Susanne Klein. Auch dieses Buch hat mit den Impulsen und Anregungen zu tun, die aus unserer gemeinsamen Arbeit entstehen.

Ein großes Dankeschön gilt unseren Kindern Luk, Helen und Henri sowie unseren Partnern Jochen und Dierk, die uns nicht nur mit Milchkaffee, selbst gemachten Käse-Kartoffelchips und Ideen für Überschriften unterstützt haben, sondern uns – wenn auch nicht ganz freiwillig – eine Möglichkeit zum Üben und Ausprobieren gegeben haben. Denn weil der Text zu großen Teilen unter Pandemie- und Lockdown-Bedingungen entstanden ist, fiel einiges weg, was uns sonst im Alltag begegnet und Stoff hätte sein können für Beobachtungen: die Begegnung mit Kollegen, Feste, Reisen, Kultur.

Last but not least danken wir natürlich dem Team von Beltz, vor allem unserer Lektorin Bettina Brinkmann, mit der die Zusammenarbeit so konstruktiv und inspirierend ist und die aus einer guten Idee im Handumdrehen eine großartige macht. Dorothea Bühler, Lektorin, die ursächlich an der Ideenfindung beteiligt war und das Projekt auf den Weg gebracht hat. Unserer Agentin Heike Wilhelmi, die uns so kompetent in inhaltlichen und Vertragsfragen beraten hat. Des Weiteren möchten wir uns bei einigen Expert*innen für ihre Unterstützung bedanken: Psychotherapeutin Kathy Neubauer für das Traumcoaching, Christine Brähler für ihre MSC-Einspielungen, dem Psychotherapeuten Andreas Knuf und der Ernährungswissenschaftlerin Maike Ehrlichmann für verschiedene Interviews in den letzten Jahren, in denen sie ihr profundes Wissen zu ihrem Bereich verständlich und engagiert vermittelt haben.

Was auch immer ihr tut, verliert dabei einen wichtigen Menschen nicht aus den Augen: euch selbst.

Anne Otto und Verena Carl

Selfcare für Mamas

Die Selbstfürsorge der Mutter ist die Basis jeder starken Familie. Denn nur, wenn auch ihre Bedürfnisse erfüllt sind, kann sie die Gelassenheit entwickeln, die Kindern ein gutes Aufwachsen ermöglicht. Mit viel Hintergrundwissen, Übungen und Remindern unterstützt dieses Buch dabei, die eigene Selfcare zu gestalten.

Die Autorinnen sind Pionierinnen der Elternblogger- und -coachingszene und setzen sich für ein Empowerment der Mamas ein. Während heute fast immer die Bedürfnisse der Kinder im Mittelpunkt stehen, machen sie Müttern Lust und Mut, die Reihenfolge der Fürsorge auch einmal umzudrehen und dabei das ewig schlechte Gewissen und die große Angst, in der Erziehung Fehler zu machen, über Bord zu werfen.

»Ein gutes Selbstwertgefühl ist essenziell für eine starke Persönlichkeit – von Kindern wie Eltern. Wie das mit der Selbstfürsorge der Mutter zusammenhängt, dazu gibt dieses Buch wertvolle Einblicke.« Stefanie Stahl, Autorin von »Nestwärme, die Flügel verleiht«

Daniela Gaigg / Linda Syllaba
Selfcare für Mamas
Geht's dir gut, geht's deinem Kind gut.
Das etwas andere Erziehungsbuch
Klappenbroschur, 251 Seiten
ISBN 978-3-407-86660-8

www.beltz.de

Drandenken ist auch ein To-do!

Ob sie wollen oder nicht: Immer noch erledigen Mütter einen Großteil der Familienarbeit, haben jedes noch so kleine To-do von Kindern und Partner im Kopf. Mental Load ist das Wort für die Last im Kopf, die Frauen grenzenlos stresst. Patricia Cammarata zeigt konkrete, erprobte Wege, um die Arbeits- und Verantwortungslast so aufzuteilen, dass es für die eigene Familie passt. Ein Buch für Mütter und Väter, die endlich gleichberechtigt leben wollen!

»Jedes Mal, wenn der Mann und ich Aufgaben neu verhandeln oder auch gemeinsam erledigen, denke ich: ›Patricia wäre stolz auf uns!‹ Ich werde dieses Buch allen werdenden Familien und vor allem den Vätern schenken, denn es ist nachhaltiger und macht glücklicher als das zwanzigste ungeliebte Lappentier im Kinderzimmer.«
Ninia »LaGrande« Binias, Autorin und Moderatorin

Patricia Cammarata
Raus aus der Mental Load-Falle
Wie gerechte Arbeitsteilung in der
Familie gelingt
Mit Illustrationen von Teresa Holtmann
Klappenbroschur, 224 Seiten
ISBN 978-3-407-86632-5

www.beltz.de

In Wut steckt die Kraft zur Veränderung

Seit Kindertagen haben wir gelernt, Wut zu unterdrücken, gilt sie doch als Zeichen der Zerstörung. Das ist fatal, denn Wut ist ein Gradmesser für unser Wohlbefinden. Wer ihr nicht zuhört, läuft Gefahr, den Zugang zu den eigenen Bedürfnissen zu verlieren, krank zu werden und eine Depression zu entwickeln.

»Wutkraft« ist eine Einladung, unsere eigene Wut kennenzulernen und verantwortlich damit zu leben. Sie weist uns den Weg zu mehr Präsenz, Lebendigkeit und Wohlgefühl. Anhand von zahlreichen Übungen und Reflexionen zeigt Friederike von Aderkas, wie wir unsere Wut positiv nutzen: Wie wir lernen, Grenzen zu setzen, Entscheidungen mit neuer Klarheit zu treffen und Beziehungen neu zu gestalten.

Friederike von Aderkas
Wutkraft
Energie gewinnen. Beziehungen beleben.
Grenzen setzen.
Klappenbroschur, 256 Seiten
ISBN 978-3-407-86644-8

www.beltz.de

Verhaltensmuster ändern und neue Wege gehen

Verunsichert. Bockig. Auf dem Rückzug. Wir alle haben Denk- und Verhaltensweisen, die uns stören oder gar schaden. Wenn wir im Leben immer wieder in dieselben Fallen tappen, liegt das daran, dass wir unbewussten Mustern folgen: dem ängstlichen oder zornigen Kind in uns – oder dem strengen Richter, der mit Strafen und Liebesentzug droht.

Die Psychotherapeutin Gitta Jacob zeigt, dass es auch anders geht: Zahlreiche Übungen und Impulse helfen, sich von Ängsten und Zwängen zu befreien, um dauerhaft Souveränität und inneren Frieden zu finden. Und endlich neue Wege zu gehen.

»Ein sehr wertvoller Ratgeber, mit dem jeder auf eine innere Reise gehen und seine Verhaltens- und Denkmuster hinterfragen kann.« Christiane K., Managementbuch.de

Gitta Jacob
Raus aus Schema F
Das innere Kind verstehen, Verhaltensmuster ändern und neue Wege gehen
Klappenbroschur, 280 Seiten
ISBN 978-3-407-86614-1

www.beltz.de **BELTZ**